华商律师 文库
CHINA COMMERCIAL LAW FIRM

1993-2023
30TH ANNIVERSARY

深圳土地二次开发模式及实务操作

MODE AND PRACTICAL OPERATION OF LAND SECONDARY DEVELOPMENT IN SHENZHEN

刘博文 / 主编
徐　倩　王家跃 / 副主编

法律出版社 LAW PRESS · CHINA
北京

图书在版编目（CIP）数据

深圳土地二次开发模式及实务操作 / 刘博文主编.
北京：法律出版社，2024. -- ISBN 978 - 7 - 5197 - 9352 - 4

Ⅰ. F323.211

中国国家版本馆 CIP 数据核字第 2024JT3170 号

深圳土地二次开发模式及实务操作
SHENZHEN TUDI ERCI KAIFA MOSHI JI SHIWU CAOZUO

刘博文　主编

策划编辑　邢艳萍
责任编辑　邢艳萍　石蒙蒙
装帧设计　汪奇峰

出版发行 法律出版社
编辑统筹 法律应用出版分社
责任校对 朱海波
责任印制 刘晓伟
经　　销 新华书店

开本 710 毫米×1000 毫米　1/16
印张 16　**字数** 280 千
版本 2024 年 11 月第 1 版
印次 2024 年 11 月第 1 次印刷
印刷 三河市兴达印务有限公司

地址：北京市丰台区莲花池西里 7 号（100073）
网址：www.lawpress.com.cn
投稿邮箱：info@lawpress.com.cn
举报盗版邮箱：jbwq@lawpress.com.cn

销售电话：010 - 83938349
客服电话：010 - 83938350
咨询电话：010 - 63939796

书号：ISBN 978 - 7 - 5197 - 9352 - 4　**定价**：70.00 元

凡购买本社图书，如有印装错误，我社负责退换。电话：010 - 83938349

谨以此书献给华商律师事务所成立三十周年

本书编委会

主　编　刘博文

副主编　徐　倩　王家跃

成　员　皮　伟　郑朝琴

总　　序

弹指之间,华商律师事务所(以下简称华商)已行三十载。三十载风雨征程,我们从初心开始书写答卷。这份答卷以一书一卷开始,向具有前沿视野的国际型律所演进,从深圳强所到聚焦国际,华商厚植专业根基,目前已有48家分支机构,我们始终上下求索、攀登不息,不断丰富诠释华商"法律创造价值"的职业价值观。

三十年间,华商以创业者的探索、勇敢者的担当、改革者的步伐,逐步成长为从区域迈向全国乃至全球的规模律师事务所,并在律师事业升级与融合的发展变革中,做出了不少亮眼成绩。

千帆竞渡争卓越,前沿视野创一流。近年来,面临百年未有之大变局,在全球化趋势反复拉锯的过程中,行业迎来了前所未有的新形态与新问题。越是不确定,华商越是坚定信心,越是沉着勇毅,在时代的风云中屹立不倒,敢于亮剑、敢于前进,志所向,皆可往,路虽远,行必达。华商以适度规模化、深度专业化、重推国际化的前沿发展战略稳步迈入高质量发展阶段!

经多个专业委员会、多个专业团队和多位专业律师构思、策划、组织和编撰,这套涵盖公司、国企改革、东南亚国家投资法、婚姻家庭继承、证券、合规体系、基金法律、土地开发、尽职调查等热门领域的"华商律师事务所三十周年实务丛书"终于与读者见面了。作为华商三十周年献礼,本套丛书的问世将是华商专业化建设的又一次具有重要理论和现实意义的里程碑,更是百年华商征程中专业与文化的积淀。

新时代赋予律所新的使命,华商肩鸿任钜,法治的道路不断延伸,华商不会停下脚步。就像我曾经写过的一首诗,“风不顾一切,时光勇往直前,我,我们,跟着一路长跑”。

是为序。

目 录

前言

一 深圳土地利用现状

(一)深圳的发展条件和未来蓝图

从小渔村到中国第一个经济特区,再到中国四个一线城市之一、国际化创新型大都市,深圳短短四十年的崛起和发展,不仅与其优越的自然地理环境和独特的区位优势密不可分,更得益于中央给予特区的独一无二的政策优势。

1. 优越的自然地理环境

深圳地处广东省南部沿海,背靠珠三角广阔腹地,东临大亚湾和大鹏港,西濒珠江口和伶仃洋,南与我国香港特别行政区接壤,是典型的低山、丘陵、滨海城市。深圳位于北回归线以南,北纬 22°22′至 22°52′之间,属亚热带季风气候,雨量丰沛,气候温和。全境地势东南高、西北低,大部分为低丘陵地,西部沿海一带为滨海平原。最高峰梧桐山海拔 943.7 米,海岸线长 200 多千米,依山临海。山水林田湖草海自然资源要素齐全,为打造人与自然和谐共生的美丽深圳奠定了良好的空间基础。根据《深圳市国土空间总体规划(2020—2035 年)》的数据,深圳陆域面积 1997 平方千米,海域面积 2030 平方千米,陆海总面积 4027 平方千米。常住人口 1756 万人,实际服务管理人口 2000 万人以上。预计 2035 年城市发展规模将达到常住人口 1900 万人,建设用地 1105 平方千米。

2. 从小渔村到中国第一个经济特区

《康熙字典》中记载“江楚闲田畔水沟谓之圳”。“川”指流向大海的水流,“土”指田地,“土”与“川”联合起来表示田野间通向泽、海的水道,也就是田间水沟。夏商周时期,居住在深圳沿海沙丘谷底区域的百姓以航海捕鱼为生。深圳的前身是原宝安县。宝安县历史悠久,早在新石器时代就有人类在此繁衍生息,秦代时属番禺,晋朝始设宝安,以后其名称和隶属关系几经变动,直到民国时期重称宝安县,后一直沿用。

1979 年 3 月 5 日,国务院《关于广东省设置深圳、珠海市的批复》同意"将宝安县设置为深圳市,以宝安县的行政区域为深圳市的行政区域,市革命委员会驻深圳",受广东省和惠阳地区双重领导。同年 11 月,广东省委决定将深圳改为地区一级的省辖市。1980 年 8 月 26 日,第五届全国人民代表大会常务委员会第十五次会议批准了《广东省经济特区条例》,深圳经济特区正式成立。1981 年 3 月,深圳升格为副省级。2004 年,深圳成为无农村城市,城镇化率达 100%,是中国第一个全部城镇化的城市。

但深圳经济特区并非一开始就将整个深圳市都纳入其范围内,而是直至 2010 年 7 月 1 日,国务院《关于扩大深圳经济特区范围的批复》"同意将深圳经济特区范围扩大到深圳全市,将宝安、龙岗两区纳入特区范围",由此才逐渐形成如今深圳经济特区的建制。

3. 深圳未来建设的宏伟蓝图

2019 年,中共中央、国务院印发了《粤港澳大湾区发展规划纲要》,中共中央、国务院《关于支持深圳建设中国特色社会主义先行示范区的意见》也相继出台,要求深圳发挥作为经济特区、全国性经济中心城市和国家创新型城市的引领作用,深入实施创新驱动发展战略,抓住粤港澳大湾区建设重要机遇,加快建成现代化国际化城市,朝着建设中国特色社会主义先行示范区的方向前行,努力创建社会主义现代化强国的城市范例,努力成为具有世界影响力的创新创意之都。

(1)粤港澳大湾区的核心城市和发展引擎

粤港澳大湾区是我国开放程度最高、经济活力最强的区域之一,包括我国香港特别行政区、澳门特别行政区和珠三角九市,即广东省广州市、深圳市、珠海市、佛山市、惠州市、东莞市、中山市、江门市、肇庆市,在国家发展大局中具有重要战略地位。

2015 年 3 月,在国家发展改革委、外交部、商务部联合发布的《推动共建丝绸之路经济带和 21 世纪海上丝绸之路的愿景与行动》工作文件中,作为"一带一路"倡议的重要部分,"粤港澳大湾区"概念首次被正式提出。2016 年"打造粤港澳大湾区"被写入国家和广东省"十三五"规划,整体战略轮廓愈加清晰,广东省 2016 年政府工作报告中也包括"开展珠三角城市升级行动,联手港澳打造粤港澳大湾区"等内容。2017 年逐步进入落实阶段,在第十二届全国人民代表大会第五次会议上,时任国务院总理李克强在政府工作报告中提出，要推动内地与港澳特别行政区深化合作，研究制定粤港澳大湾区城市群发展规划，发挥港澳特别行政区的独特优势，提升在国家经济发展和对外开放中的地位。粤港双方表示要全面提升合作水平，深化投资贸易、科技创新、环境保护、教育人文、自贸区建设等领域的互利合作，携手参与“一带一路”建设。2018 年 8 月，建设粤港澳大湾区被定位为“国家战略”，这不仅是新时代推动形成全面开放新格局的新举措，更是推动“一国两制”事业发展的新实践。

深圳作为粤港澳大湾区的四个中心城市之一，是粤港澳大湾区发展的核心引擎所在。粤港澳大湾区文化同源、人缘相亲、民俗相近、优势互补，深圳能够成为核心引擎自然具有独特优势。

深圳得天独厚的地理位置使其海陆运输四通八达，具有建设便捷高效的现代化交通运输体系的先天优势。面朝东南沿海，拥有吞吐量位居世界前列的重要港口；背靠珠三角广阔发展腹地，交通条件便利，不仅拥有公路、铁路、地铁、港口、机场等发达的交通网络使其与湾区其他城市紧密连通，还拥有具有国际影响力的航空枢纽。作为一线大城市，深圳民营经济活力不断增强，外贸新业态快速增长，经济结构不断优化，同时资本市场极为活跃，是全国重要的金融中心及产业中心，能够与我国香港特别行政区、澳门特别行政区高度发达的服务业形成较强的经济互补。深圳还具有强大的科技创新能力，始终把科技创新放在首要位置，准确把握科技创新发展的方向。高新科技产业的发展是建设现代化强国的重要引擎，也是国家经济深化改革的工作重心。通过与高校、科研院所、研究机构以及高新技术企业之间的合作，加上国家相关政策的支持，深圳的科技研发和转化能力逐步提升，科研成果丰硕且科研成果转化为产品所需时间短。这不断促使深圳科技创新的发展，逐步形成强大的科技创新优势。

此外，深圳的国际化水平遥遥领先，是内地外向度最高的经济区域和对外开放的重要窗口，在基础设施、投资贸易、金融服务、科技教育、休闲旅游、生态环保、社会服务等领域，已经与我国香港特别行政区、澳门特别行政区形成多层次、全方位的合作格局。

(2)中国特色社会主义先行示范区

自党和国家作出兴办经济特区重大战略部署以来，深圳经济特区作为我国改革开放的重要窗口，各项事业取得显著成绩，已成为一座充满魅力、动力、活力、创新力的国际化创新型城市。当前,中国特色社会主义进入新时代,深圳借助粤港澳大湾区建设重要机遇,不断朝着建设中国特色社会主义先行示范区的方向前行,努力打造建设社会主义现代化强国的城市范例。

为建设中国特色社会主义先行示范区,深圳要率先建设体现高质量发展要求的现代化经济体系,加快实施创新驱动发展战略、加快构建现代产业体系、加快形成全面深化改革开放新格局,助推粤港澳大湾区建设;要率先营造彰显公平正义的民主法治环境,全面提升民主法治建设水平、优化政府管理和服务、促进社会治理现代化;要率先塑造展现社会主义文化繁荣兴盛的现代城市文明,全面推进城市精神文明建设、发展更具竞争力的文化产业和旅游业;要率先形成共建共治共享共同富裕的民生发展格局,提升教育医疗事业发展水平、完善社会保障体系;要率先打造人与自然和谐共生的美丽中国典范,完善生态文明制度、构建城市绿色发展新格局。

计划到2025年,深圳经济实力、发展质量跻身全球城市前列,研发投入强度、产业创新能力世界一流,文化软实力大幅提升,公共服务水平和生态环境质量达到国际先进水平,建成现代化国际化创新型城市。到2035年,深圳高质量发展成为全国典范,城市综合经济竞争力世界领先,建成具有全球影响力的创新创业创意之都,成为我国全面建成社会主义现代化强国的城市范例。到21世纪中叶,深圳以更加昂扬的姿态屹立于世界先进城市之林,成为竞争力、创新力、影响力卓著的全球标杆城市。

(3)全球海洋中心城市

深圳是粤港澳大湾区四大中心城市之一,正在全力建设全球海洋城市。在沿海地理位置和改革开放、经济特区优势的双重加持下,深圳海洋生产总值不断上升、屡创新高,创造的海洋经济效益越来越高,海洋产业发展越来越繁荣,不仅在航运、滨海旅游、油气资源开发等传统海洋产业的发展上取得显著优势,在生物医药、电子信息、高端装备等新兴海洋产业领域的发展态势也一片向好。同时,深圳金融基础较好,金融产业位居全国前列,能够充分发挥深圳证券市场对企业的带动作用。此外,深圳市规划国土主管部门与海洋主管部门已于2012年进行机构合并,陆海统筹的体制机制率先理顺,在陆海融合方面先行先试,未来深圳在海洋领域将大有可为。

2018年,深圳率先发布《关于勇当海洋强国尖兵加快建设全球海洋中心城市的决定》,配套出台《关于勇当海洋强国尖兵加快建设全球海洋中心城市的实施方案(2018—2020年)》,开启了建设全球海洋中心城市的新篇章。2023年5月,深圳市规划和自然资源局依据《粤港澳大湾区发展规划纲要》、《关于支持深圳建设中国特色社会主义先行示范区的意见》、《中华人民共和国国民经济和社会发展第十四个五年规划和2035年远景目标纲要》(以下简称"十四五"规划)、《广东省海洋经济发展"十四五"规划》等,为落实海洋强国战略,抢抓"双区"建设机遇,积蓄海洋发展势能,全面谋划深圳海洋事业高质量发展路径,扎实有力推进全球海洋中心城市建设,编制了《深圳市海洋发展规划(2023—2035年)》。其对深圳全球海洋中心城市建设进行顶层设计,是海洋事业发展的纲领性规划,对未来深圳市海洋经济、科技、生态、文化、空间、治理等相关领域发展和近期计划的制订作出了指导。

按照《深圳市海洋发展规划(2023—2035年)》,为实现建设具有竞争力、创新力、影响力的全球海洋中心城市并使其成为引领全球价值链、共塑海洋命运共同体的海洋城市的发展典范的目标,深圳将主要通过打通内外循环,打造国际航运中心和高端服务中心、引导产业下海,加快培育和壮大海洋新兴产业、引领绿色转型,促进海洋资源保护与可持续利用、创新驱动发展,强化海洋科技人才战略力量、彰显海洋文化,营造多元活力的海洋城市生活、深化对外合作,积极参与全球海洋治理等一系列发展策略,将深圳打造成全球海洋经济引领者,建设成全球海洋创新标杆和全球海洋文明示范区,从而实现深度参与全球海洋治理,打造引领海洋合作治理的先锋城市。

(二)深圳土地利用现状

对于深圳土地利用现状,主要从土地利用结构和土地利用效率两个方面展开分析。土地利用结构是自然客观条件和人类经济社会活动综合作用的结果,反映了土地要素在产业结构之间的分配比例,为产业发展提供了基本的空间支持,土地要素对经济增长的贡献,主要来源于土地利用结构变化产生的推动力;土地利用效率在资源科学领域主要指土地"物尽其用"的程度。

1. 土地利用结构分析

土地利用结构主要体现在两个方面:一方面,各类型用地结构现状,如各类型用地的面积大小、占比以及在区域内的分布情况;另一方面,土地利用结构的时空变化,包括各类型用地结构的变化及其演变过程等。

(1)各类型用地结构现状

根据土地利用方式的不同,可以将土地分为耕地、园地、林地、草地、城镇村及工矿用地、交通运输用地、水域及水利设施用地等类型。相关统计数据显示,截至2018

年年底，深圳各类型土地中，占地面积最广的是城镇村及工矿用地，为86,182公顷；其次是林地和园地，占地面积总计77,583公顷；再次是水域及水利设施用地和交通运输用地，占地面积总计25,654公顷；最后是耕地和草地，占地面积总计5865公顷。将以上数据进行简要对比可以发现，建设用地占据了深圳土地资源的极大部分空间，仅城镇村及工矿用地占地面积就比林地和园地占地面积总和还多出11.1%，耕地和草地的总计占地面积仅是水域及水利设施用地和交通运输用地的1/5左右，总体建设用地占总面积的六成左右。可见建设用地尤其是城镇村及工矿用地在深圳各类型用地中占用规模巨大，反映了城市发展对建设用地的迫切需求。

（2）土地利用结构的时空变化

深圳建设用地不仅占地规模巨大，而且占比还在不断增长。以建设用地中占比最大的城镇村及工矿用地为例，在2009～2018年这10年，其占地面积持续增长且增长幅度十分显著，短短10年就增长了9819公顷，增长幅度达到13%。园地、草地占地面积有所下降，其他类型用地面积均相对稳定。这说明随着城市的开发和建设，建设用地需求在飞速增长，而在有限的土地总量下，只能挤占部分草地、园地面积。

从深圳各区的城镇村及工矿用地面积占比情况来看，截至2018年，城镇村及工矿用地面积占比较高的是福田区和龙华区，分别是63.04%和61.51%，南山区、龙岗区、宝安区的城镇村及工矿用地面积占比分别是53.38%、53.08%、51.72%，都超过了各区土地总面积的一半。结合以上各区的发展情况，也可以看出土地资源对区域发展至关重要。

从土地利用结构的总体情况来看，深圳各类型土地中城镇村及工矿用地占比最高，在2018年占城市总面积的44%。从土地利用结构与经济发展阶段、产业结构之间的内在联系来看，为满足不同经济发展阶段对土地的要素禀赋需求，土地利用结构不断发生变化，与产业结构的升级调整相匹配，从而有效地促进了深圳经济的迅速增长。从时空变化趋势来看，深圳由改革开放前的一个以农业经济为主的边陲小镇，发展为全国性经济中心城市和国际化城市，从早期以农业用地为主，逐步向目前的工业、服务业用地转移，土地利用结构发生显著变化，为第二、第三产业的发展提供了空间支持。目前，深圳建设用地仍保持着稳定的增长趋势，反映出政府继续侧重工业、服务业以及战略性新兴产业的发展导向。

2. 土地利用效率分析

土地利用效率主要体现在三个方面：（1）土地利用强度，包括人口密度、土地承载力、建成区面积占比、建设用地供应量等评价指标;(2)地均产出水平,包括经济密度、建设用地单位产出水平及区域表现、工业用地产出效益等评价指标;(3)土地利用方式,包括建筑容积率、土地供应规模及数量、土地供应结构、土地供应区域等评价指标。

(1)土地利用强度

深圳的土地利用强度主要表现为:开发强度高,建设用地极为短缺,建设用地供应逐渐依赖存量用地供应,且人口密度高,土地承载压力大。

与国内其他一线城市相比,深圳目前的土地开发强度已经达到较高水平,未来建设用地将极为短缺,土地资源成为深圳城市发展的最大制约因素。深圳建成区面积为 1005 平方千米,仅相当于北京的 67.7%、上海的 70.5%、广州的 77.7%,但深圳建成区面积已经占市区面积的 1/2,这个比例远高于国内其他一线城市(北京不到 1/10,上海和广州都在 1/5 左右)。

从土地利用情况来看,随着深圳城市化进程不断加快,深圳建设用地占市区面积的比重飞速增长,在 2003 年到 2018 年这 15 年就翻了 1 倍,且增长率超过 50%。随着可用建设用地资源逐渐消耗殆尽,城市发展对存量土地的依赖越来越重。2012 年深圳的存量建设用地供应规模达到 9.18 平方千米,首次超过新增建设用地规模。2016 年存量建设用地供地达到最高峰值,占总供应计划的八成以上。未来,城市发展速度越来越快,对土地资源的需求越来越高,深圳新增建设用地供应大概率将继续依赖存量土地。

从人口密度上看,深圳已成为国内一线发展城市中人口密度最高的城市,土地承载压力巨大。通过计算单位面积市区土地所承载的常住人口数量可以简单测算人口密度数值。2018 年,深圳的人口密度数值为 6523 人/平方千米,是上海的 1.7 倍、广州的 3.2 倍、北京的 5 倍。当前,深圳仍然是国内人口净流入数量排名前列的主要城市之一,并且这个数量只增不减,预计将会持续上涨。当城市人口过多、人口密度过大时,在有限的城市空间里,能分配到每个个体身上的生产生活资源将十分紧张,教育资源、医疗资源、交通配置、基础设施建设等社会生活的方方面面都将面临巨大压力,社会的稳定发展将面临威胁。

(2)地均产出水平

深圳的地均产出水平主要表现为:经济密度水平较高,但建设用地单位产出水平有待提升,市内各区地均产出不均衡,呈两极分化现象。

经济密度是指单位土地面积所创造的经济效益,深圳的经济发展水平始终位居全国前列,经济密度也处于遥遥领先的水平。以每平方千米土地创造的GDP来计算经济密度,2018年深圳的经济密度为12.13亿元,远高于其他国内一线城市,是同时期上海的2.4倍、广州的4倍、北京的6.6倍,并且从纵向比较,深圳经济密度的增长速度也远快于其他一线城市。

但在经济密度如此大的情况下,深圳整体的建设用地单位产出水平同其他一线城市相比仍有很大的提升空间。以单位面积建设用地所创造的GDP来衡量建设用地单位产出水平,2018年深圳的建设用地单位产出水平为24.8亿元/平方千米,排名第二,仅是排名第一的广州的80%左右,与北京、上海没有太大差距。同时,深圳市内各区的地均产出存在不均衡的情况,呈现出两极分化的现象。福田区的地均产出水平在各区中高居首位,达50.99亿元/平方千米,是深圳全市平均值的4倍之多,罗湖区和南山区水平相近,是全市平均值的2倍左右,龙华区、龙岗区、宝安区等其他各区地均产出仅8亿元/平方千米左右。

(3)土地利用方式

深圳的土地利用方式现状主要表现为:建筑物容积率不高,土地利用方式较粗放;土地供应规模波动明显,出让方式呈现多元化;土地供应明显少于其他城市,土地供应结构不合理,土地供应区域不均衡等。

首先,虽然深圳土地利用强度较高,但仍然有大量闲置土地长期未得到有效利用,造成资源浪费。根据深圳市规划和自然资源局于2016年公布的《闲置土地信息公开表》,深圳现存闲置土地71宗,其中1宗土地闲置时间已长达20年。究其原因,主要是周边公共基础设施配置落后、土地征转遗留补偿问题等。

其次,深圳的土地供应紧缺,且土地供应面积明显少于全国其他城市,也远不及其他一线城市。深圳的土地供应面积在全国城市土地供应排名中长期处于靠后、有时甚至倒数的水平,而同为一线城市的上海和广州,排名均在前30%,即使是排名波动较大的北京,也基本处于前50%的行列。

最后,深圳土地利用方式还存在土地供应结构不合理、土地供应区域不平衡的情况。无论是协议出让还是招拍挂出让,工业用地供应的占比和面积都远高于商服用地、住宅用地,这导致了城市整体建筑容积率不高。相对于商服用地和住宅用地,经济效益低下的工业用地占据如此高的土地供应面积,与经济社会高质量发展的需求是不相匹配的,十分不利于提升土地利用效率,严重影响城市竞争力。深圳各区发展不平衡也导致了土地供应区域不均衡的局面。

综上所述,从土地利用效率的整体情况来看,深圳土地利用强度已远超国内一线城市及国际大都市平均水平,但高人口密度带来极大的土地承载压力,高建成区占比导致新增土地供应困难,对存量土地的依赖日趋严重。经济密度与单位建设用地产出水平不相匹配,且区域分化严重,工业用地产出效益的空间差异较明显。土地利用方式粗放,土地供应规模波动明显且建设用地近几年供应量下降。土地供应方式虽有所转变,但土地供应结构不合理、区域分布不均衡的问题依旧存在。

二 深圳土地利用存在的问题及面临的挑战

狭义上的土地是指陆地表层;广义上的土地是指陆地、内陆水域和滩涂。土地资源是指可供人类利用的土地,是人类生存和发展的必要条件。建设用地是我国最大的内需之一,城镇化的全面建设需要大量新增用地。虽然深圳已经率先完成城镇化建设,成为全国第一个实现城镇化率100%的城市,但是在此过程中遗留的问题以及探索新型城镇化将面临的一系列挑战中,土地利用仍然是重中之重。在城市发展建设过程中,土地使用需求不断增加,土地供应却极度短缺,并且伴随土地利用率低下、土地盲目开发等一系列问题。

(一)土地使用需求增加,土地供应短缺

1. 居住需求增加

2010年第六次全国人口普查显示,深圳常住人口为1035.79万人。2020年第七次全国人口普查显示,深圳常住人口为1756.01万人。10年间,深圳常住人口暴增约720万人,稳坐中国人口增长第一宝座。根据深圳市住房和建设局、深圳市发展改革委在2022年1月发布的《深圳市住房发展“十四五”规划》,深圳居住用地供应规模仅2016~2020年4年就翻了1倍之多,增加212.5公顷。“十三五”期间,累计供应居住用地1121.8公顷,累计建设筹集住房78.63万套,面积达6478万平方米,套数是“十二五”时期的2.4倍。但随着人口持续增长、居住需求不断增加,深圳仍面临住房供需关系紧张、住房结构不合理、住房保障不充分等问题。

到2025年年底,全市常住人口预计增至1860万人。随着人口的净流入,深圳住房需求将持续增加,但因土地资源的紧约束,住房供需矛盾仍然突出。当前全市住

房建筑面积约6.21亿平方米，基本满足居民居住需求，但功能较差、配套不足的城中村和各类宿舍等住房占比较高，功能完善、配套齐全的商品住房和公共住房占比较低，与新时代的城市发展定位不相匹配，与人们对宜居生活的美好向往不相匹配，住房结构不均衡、高品质住房供应不充分等问题亟待解决。同时，深圳户籍低收入家庭、新市民、青年人仍然存在不同程度的住房困难问题，公共住房供应增长规模滞后于需求人群增长规模。

为满足各类居民居住需求，《深圳市住房发展“十四五”规划》计划在规划期内，要供应居住用地不少于15平方千米、建设筹集住房89万套(间)、供应分配住房65万套(间)，同时积极探索建立公共住房跨区调剂机制，鼓励各区加大公共住房供应分配力度，分区分类逐步缩短公共住房轮候周期，促进供需平衡。

2. 基础设施建设加快

基础设施是经济社会发展的基础和必备条件，要想实现高质量发展，必然离不开基础设施的保障。此外，随着城市容量的扩张和生产、生活方式的改变，人们对城市基础设施建设提出了更多、更高的要求。随着科技的飞速发展，更多新技术、新手段被广泛应用于城市基础设施建设中，使城市基础设施的承载力、功能性、现代化程度都得到大幅提高，居民生活质量得到显著改善，更多人享受到城市化和科技发展的成果。

深圳市建筑工务署公布的数据显示，2021年全年负责建设项目共248个，其中前期项目135个，在建项目113个，全年完成投资275.6亿元；2022年全年负责建设项目共241个，其中前期项目117个，在建项目124个，全年完成投资323.04亿元；2023年全年负责建设项目共201个，其中前期项目77个，在建项目124个，全年完成投资317.58亿元。这些项目不仅包括交通、能源、饮水、通信等基本生产生活供给，还包括文化教育、医疗卫生、党政法治建设等诸多领域，涵盖社会生活的方方面面，在保障居民高质量生活物质基础的同时，使居民的精神富裕需求也得到了满足。

例如，为建设一批与深圳城市地位相匹配、具有国际先进水平的现代化国际化城市文化核心区，深圳掀起了历史上第三次文体建设高潮，规划了“新十大文化设施”建设项目，具体包括深圳歌剧院、深圳改革开放展览馆、深圳创意设计馆、国深博物馆、深圳科技馆(新馆)、深圳海洋博物馆、深圳自然博物馆、深圳美术馆(新馆)、深圳创新创意设计学院、深圳音乐学院。其中，仅深圳歌剧院“海之光”规划总建筑面积达22.2万平方米,深圳科学技术馆规划占地12万平方米,财政总投资高达20多亿元。建设重要性之强、财政投入之多已可见一斑,但由于当前深圳面临土地供应短缺的难题,项目选址落地不得不慎重考虑土地供应情况。

3. 工业用地供应紧张

作为实体经济重镇的珠三角地区,工业用地是保证可持续发展的关键。传统制造业的转型升级和新兴制造业的布局建设,都需要工业土地的有效供应。工业用地是指独立设置的工厂、车间、手工业作坊、建筑安装的生产场地、排渣(灰)场地等用地。也就是说,在一定程度上,只要涉及生产性的高新技术产业类别,都对工业用地(厂房)有一定的需求。从工业是现代城市发展的主要因素来看,工业用地的发展在一定程度上能推动城市不断前进。即使是深圳这一以创新驱动发展、高科技为引领的城市,仍存在大量工业用地,且需求在不断增加。据不完全统计,目前深圳各类工业园区多达2172个,其中,面积超过300亩的工业园区就有10个,仅龙岗区就有900个各类工业园区,占地面积高达120,750亩。但这些工业园区大多数建成时间较早、厂房设施落后、规划发展滞后,普遍存在缺乏科学产业和空间规划引领、区域协作分工不强、产业集聚效应弱化等问题。

为聚焦战略性新兴产业,优化产业空间形态,打造一批错位协同发展、高端要素集聚、核心功能突出的先进制造业园区;为担当好"双区"建设历史使命,构建现代产业体系;为给经济高质量发展提供战略支撑,2022年6月6日,深圳市工业和信息化局、深圳市规划和自然资源局发布《深圳市20大先进制造业园区空间布局规划》,明确按照集中连片、产住分离的原则,在宝安、龙岗、龙华、坪山、光明、盐田、大鹏新区、深汕特别合作区合理划定先进制造业园区,有计划释放工业用地面积约60平方千米,深圳的土地供应将面临极大要求和挑战。

(二)土地利用率低下

土地资源利用率,是指进行充分利用的土地资源占所有已经开发过的土地资源的比例,也指所有已经开发过的土地资源占所有能够被开发的土地资源的比例。深圳的土地开发程度已经达到较高水平,已开发土地面积占比很大,但遗憾的是很多土地开发后未得到有效利用,甚至被遗弃、荒废,造成土地资源的极大浪费。还有一些土地由于化工企业污染物排放等问题被严重污染,且长期得不到有效治理,以致荒废。

土地利用率低受到多种因素影响,包括自然条件、经济因素和社会因素。自然条件包括地形、地貌、地质、海拔、土壤特性、降水量等各种因素。经济因素是指对土地利用后的经济效果和价值产生影响的因素。自然条件、经济因素以外的因素都可归入社会因素,包括政策、法规、传统风俗习惯等。土地的利用在早期主要取决于土地的自然条件,而在商品经济和市场经济的背景下,经济因素则对土地的利用产生更大的影响。

在不同的时期和生产力条件下,上述三个因素对土地利用的影响表现出不一样的强度。在生产效率较低的环境中,自然条件起着主导甚至决定性作用。但随着社会生产力水平的提高,人们的认知和改变自然的能力也不断提升,就会更多衡量社会因素和经济因素。

(三)土地开发盲目

我国长期以来都十分重视土地资源的规划和管理,出台了一系列相关法律制度,但受限于执行和落实,实际效益转化并不理想,并未达到预期目标。

一方面,土地计划管理不适应城镇化规律。根据城镇化发展用地的一般规律,城镇化程度提高,人口密度增大,公共基础设施建设逐渐完善,每年新增需要占用的耕地会逐渐减少,但我国目前仍然实行均等的土地供应计划,与城镇化用地的规律相违背。另一方面,土地市场化发展滞后。我国直至 1989 年才将土地所有权与经营权分开,使土地使用权具有商品属性,但迄今为止,我国仍然对土地完全市场化持保守态度。目前,我国一级土地市场完全掌握在政府手中,政府针对不同用地类型执行不同价格调控机制。因此,土地作为一种商品在进行市场交易时,土地使用权的价格很难反映实际供需关系,其交易数量和用途也受到政府的严格限制。

三 缓解土地供需矛盾的主要途径

(一)围填海计划

1. 围填海背景

我国围填海工程主要集中在工业化和城市化进程较快、土地资源供需矛盾突出的东部沿海地区。作为缓解沿海地区人地矛盾、保障食物安全、维持社会经济发展的重要手段,围填海因改变了海域自然属性,会对海域资源、生态环境造成干扰或破坏。随着我国经济由高速发展向高质量发展转变,国家对生态文明建设的重视程度越来越高,加大了海洋生态环境治理力度,也调整了对围填海的管控措施。2018 年 1 月 17 日,我国出台了“史上最严”的围填海管控措施,原则上不再审批一般性用海项目;2018 年 7 月 14 日,国务院印发《关于加强滨海湿地保护严格管控围填海的通知》,取消地方年度计划指标,严格整顿围填海。

2. 深圳围填海情况

在 1978 ~ 2020 年的 40 余年间,随着改革开放进程的不断深入,深圳的围填海历程大致可分为以下四个阶段:

第一阶段:1978 ~ 1995 年为起步阶段。在改革开放政策的带动下,深圳迎来了翻天覆地的变化,经济迅速腾飞,围填海也随之兴起。该阶段围填海主要集中在地质条件适宜、造价成本相对较低的西部沿海,总体围填海面积较少,仅占 40 余年间围填海总面积的 20% 左右。第二阶段:1996 ~ 2007 年为爆发阶段。这一阶段土地供需矛盾尤为突出,土地供应短缺限制了工业化飞速发展的步伐,因此为了获得更多可利用土地,围填海范围和规模达到空前水平,占 40 余年间围填海总面积的 45% 左右。第三阶段:2008 ~ 2010 年处于持续高潮期,深圳面临建设用地严重不足的困境,目光再次聚焦在围填海身上,这一时期围填海面积占 40 余年间总面积的 13% 左右。第四阶段:2011 ~ 2020 年再次达到高潮,这一时期围填海面积占 40 余年间总面积的 22% 左右。

整体上,深圳围填海面积呈先增加后减少的趋势,且在改革开放以后城市化、工业化飞速发展的阶段,围填海面积增长也最快。在围填海新生成土地利用开发类型方面,以工商业用地为主,公共用地、交通用地次之,居住用地比例相对较小,这一特点也与深圳城市化发展历程相适应。

3. 存在的问题

围填海带来的最大问题,就是对海洋生态环境的干扰和破坏,自然海岸线的变化肉眼可见,对近海水动力、水环境和生态系统的影响也与我们息息相关。

首先,深圳绝大部分的围填海是沿着自然海岸线向海洋扩张,这样的做法造成的最直观的影响就是自然海岸线的改变。原本蜿蜒曲折的海岸线是海洋水流冲刷自然形成的海水与陆地最和谐的分界线,但是围填海的兴起将蜿蜒多变的自然海岸线变成了平直规则的人工海岸线。这不仅造成海岸线长度缩短,更导致海岸线周边地区的地形地貌发生显著变化,对海岸周边的生态环境产生恶劣的影响。

其次,深圳围填海区域主要集中在海湾、海港或河口地区,这些地方由于地质条件适宜和造价成本低等因素成为围填海的首选地区。但是从海水动力和水环境的角度来看,海湾面积减少会直接导致水体交换速度减缓,容易引起海湾泥沙淤积,从而使海水的自净能力降低,不利于海洋污染物的迁移。

最后,近海海域是许多鱼类、水禽、候鸟等生物栖息与繁殖的重要场所,人类的围填海活动必然会破坏海洋鱼类的栖息、繁殖地,造成海洋渔业资源骤减,稀有生物濒危。广东沿海丰富的红树林资源带也因为围填海的推进,面积大幅减少,给海岸带湿地生态系统造成了难以恢复的破坏,使人类失去了抵挡海洋灾害的天然屏障。

4. 我国对围填海的管控:从鼓励开发到严格管控

海洋始终是国家发展的重要战略资源,虽然我国在改革开放初期为追求经济发展实施了围填海等一系列鼓励向海洋发展的政策,但随着人类对海洋生态系统的认识愈加全面和深刻,我国逐渐意识到海洋可持续发展的重要性,因此对围填海的管控也发生了转变。我国围填海管控政策的演进表现出由鼓励开发到严格管控、由统一治理到专项整治、由交叉管理到垂直管理的特征。

深圳拥有1145平方千米海域和260千米海岸线,开发利用潜力较大。但为响应国家管控政策,深圳于2020年出台《深圳经济特区海域使用管理条例》严控围填海,规定除国家批准建设的重大项目外,全面禁止围填海,实行海岸线分类保护制度,将优质沙滩、典型地质地貌景观、红树林等所在岸线列入严格保护的岸线范围。

(二)存量土地二次开发

我国当前正处于快速工业化、新型城镇化的发展时期,既要保护耕地和生态,又要保障发展建设有施展空间。土地资源紧缺已经成为阻碍发展最现实的因素,想要利用目前有限的土地资源实现高质量发展,必须大力推行节约集约用地,提高土地的利用效率,其中盘活存量用地就是土地节约集约利用的重要方式。2004年,国务院《关于深化改革严格土地管理的决定》出台,明确提出要健全土地节约利用机制重点在盘活存量上下功夫。2008年,国务院《关于促进节约集约用地的通知》再次强调,“今后各项建设要优先开发利用空闲、废弃、闲置和低效利用的土地,努力提高建设用地利用效率”。可见,存量土地的二次开发利用已经成为我国当前土地管理中非常紧迫的工作之一。

1. 存量土地二次开发产生的背景及现状

一方面,城市土地发展空间的利用已经趋于饱和,后备土地资源无法支撑高效、高质量的发展需求,土地供需矛盾日益尖锐,只能倒逼城市土地利用着眼于存量土地的二次开发。另一方面,一些建设年代久远、规划布局落后、生活设施不便利的老旧城区迫切需要改造和二次开发。二次开发对居民来说,可以改善生活品质;对土地本身来说,可以发挥更大的经济效益。此外,国家对新增建设用地指标的宏观把控和严格管理,也使存量土地二次开发成为缓解城市土地紧缺问题最主要的途径。

2. 深圳存量土地基本情况

在当下社会经济快速发展的时期,深圳面临着可开发建设土地资源紧缺的难题。如何使现有有限的土地资源发挥出最大的增值效益,既在最短时间内保障经济快速发展的使用需求又能实现可持续发展,是被给予高度关注的社会议题。特别地,随着 2009 年《珠江三角洲地区改革发展规划纲要(2008—2020 年)》和《深圳市综合配套改革三年(2009—2011 年)实施方案》相继获批,深圳“六区四市”的功能定位和“四个先行先试”的改革空间,均对充分挖掘和利用存量土地、破解土地资源紧约束提出了更高的要求。在这一背景下,制定出一套能够在现状条件下运行、使存量土地得到循环高效利用的政策体系,不仅能缓解深圳自身的土地资源压力,更能为其他城市提供先进指导和优秀经验。

存量土地主要是指具有一定程度的开发利用潜力,但是土地利用效率低下,甚至空置未得到有效利用的建设用地。结合深圳的土地利用现状,深圳土地利用效率低下的土地主要包括四类用地,分别是城中村用地、旧居住区用地、旧工业区用地和旧工商住混合区用地。空置未得到有效利用的土地主要指各类尚未进行开发建设的建设用地。当然,存量土地的数量并不是一成不变的,可以通过开发利用进行消化,使存量土地数量减少。同时,其他土地利用过程中会产生新的存量土地,使存量土地数量得以增加。

根据《深圳市城市总体规划修编(2006—2020)工作方案》专题研究之《城市更新与旧区改造策略研究》的初步统计,深圳目前有多达 300 多平方千米的用地面积涉及利用效率低下的问题。此外,历史原因导致深圳在 20 世纪 90 年代初期形成大量的已推未建土地,虽然经过各种途径和形式的发展建设,截至 1996 年年底只剩 178 平方千米,后续也通过持续开展专项行动、全面清理、限期处置、创新开发路径等手段进行处置,但仍剩余大量尚未开发建设的空闲土地。这些土地空间的释放将再次为深圳的经济发展提供广阔的空间。近年来,深圳进一步加强了对此类土地的监管和利用,以期使这些土地得到最大限度的开发和利用,发挥最大效益。

第一章

土地二次开发的基础理论

第一节　土地二次开发的概念、内涵和模式

土地资源开发利用是城市发展的痛点,深圳作为城市化发展的标杆,在快速城市化的进程中,得益于其作为特区所具备的开拓进取精神和先行先试的土地创新制度,在 1992 年和 2004 年通过两次土地统征、统转的方式,在法律层面将农村集体土地全部征转为国有土地后,成为全中国第一个没有农村建制而实现全域城市化的城市。

但快速的城市化进程让辖区面积不足 2000 平方千米的深圳面临现有增量土地供应面积日益减少的问题,并提前进入增量土地时代,这一阶段的到来明显加剧了城市空间发展与土地供应不足之间的矛盾。这类常态化的土地要素制约已成为困扰深圳乃至全国城市空间发展的一大难题,如何在有限的条件下充分利用现有土地资源,无疑是大多土地资源紧缺城市面临的重大考验。

一　土地二次开发的概念

在城市增量土地供应紧张的情况下,通过对未利用土地采取工程、生物或综合措施,使其达到可利用状态的活动,包括开发为农用地和开发为建设用地的增量土地开发模式,显然已经不再是一条可循的解决路径。因此,改变以往土地的初次开发模式,大力提高存量土地的开发利用程度,即土地二次开发模式,已经成为探索和破解土地资源紧缺难题的核心所在。

土地二次开发是相较于土地初次开发而言的概念,是指因历史、自然或人为等

原因,某个片区出现空间布局不科学、配套公共设施落后、不适宜居住、土地利用低效等问题,不符合可持续发展的要求,从而需要对该片区土地进行重新整理和开发,使该区域内的土地成为可供应的建设用地,再重新进行科学规划和开发建设。也可以通俗地理解为,为实现产业发展和城市功能规划的美好蓝图,将当前的闲置低效土地进行优化和提升,其本质仍是盘活现有存量土地资源,以进一步提高土地效能,从再次开发利用的角度解决土地稀缺问题。

随着城市发展、经济发展进入高质量发展阶段,为建设资源节约型与环境友好型社会,需要不断解决前期快速发展阶段遗留下来的土地利用粗放、产出效益低下等问题。为推动产业升级、提高经济增速,对低效土地进行二次开发是最直接、最实用的举措。通过提高用地成本、优化用地结构,倒逼效益低下、技术落后的劣质产业替换为效益高、技术先进的优质企业,实现土地集约节约利用,将城市土地潜力充分释放,以获得最高的经济、社会、环境综合效益。

深圳等国内城市的发展一直受制于土地资源紧缺的"瓶颈",因此在探索土地二次开发的实践中,都以获得最高的经济、社会、环境综合效益为目标。虽然各有侧重,但从具体表现上看都离不开一个核心,即土地二次开发应该"有保有建",结合历史发展、现状特征以及整体规划目标,合理开发建设、科学可持续发展,而非粗暴地将一切推翻重来。经过多年的探索和发展,国内主要城市各自逐步形成了适用于本地区的土地二次开发模式。

二 国内其他地区实践模式

(一)以上海、宁波为代表的存量工业用地再开发模式

1. 上海模式

上海作为我国四个一线城市之一、国际大都市,建设用地供应规模早已接近极限,面临严重的土地资源"瓶颈",存量用地也普遍存在用地效率不高、结构不合理、布局分散等问题。为此,上海自 2004 年起制定了一系列鼓励土地二次开发的政策和细则,基本可归纳为三大阶段:

第一阶段:建立评估机制,规范产业用地管理。2005 年 9 月,上海市经委、市发展改革委、市外资委、市房地资源局、市规划局印发《上海市工业项目供地导则(试

行)》。2005年10月，上海市经委、市发展改革委、市外资委、市房地资源局、市规划局《关于加强本市工业节约集约用地的指导意见》印发。2008年8月，上海市房地资源局《关于促进土地节约集约利用加快经济发展方式转变的若干意见》发布。从最初仅提出优化土地资源配置、建立工业用地评估会审标准和量化依据的要求，到逐步完善产业准入评估标准、制定节约集约用地导向政策，再到鼓励工业向园区集中，鼓励兴办信息服务、研发设计、创意产业等现代服务业，上海通过建立和完善工业园地评估机制、规范产业用地管理，逐步推进"控增逼存"，展示了盘活存量土地的良好势头。

第二阶段：园区先行试点，探索二次开发路径。2010年，上海市规土局《关于规划土地政策支持高新技术产业化，促进经济发展方式转变和产业结构调整若干意见部分操作口径的通知》明确规定，高新产业园区引进的高新技术企业可租赁厂房开展生产经营；企业通过出让取得的工业用地结余部分，在不改变用途的情况下，可分割转让给经认定的高新技术产业化和重大产业项目。2011年，以张江国家自主创新示范区建设为契机，上海市规土局制定下发了《关于在张江国家自主创新示范区试点进一步开展产业用地节约集约利用的若干意见》，再次加大对新兴产业落地发展的支持力度。2013年以后，上海市相继出台了《上海市工业区转型升级三年行动计划(2013—2015年)》《上海市低效工业用地标准指南(2014年版)》《关于本市盘活存量工业用地的实施办法》《关于加强本市工业用地出让管理的若干规定》《上海市工业区转型升级"十三五"规划》等促进存量工业用地转型的政策，细化了工业用地二次开发的流程和要求。

第三阶段：形成制度体系，全面推进存量优化。自2014年起，为了充分开发存量建设用地资源，上海在全面实施"总量锁定、增量递减、存量优化、流量增效、质量提高"的土地利用基本策略背景下，针对城市更新、科创中心建设和存量工业用地盘活，研究制定了一系列指导土地二次开发的相关政策文件：《上海市城市更新实施办法》《上海市加快推进具有全球影响力科技创新中心建设的规划土地政策实施办法(试行)》《关于本市盘活存量工业用地的实施办法》。2014年2月22日，上海市下发了《关于进一步提高本市土地节约集约利用水平的若干意见》，提出到2020年上海建设用地总规模控制在规划范围目标内，并适度留出发展空间。此外，按照国家严控建设用地总量和保障新型城镇化建设的要求，对新增建设用地实行"稳中有降、逐年递减"策略。而工业用地长期在土地供应中占到半壁江山，未来在建设用地"零增长”的前提下，对工业用地的再开发将对结构调整起到至关重要的作用。

总体上，上海建立了一系列政策制度规范和促进盘活存量土地。在具体实践中，为了有效盘活存量工业用地，各区主要结合本区实际实施存量土地精准盘活、精准供给，在政策出台、管理机制等方面进行创新。

2. 宁波模式

在盘活存量工业用地、提高土地管理精细化水平方面，宁波有着不同于上海的新探索、新思路。2004 年 9 月，浙江省宁波市出台了《关于提高土地集约利用水平的意见》（已失效），首次提出调整土地供应结构方式，是国内较早鼓励工业用地再开发的城市。2010 年 8 月，宁波市出台了《关于调整工业用地结构促进土地节约集约利用的意见（试行）》（已失效），鼓励企业自主升级改造、实行工业用地置换、利用旧厂房发展服务业、推行新增工业用地分阶段出让等不断提升土地资源要素的集约利用水平，加快工业用地“二次开发”。

宁波在探索存量土地二次开发过程中，最具亮点之处在于充分考虑了“因地制宜”原则，各种配套政策、制度规定的出台都充分考虑了区域特性和相关利益群体的诉求，做足了前期准备工作，为后期政策落地和具体实施奠定了良好基础。

（二）以东莞、深圳为代表的存量开发模式

1. 东莞模式

改革开放 40 多年来，东莞通过“市镇村组”四轮驱动发展模式，快速完成了城市化与工业化，但各自发展的模式导致建设用地碎片化，并存在大量历史遗留问题，已经很难满足集约高效发展利用的需求，逐渐成为城市发展的桎梏。

在过去的单兵作战模式下，各镇各村根据自己的内在需要招商办厂，给经济带来活力的同时，也导致了规划破碎、城市开发建设效率不高的问题。“城不像城、村不像村”的外界评价，在一定程度上反映了东莞过去几十年城市发展缺乏系统规划和统筹安排、城市建设布局不合理等历史遗留问题。在优化城市空间和产业结构、提高城市发展质量和产业效能的契机下，东莞迎来了土地二次开发时代。作为转型升级和提高土地开发质效的新实践，东莞主要采取了城市更新和“三旧”改造方式，且从“个体改造”转向“连片改造”，破解土地零碎化、低效化难题，为重大项目、龙头项目提供土地要素支撑，为高质量发展奠定了基础。

在当前增量土地利用难以为继，迫切需要以镇村工业园改造为突破口推动存量土地二次开发的现状下，东莞通过“三旧”改造、“拆三留一”等措施对原来的旧城镇、旧村庄等利用率和产出效益低下的建筑物进行了大刀阔斧的改造。东莞的“三旧改造”由各镇区主导推进实施,根据发展规划、区位优势、经济实力等因素综合评判需改造的区域和改造的程度,灵活开展各自辖区内的存量用地二次开发工作。

总结东莞模式,可以概括为农民集体“自上而下”将已零散开发利用的集体土地“自愿申请”转变为国有土地,并允许选择与企业合作开发或自主开发的“二次开发”过程。从区域个体发展来看,是各个乡镇根据自己辖区的实际情况制订具有针对性、个性化的开发建设计划;从城市总体规划来看,东莞“抓大让小”,把控全市整体发展方向、统筹协调总体开发规划,促进城市功能转型升级。

2. 深圳模式

众所周知,在过去40多年中,深圳从一个不知名的小渔村发展到今天的国际大都市,快速地完成了城市化进程。但在高速发展中,深圳传统集体经济的单一模式就是盖厂房、收租,这种模式契合特定时代的产业发展需求,但弊端是各利益主体缺乏集中统一规划、各自为政,带来的直接后果就是低端产业集聚、公共文化设施缺乏、城市功能阙如等。虽然有计划、有步骤地推进了两次统征、统转,彻底实现了土地全盘国有化,但是原村民无法事实上拥有国有土地使用权以及未能惠泽到城市发展的红利,导致深圳演变出新的城乡土地二元制度,存量用地开发在此背景下慢慢拉开帷幕。在土地资源极度紧张的背景下,城市更新、土地整备、土地整备利益统筹成为时代背景下土地二次开发的创新工具。城市更新是在广东省“三旧改造”的基础上提出的对存量土地进行市场化运作的概念,创造性地鼓励社会资金开展“三旧改造”;土地整备是为实现盘活城市存量土地、拓展土地储备来源、落实公共基础设施规划的目的,深圳创设出的一种新型城市土地二次开发模式;土地整备利益统筹是在土地整备的实践试点过程中进一步演变形成的新模式,其最大的亮点在于引入了“政府主导、社区主体、社会参与”的原农村集体经济组织继受单位与权益人谈判协商机制。三种模式都是为解决土地资源不足以满足城市持续发展的需求,而从实践中催生出来的。虽然这几种模式在具体实施过程中存在大大小小的差别,但其内在深层理论具有一定的共性,并且都在实践中不断探索,保留好的经验和做法,反复使用,甚至推广到不同模式中,不断改进、优化不足的方式方法。由此一步步完善制度设计,逐步形成能够适用于不同现实状况、解决复杂实践难题的多种模式并存的存量土地二次开发体系,让存量土地二次开发有了明朗的发展方向。

第二节 土地二次开发的学说理论

制度总是建立在一定的学说理论之上,任何制度变迁都受到特定历史和社会环境下学说理论变革的影响。所以,无论是研究经济发展的特征,还是研究土地开发的各类模式,都有必要将其学说理论的研究进行系统分类。特定的历史背景和制度理论是我们研究某一制度变迁的大前提,土地开发作为经济发展的一个重要途径,在不同时期有不同的理论路径和实践做法。

一 地租理论

地租理论在经济哲学中占据着较为重要的位置,其理论思想对化解当前中国城市化进程中突出的土地供需矛盾具有很强的现实指导意义,为存量土地开发提供了理论启示和实践样本。

地租理论于 17 世纪由威廉·配第首创,经亚当·斯密系统研究。在研究古典经济学的众多经济学家中,大卫·李嘉图对地租理论的研究最为透彻,后来卡尔·马克思在众多研究的基础上,着眼资本主义社会中的剥削关系,创立了系统的地租理论体系。

(一)古典经济学地租理论

在奴隶社会和封建社会,土地所有权只属于封建君主,人民不享有任何土地所有权。发展到资本主义社会后,资产阶级与封建地主阶级关于土地权利的冲突和碰撞越发凸显,由此迎来了地租理论研究的高潮。

1. 威廉·配第的地租理论

威廉·配第是第一个对地租问题进行开拓性研究的学者,他在 1662 年出版的《赋税论》中用了大量的笔墨来写地租问题,最先提出了劳动决定价值的基本原理,并论述了地租的多少与工资的数量有密切关系。其核心的经济思想是“劳动是财富之父,土地是财富之母”。

他把地租看作剩余价值的基本形态，认为地租是土地自然力作用的结果，指出地租等于土地所生产的农产品价值扣除生产资料（种子及其他等）、劳动力（工资）两项价值后的剩余部分。同时，由于生产资料的价值是确定的，地租量由工资决定。此外，配第提出的“级差地租”概念，为未来地租理论的研究提供了全新的研究思路和参考价值。

2. 亚当·斯密的地租理论

亚当·斯密是最早系统地研究地租理论的学者之一。他在1776年发表的《国民财富的性质和原因研究》中提道，“地租是随着土地私有制的产生而出现的范畴，是资本主义社会里地主阶级的收入”。他在研究中引入了“利润”这个概念，这是其理论研究的进步之处。地租不再仅仅是收获量减去生产费用的剩余部分。

3. 大卫·李嘉图的地租理论

大卫·李嘉图是古典经济学中对地租理论研究最充分、最透彻的经济学家。针对亚当·斯密将地租与资本和利润混为一谈的观点，大卫·李嘉图在1817年出版的《政治经济学及赋税原理》中，以劳动价值论为基础，探讨了地租与利润、工资的关系，认为利润和地租以“此消彼长”的关系互动，利润取决于无须地租的土地上资本提供生活必需品所需要的劳动量，而地租抬高是因为用同一资本难以提供相同的劳动量，使得工资上涨。

大卫·李嘉图的另一重大突出理论研究是对级差地租的全面研究和分类探究，他提出“土地质量并非无限，质量也不尽相同”的观点，即土地也是有限的资源，不同土地的自然条件、地理位置不同，产生了天然的肥沃程度差异。由此产生的级差地租被定义为级差地租Ⅰ。而即使先天条件相同的土地，也会在人类活动的影响下产生新的差异，如土地资本流转、开垦耕种等，由此产生的级差地租被定义为级差地租Ⅱ。

（二）新古典经济学地租理论

新古典经济学派兴起于19世纪末20世纪初，代表人物有约翰·贝兹·克拉克、威廉·阿隆索、阿尔弗雷德·马歇尔等。新古典经济学者认为，各种生产要素都能够创造价值，并按照各自的价值取得报酬，地租就是土地创造的价值，而土地使用的报酬只有商业租金。商业租金包括转移收入和经济租金两部分，转移收入是对土地资源消耗的补偿，经济租金则反映出土地资源的稀缺所带来的价值支付。

与古典经济学的地租理论不同，新古典经济学者认为土地的供给是非弹性的，尽管地租是对使用土地的支付，但是它与土地这个生产要素的一大特性相关联：(1)当土地是大量的，供给完全弹性时，商业租金完全由转移收入组成，经济租金可以忽略不计；(2)当土地是短缺的，供给完全非弹性时，商业租金完全由经济租金组成，转移收入可以忽略不计；(3)当土地是有限的，供给存在一定弹性时，经济租金和转移收入同时存在，两者的构成比例取决于供给弹性的大小。一般来说，城市规模越大，供给弹性越小，经济租金比例越高，反之亦然。

(三)马克思地租理论

在批判地继承以往政治经济学家的理论思路后，卡尔·马克思深入探索并批判了资本主义社会中的剥削关系，借助劳动价值论和剩余价值学说批驳了以往地租学说的错误观点，并揭示了资本主义地租的基本形式、产生根源以及变动规律，形成了系统的马克思主义地租理论体系。在社会主义市场经济条件下，马克思地租理论为我国土地改革、城市空间建设等提供了学理依据。

卡尔·马克思认为，地租是土地使用者由于使用土地而交给土地所有者的超过平均利润的那部分剩余价值。劳动是超额利润产生的源泉，土地所有权是地租产生的原因，而土地的性质，如肥力、位置等，则是地租产生的自然基础。根据地租产生的原因和条件差异，卡尔·马克思将地租分为绝对地租、级差地租和垄断地租三类。

绝对地租，是指由于土地私有权的存在，租种任何土地都必须缴纳地租，即农产品价值超过社会生产价格的那部分超额利润，是土地所有者凭借土地私有权获得的地租。级差地租，是指由相对较好质量的土地经营权垄断而获得的超额利润转化而来的地租，可以分为两种形式：级差地租Ⅰ和级差地租Ⅱ。级差地租Ⅰ由等量资本投在同等面积但是质量不同的土地上所产生的超额利润转化而来，级差地租Ⅱ由在同一块土地上连续追加等量投资所获得的超额利润转化而来。垄断地租，是指由于土地的所有者对某块具有特殊性质的土地具有垄断权，并形成垄断价格，由垄断价格所带来的垄断利润最终会因为土地所有者对土地的垄断而转移到土地所有者手中，从而形成了垄断地租。

(四)对土地整备的启示

土地的稀缺性在深圳的城市发展中表现得尤为突出。地租作为经济杠杆，对城市经济的调节作用越来越明显。首先，根据绝对地租，征收未完善征(转)地补偿手续用地，导致原农村社区失去了土地所有权，因此其有权利获得相应土地所有权的对价。其次，在土地整备过程中，新土地使用权获得者以及政府都是土地价值增值部分的贡献者,都有权利参与级差地租的分配。

在实际经济活动中,由于很难明确界定土地资本原始投入和追加投入的界限、比例以及各自带来的成果多少,因此在进行级差地租的分配时,很难明确界定级差地租Ⅰ和级差地租Ⅱ以及他们的归属;土地整备也面临同样的问题。虽然无法明确界定级差地租分配的比例,土地整备采取了制定相对一致的分配标准的方式来尽量实现合理分配,包括对原土地使用者的补偿标准、对政府收储土地的类型和规模标准、对部分新土地使用者优先获得土地使用权的标准等。因此在土地整备过程中,一个核心点在于确定级差地租的分配标准,制定合理的分配方案,使各方利益主体均认可和遵守,从而降低利益博弈的整体成本,避免造成不稳定局面,以实现稳定的分配预期,保障城市存量发展的健康运行。

二 土地价值分配理论

(一)土地价值和土地增值

土地作为社会运行和经济发展的载体,其价值伴随城市发展进程日益增长。对于土地价值,学术界大致存在三种观点,第一种观点主张土地无价值,因为土地是一种自然物,而自然物本身无价值。正如马克思所说,土地本身是自然物,不是生产物,没有价值。第二种观点认为土地是有价值的,包括完全未经历人类生产活动的天然土地。第三种观点则认为自然土地是没有价值的,只有经历人类生产活动的土地才有价值。

土地增值,从字面意义上看是土地价值的提高。亨利·乔治在《进步与贫困》一书中提到,人口的集聚、生产的需求导致了土地价值的增加。而地价的上涨抬高了人们的收益预期,人们不愿出让土地并积极囤地,从而进一步抬高了地价,导致生产停滞。城市的增长或扩张往往伴随城市土地的增值。我国施行的土地有偿使用制度使城市土地的价值得到极大程度的显现。在城市化进程中,投入城市建设中的大量资金很大程度上来源于土地的有偿使用。鉴于此,在土地管理和经济发展领域,如何提高土地利用效益,合理分配土地增值收益,既使政府能够利用充足的土地增值效益进行城市建设,又使土地使用者能够看到土地增值收益的潜力空间,从而积极生产、促进经济发展,成为重要研究课题。

对土地增值利益构成的探讨是确定土地增值收益分配的基础。关于土地增值的原因、分类,学术界观点各异。张俊从权利的界定与分配视角出发,认为土地增值收益可以分为自然增值和人工增值两部分,前者是外部投资、供求变化、结构优化等带来的增值,后者是用途变更、强度提高带来的增值。杜新波等基于级差地租理论,认为土地增值可以分为地租增值和土地资本增值,前者归国家所有,后者依据"谁投资、谁收益"的原则进行分配。何芳根据我国基准地价分等定级体系以及城市范围内土地区位价值差异,从整体性与个别性视角、系统因素和非系统因素视角出发,将土地增值收益分为整体性增值和个体增值两大类,前者关注城市人口增长、政策变化等系统性因素引起的土地整体性增值,后者关注土地投资人、使用权人、所有权人等通过调整地块用途、提高开发强度等主观努力导致的个体地块的增值。

对以上观点进行归纳总结,土地增值原因主要有以下几种:供需关系引起的增值、建设发展附加的增值、土地政策赋予的增值、土地用途形成的增值以及土地利用强度产生的增值等,这些因素共同影响着城市土地价值。

(二)土地增值收益分配制度

土地增值是在社会经济发展、城镇化发展等多因素下共同形成的,并不完全甚至根本不是由个别群体劳动经营创造的,所以土地增值产生的利益部分应服务于大众,全民共享、区域共享。土地增值收益是各利益相关者盘活存量土地的主要动力。若土地增值收益分配政策不清晰,利益相关者看不到利益空间,将会打击他们参与存量土地开发的积极性,不利于盘活存量土地。目前,存量土地二次开发面临土地增值收益政策不明、无法指导实践的问题。

具体而言,城市土地增值收益分配制度是指如何将城市土地增值收益分配给各利益相关者的规定,包括分配对象、分配主体、分配比例及分配方式的界定。其中,分配对象是城市土地价格的总增值额;分配主体一般包括政府和土地使用者;分配比例则需综合考虑是否拥有产权、拥有产权的类型、对土地增值收益的贡献程度等因素;分配方式是指具体采取怎样的形式来进行分割。城市土地增值收益分配具有多种形式,如地租、地税、地费、土地再调整、土地储备等。

对于土地价值分配的归属,学术界主要有三种看法:"涨价归公""涨价归私""公私兼顾"。"涨价归公"观点认为土地增值收益大部分应归政府所有,因为政府通过公共财政投入、基础设施改善和人口引进政策导致增值。"涨价归私"观点认为土地增值收益大部分应归权利人所有,因为权利人享有土地所有权,理应获得土地增值收益,政府应通过税收调节过高的个人所得部分,“涨价归私”强调了土地产权的完整性。“公私兼顾”观点则认为,土地增值收益的分配首先应保证被征地的土地权利人的利益,其次才归政府,用于经济社会的建设和发展。根据这种思想,政府和原权利人共享土地增值收益,应根据土地投入贡献分配增值收益,兼顾公平与效率。

(三)土地增值收益的捕获方式

公共行为应产生公共效益。不同国家和城市在建立与完善土地增值收益分配机制的过程中,不断选择和创新增值收益分配工具,为公共基础设施建设、改善人民生活等寻求资金,这个过程称为土地价值捕获。土地价值捕获方式包括财政性手段和相关管理手段。财政性手段包括土地税收、地费,管理手段则使开发商或私人业主以资金或实物的形式对公共利益作出贡献。

1. 土地税收、地费

土地税收是目前回收土地增值收益、分担基础设施建设投资最有效的方式之一。从理论上说,公共活动引起土地价值提高,而以土地价值为标的的地税是对土地增值额的分割,因此有必要征税。但是在现实中,土地税收存在一定复杂性和实行难度。地费是人们享受政府提供的特定服务而应当缴纳的管理费、手续费等规费,或者是使用某些基础设施所必须缴纳的项目性费用。

2. 管理手段

管理手段是指政府针对城市土地增值收益的使用、分配设计的机制,从而实现利用土地增值来追求广泛的社区经济、政治、环境方面的目标,包括公共设施配套要求、容积率奖励、开发权转移等。

公共设施配套要求是针对政府提供公共设施引起土地增值收益的一种增值捕获工具。例如,为减轻政府在公共基础设施投资中的财政负担,美国曾经在 20 世纪 60 年代提出了开发商在特定地块提供基础设施或者缴纳配套费用作为获得开发许可的前提。奖励区划是为了增强分区规划控制的弹性和适宜性采取的一种增值捕获工具。当开发商愿意向社区提供一些额外公共利益的时候,地区规划部门允许开发商超过原有的区划控制来开发土地,其中最常用的手段就是提高土地容积率。开发权转移在美国应用较广,其目的是集中发展应该被发展的区域,限制不应发展的区域。首先划定一个开发权的发送区域和接受区域,位于发送区域的土地所有权人对其土地的开发不能达到原规划条例规定的开发限度时,他们可以将其未用的发展权出售给接受区域的土地所有权人。

(四)对土地整备的启示

存量土地开发带来的巨大土地增值收益,既是部分利益主体参与存量土地开发的根本原因和动力所在,也与进行存量土地开发想要实现的土地价值增长的目标不谋而合。因此,土地增值收益的分配往往是各方利益主体的博弈焦点,也是存量土地开发以及能否成功完成开发的关键。所以,土地整备政策设计的关键就是土地增值收益的分配,要运用多种政策工具平衡各利益相关主体的诉求,实现“各取所需”。

第一,单一采取货币补偿的方式将原农村社区完全排除在土地增值收益共享范围外的垄断性做法,使原农村社区参与存量土地开发的意愿越来越低,因此不得不探索多元化的利益共享方式、合理分配土地增值收益,给予原农村社区部分开发后土地的使用权,使其可以持续享受城市发展的成果,这样才能有效推动存量土地的开发,实现多方共赢。

第二,为了保障公共利益,同时减轻政府财政负担,土地整备应进一步探索土地价值的捕获方式,收回更多的公共利益。比如,公共基础设施配建,可以以奖励建筑面积的方式鼓励土地获得者兴建人才住房、公共租赁住房等,并由政府指定购买,从而实现双方互利共赢。又如,社区拥有留用土地的开发使用权,由于不同规划用途会带来收益差异,土地整备需要根据规划情况、建筑容积率等进行地价联动的利益调节,向原农村社区分段收取地价,既避免规划容积率突破的困境,也可以保证政府收益。

三 交易费用理论

(一)交易费用的内涵

交易费用又称交易成本,是新制度经济学最基本的概念。罗纳德·哈里·科斯在 1937 年发表的《企业的性质》一文中最早提出了交易成本的思想。他认为,交易成本是通过价格机制组织生产的最明显的成本。由于市场的运行是有成本的,所以通过组成一个组织,并允许某个权威来支配资源就能够节约某些市场运行的成本。交易成本发生在一定的社会关系之中,是一种人与人的关系成本。

此后,其他学者进一步丰富了交易成本的内涵。奥列佛·威廉姆森是科斯思想的集大成者,他分析了交易成本的决定性因素,提出了交易产品专属性、交易不确定性、交易频率三个因素，并将交易成本分为搜寻成本、信息成本、议价成本、决策成本、监督交易成本等。奥列佛·威廉姆森还在 1985 年进一步将交易成本分为事前的交易成本和事后的交易成本。

（二）交易费用与制度安排

著名的“科斯三定律”深刻探讨了在交易费用为零、交易费用不为零等情况下，权利配置与资源配置的关系。具体结论为：第一，当交易费用为零时，当事人之间的谈判总会达到资源配置最优状态，不会受到初始权利配置的任何影响；第二，当交易费用不为零时，权利配置会对资源配置产生影响，权利配置不同会形成不同的资源配置；第三，交易费用的存在使得不同权利配置形成不同资源配置，所以制度设置是优化资源配置的基础。

交易费用的实质是交易费用对制度安排的影响，交易费用影响制度变更与安排，反过来制度安排也会影响交易费用。在大多数情况下，不同的制度安排决定了交易成本的高低。因此，要想让土地利用达到最优资源配置状态，就需要政府制定好的制度和政策，使得各相关主体在最公平公正的环境中进行博弈、交易和经济活动。而这个最公平公正的环境，就是通过制度安排，以最大努力趋近于“科斯三定律”中交易费用为零的状态。

（三）对土地整备的启示

根据交易成本理论，土地存量开发的重要内容之一在于能否通过有效的制度设计，降低空间转型的交易成本。在存量发展时代，土地二次开发面临的一个重要难题是产权的交易，其核心是通过利益的再分配实现资源的有效配置。深圳原农村社区模糊的权益主体和复杂的经济关系使得政府在征收土地和实施规划中成本大幅提高，政府要厘清、确定产权主体，需要投入大量行政成本。在土地产权与交易理论的启发下，政府可以通过制度设计来解决这一问题。

首先，土地整备应当通过对价比例关系的政策设计方式来实现农村土地确权和权能再赋，让原农村社区可以进一步分享城市发展和规划实施带来的增值收益，降低实施难度。其次，为了降低土地整备的规划实施成本，可以充分发挥社区的桥梁作用，在土地整备中由社区作为沟通联系的桥梁，分别与政府和居民进行利益分配协商谈判，统筹处理产权分割、利益分割等相关问题，既能提高利益核算和确权效率，也将政府与相关权益人的利益博弈转化为原农村社区的内部决策和利益平衡。最后，相较于农村土地征收为国有土地后以“招拍挂”形式实现土地供应的制度设计，土地整备可以创新土地出让方式，例如，通过协议出让留用土地的方式向原土地权利人倾斜，以降低原农村社区空间转型的交易成本。

第三节 土地二次开发的主要制度体系

土地是最基本的资源，是所有经济社会活动的基础，土地制度也是基础性的经济制度。作为国家基础制度体系中的重要部分，土地制度与其他政治、经济、文化等国家基础制度紧密关联，研究土地制度的演变和规律不能忽略国家基础制度体系的背景，本节主要从"国家土地制度—深圳市土地制度沿革"两个渐进的视角分析近代以来土地制度的基础体系和代表性实践经验。

一 主要的土地制度

（一）土地产权制度

土地产权制度是指一个国家土地产权体系构成及其实施方式的制度规定，是土地财产制度的重要组成部分。具体而言，土地产权制度是指一切经济主体对土地的关系以及由于经济主体对土地的关系而引起的不同经济主体之间的所有经济关系的总称，主要包括土地权能制度和土地收益制度，前者主要是指经济主体对土地采取某种行为的权利的制度，后者主要是指经济主体行使他的这种权利所能得到的相关收益的制度。土地产权制度可以理解为关于土地产权的合约、合同或经济关系，它还可以包括很多次级制度和再次级制度，其内容结构的丰富程度取决于土地经济领域专业化与分工的发展水平以及市场交易范围和发达程度。我国土地产权制度经历了"地主所有、租佃经营""农民所有、个体经营""集体所有、集体经营""集体所有、家庭承包"四个主要发展阶段。

（二）土地市场制度

在经济体制改革的带动下，中国的土地市场不断发展和完善。改革开放以前，中国延续了计划经济时期的土地资源配置方式，但其不能适应市场经济的变化。改革开放以后,土地市场制度呈现出以下阶段性特征。

1. 市场探索阶段(1978 ~ 1987 年)

这一阶段起初仍然沿用旧市场制度,但随着改革开放的推进,外资引入、合资经营的需求增大,于是逐步开始征收土地使用费。对土地征收使用费标志着土地使用制度迈出了市场化改革的关键步伐。

2. 市场形成阶段(1988 ~ 2001 年)

这一阶段,经济体制开始变革,市场机制的作用逐渐显现,土地使用由无偿逐渐转变为有偿,划拨供地的使用期限由无期限向有期限转变,对土地使用权流转的限制也有所转变,从以前的无流动变成有流动。这一阶段的另一大特征是划拨制度与有偿使用制度并存。因为改革的循序渐进,有偿使用制度处于推行过渡期,大量建设用地仍然采取行政划拨方式供地,且实行划拨的区域比实行有偿使用的范围更广,由此导致了大量国有资产的流失。

3. 市场发展阶段(2002 年至今)

2002 年以后,"公平、公开、公正"的土地市场运行秩序正式确立,国家不断深化土地使用制度改革,运用市场机制调控土地市场。在这一阶段,土地市场建设聚焦了空前的关注目光,国家充分认识到土地在宏观经济调控中的巨大作用,并运用土地调控国民经济的发展,尤其是对房地产业的发展进行引导。

(三)土地规划及用途管制制度

根据《土地管理法》(1998 修订)第 4 条的规定,国家实行土地用途管制制度。国家编制土地利用总体规划,规定土地用途,将土地分为农用地、建设用地和未利用地。严格限制农用地转为建设用地,控制建设用地总量,对耕地实行特殊保护。使用土地的单位和个人必须严格按照土地利用总体规划确定的用途使用土地。从概念上界定,土地用途管制制度是指由土地主管部门经过调查研究,用科学的方法遵循科学的规律来规划土地的用途,把区域内的土地划分为各种使用区,再把使用区的土地逐一编定为各种使用地,并把这种划分确定在按照严格的法律程序编制的土地利用规划中,根据确定的用途严格使用土地的一种制度。土地规划及用途管制制度主要通过土地利用总体规划、农用地转用审批、征地审批、土地登记等具体环节得以实现。

土地利用总体规划是实行土地用途管制制度的起点,将土地用途的划分、使用条件的规定等都纳入规划中。农用地转用审批是指农用地转为建设用地的,必须进行严格的审批程序。征地审批和农用地转批有一定的联系，但它的范围要大于且层次要低于农用地转批，在完成征地审批以后，涉及农用地的，必须进行转批。土地登记作为土地权属管理的主要手段，是土地用途管制的最后一个环节。在完成征地审批、农用地转批，取得批准文件后，必须到当地自然资源主管部门进行土地登记，才能取得土地所有权或土地使用权。

（四）耕地保护制度

耕地是指种植农作物的土地，包括熟地、新开发复垦整理地、休闲地、轮歇地、草田轮作地；以种植农作物为主，间有零星果树、桑树或其他树木的土地；平均每年能保证收获一季的已垦滩地和海涂。耕地保护是指使用法律、行政、经济、技术等手段和措施，对耕地的数量和质量进行的保护。我国历来高度重视耕地保护问题，不仅将耕地保护作为关系我国经济和社会可持续发展的全局性战略问题，还将“十分珍惜、合理利用土地和切实保护耕地”列为必须长期坚持的一项基本国策。

从中华人民共和国成立至20世纪60年代，国家在政策规定中多次强调，非农建设尽量不要占用耕地。自改革开放以来，为协调好保吃饭、保发展和保生态的关系，党中央就加强土地管理和耕地保护下发了三个具有里程碑意义的文件，其中中共中央、国务院《关于加强土地管理、制止乱占耕地的通知》将耕地保护作为基本国策，《关于进一步加强土地管理切实保护耕地的通知》规定实行耕地总量动态平衡和占补平衡，《关于加强耕地保护和改进占补平衡的意见》规定着力构建数量、质量、生态“三位一体”的耕地保护新格局。与之紧密呼应的是1986年《土地管理法》的出台及其1998年的修订和2019年的修正，推进了我国土地管理制度体系的建立与完善。

在耕地保护的问题上，我国自始至终都坚守耕地红线不动摇，坚持最严耕地保护制度不松懈，并且面对不同的时代发展形势、经济发展目标、社会变革新问题等，我国采取制定针对性政策的具体措施并及时调整完善，既保障人民需求得以满足，又使其能在经济社会运行规律之下符合党和国家的价值目标。内在执行逻辑是，抓住耕地“保什么、谁来保、怎么保”等一系列核心问题，根据我国耕地利用结构现状、耕地资源紧缺程度、社会发展的根本矛盾变化、粮食安全和国际形势变革等情况，不断修正耕地保护的内涵和耕地保护政策，促使耕地保护制度日趋完善。

二 我国土地制度演变

（一）中华人民共和国成立至改革开放前（1949～1978年）

从中华人民共和国成立前《中国人民政治协商会议共同纲领》（以下简称《共同纲领》）至1982年《宪法》修订，我国先后经历了中华人民共和国成立、土地改革、农业合作化运动等阶段，我国的土地制度也一直处于变革中。鉴于该阶段的土地制度与我国现行的土地制度有较大区别，故将1982年作为前后两个阶段土地制度的分界点。但是，不可否认的是，我国现行的土地制度建立在1982年以前土地制度的建立、变革、探索的基础上，并非绝对地推倒重来，这也是我们需要了解、研究该阶段土地制度的原因。从土地所有权制度的角度来看，中华人民共和国成立以来至改革开放前的土地制度可以分为以下三个阶段。

1.《共同纲领》施行时期（1949～1954年）

（1）《共同纲领》

1949年9月29日，中国人民政治协商会议第一次全体会议通过了《共同纲领》，该文件起着临时宪法的作用，属于中华人民共和国建立各项基本制度的法律依据。《共同纲领》第3条规定："中华人民共和国必须取消帝国主义国家在中国的一切特权，没收官僚资本归人民的国家所有，有步骤地将封建半封建的土地所有制改变为农民的土地所有制……"第27条规定："土地改革为发展生产力和国家工业化的必要条件。凡已实行土地改革的地区，必须保护农民已得土地的所有权。凡尚未实行土地改革的地区，必须发动农民群众，建立农民团体，经过清除土匪恶霸、减租减息和分配土地等多项步骤，实现耕者有其田。"从上述表述可以看出，我国当时对农村土地制度改革的目标是将封建半封建的土地所有制改变为农民的土地所有制。

实行土地改革后，部分地区已建立起农民土地所有制，但由于客观原因，仍有地区未实行土地改革。不过，《共同纲领》指明了实现"耕者有其田"的土地制度方向。对于城市土地制度，《共同纲领》未予以明确规定。但是，我国作为社会主义国家，在当时的社会背景下，尤其在《共同纲领》规定"土地改革为发展生产力和国家工业化的必要条件……"的情况下，为实现国家工业化发展必然要转向土地公有制，可在

《共同纲领》施行时期,我国的土地制度仍处于改革的过渡阶段。

(2)1952年"土地改革"

在《共同纲领》施行期间,中央人民政府于1950年颁布了《土地改革法》,第1条规定,"废除地主阶级封建剥削的土地所有制,实行农民的土地所有制"。第10条规定,"所有没收和征收得来的土地和其他生产资料,除本法规定收归国家所有者外,均由乡农民协会接收,统一地、公平合理地分配给无地少地及缺乏其他生产资料的贫苦农民所有。对地主亦分给同样的一份,使地主也能依靠自己的劳动维持生活,并在劳动中改造自己"。第30条规定,"土地改革完成后,由人民政府发给土地所有证,并承认一切土地所有者自由经营、买卖及出租其土地的权利。土地制度改革以前的土地契约,一律作废"。第35条规定,"本法适用于一般农村,不适用于大城市的郊区。大城市郊区的土地改革办法,另定之"。

由此可见,完成土地改革后的农村地区,在土地所有权制度上,整体实行农民土地所有制,部分特殊土地基于生产发展需要归国家所有;在农村土地供应制度上,土地改革时期通过没收、征收过程中的保留及乡农民协会分配两种方式向农民提供土地;在土地使用权流转制度上,一律否认土改前土地契约效力,允许土改后取得土地所有权的农民自由买卖及出租其土地使用权。

2.《五四宪法》施行时期(1954~1975年)

(1)《五四宪法》

1954年9月20日,第一届全国人民代表大会第一次会议通过新中国第一部《宪法》(以下简称《五四宪法》)。《五四宪法》第5条规定,中华人民共和国的生产资料所有制现在主要有下列各种:国家所有制,即全民所有制;合作社所有制,即劳动群众集体所有制;个体劳动者所有制;资本家所有制。第8条第1款规定,国家依照法律保护农民的土地所有权和其他生产资料所有权。该规定从宪法层面明确我国实行农民土地私有制。对城市土地制度,《五四宪法》仍然没有作出明确规定,也没有限制私人取得土地所有权的规定。

通过《五四宪法》关于"保护手工业者和其他非农业的个体劳动者的生产资料所有权""保护资本家的生产资料所有权和其他资本所有权""保护资本家的生产资料所有权和其他资本所有权"的表述来看,土地要么作为生产资料,要么作为生活资料,也可以理解为当时允许在城市土地范围内土地私有权的存在。同时,《五四宪法》第13条规定:"国家为了公共利益的需要,可以依照法律规定的条件,对城乡土地和其他生产资料实行征购、征用或者收归国有。”从逻辑上看,该规定对城乡土地实行征用(征收),必然是建立在承认城市、乡村存在土地私有权的前提下。

但是,应予以注意的是,《五四宪法》第 4 条规定,“通过社会主义工业化和社会主义改造,保证逐步消灭剥削制度,建立社会主义社会”。对于个体劳动者所有制,第 7 条明确规定,“国家保护合作社的财产,鼓励、指导和帮助合作社经济的发展,并且以发展生产合作为改造个体农业和个体手工业的主要道路”,就连“劳动群众部分集体所有制”也只是“组织个体农民、个体手工业者和其他个体劳动者走向劳动群众集体所有制的过渡形式”;对于资本家所有制,第 10 条第 2 款规定,“国家对资本主义工商业采取利用、限制和改造的政策……鼓励和指导它们转变为各种不同形式的国家资本主义经济,逐步以全民所有制代替资本家所有制”。

故在《五四宪法》施行时期,我国的土地制度仍然处于过渡阶段,方向上是从土地私有制转向全面的土地公有制(包括土地全民所有制及土地劳动群众集体所有制)。事实上,在《五四宪法》颁布之前,随着“一化三改”(社会主义工业化及农业、手工业、资本主义工商业的社会主义改造)工作的启动,以及《五四宪法》颁布后“一化三改”工作的深入推进及完成,我国土地制度转向了全面的土地公有制。

(2)农业合作化和人民公社运动

1952 年土地改革完成后,废除了封建半封建地主土地所有制,建立了农民土地所有制,农民的生产积极性被充分调动,但仍不足以适应、支持我国工业化建设的需求。为了在最短时间内集中最大力量发展农业生产,为全国工业化建设提供支持和保障,我国从 1953 年开始启动农业合作化运动。

1956 年我国基本实现农业生产的初级合作化,初级农业合作化有两个特点:土地经营使用权统一由合作社集体行使;入社农民仍享有土地所有权,退股自由。可见,该阶段的农业生产合作社属于半社会主义性质的土地所有制,仍未改变农民土地私有制。1956 年 1 月,《中国农村的社会主义高潮》一书出版,提倡创办高级社和大社。1956 年 6 月,全国人民代表大会通过《高级农业生产合作社示范章程》(已失效),第 13 条第 1 款规定,“入社的农民必须把私有的土地和耕畜、大型农具等主要生产资料转为合作社集体所有”,即明确将农民私有土地转为集体所有,从根本上废除了土地私有制。1958 年 8 月,在北戴河扩大会议上,毛泽东同志将合并的大社定名为“人民公社”。1958 年 9 月底,全国农村的人民公社化基本实现。

(3)土地征用(征收)制度的细化

1958年1月6日,国务院颁布《国家建设征用土地办法》(已失效,下同),对国家建设(当时更多的是指公共基础设施建设)需要征用土地的活动进行规定。该办法中的征用并非今天语境下的征用,而是包括征收农业生产合作社的土地、征收私有土地、征收城市市区的土地(房屋地基及工地)。《国家建设征用土地办法》确立的部分制度也被后来的《国家建设征用土地条例》(已失效,下同)及《土地管理法》(1986年)吸收,如《国家建设征用土地办法》第7条规定的土地补偿与地上附着物补偿区分制度、第8条规定的用地单位代为补偿制度。

3.《七五宪法》《七八宪法》施行时期(1975~1978年)

1975年1月17日,中华人民共和国第四届全国人民代表大会第一次会议通过的《宪法》(以下简称《七五宪法》)无关于土地制度的直接规定,但明确规定我国生产资料所有制为社会主义全民所有制和社会主义劳动群众集体所有制,否定了个体所有制和资本家所有制的存在,并且通过肯定农村人民公社体制,间接强化了农村土地集体所有制。事实上,经历了社会主义改造、农业合作化、人民公社化等运动后,当时的中国应该实现了土地的全面公有化。在土地全面公有化的情况下,所有的生产资料甚至生活资料都是通过计划安排,除因生活需要保留少量的自留地外,绝大部分的土地都属于公有并供国家或集体安排使用,法律层面也不存在所谓的"物权"概念。所以,当时不可能存在所谓的土地使用权流转制度。1978年3月5日,中华人民共和国第五届全国人民代表大会第一次会议通过新中国第三部《宪法》(以下简称《七八宪法》)。在土地制度方面,《七八宪法》基本上延续了《七五宪法》的规定。综上所述,《七五宪法》颁布之后,我国在宪法层面建立了全面的土地公有制。

(二)改革开放以来的新阶段(1978年至今)

改革开放后,我国根据社会主义市场经济发展的需要,结合我国实际情况,通过不断地探索、改革,逐步建立起符合我国国情的土地制度。

1.土地所有权二元制的明确建立

1978年安徽凤阳小岗村发起"家庭联合承包"运动,引发自下而上的土地改革,事实上产生了土地承包经营权利。1982年2月13日,国务院颁布《村镇建房用地管理条例》(已失效,下同),对农村村庄和集镇建房用地活动进行了规定,但不包括县城和设镇建制的镇。《村镇建房用地管理条例》是"文化大革命"结束后首次在法规层面重新提出宅基地使用权，并对宅基地使用权的管理作出规定的法律制度。

《村镇建房用地管理条例》第 4 条规定："农村人民公社、生产大队、生产队的土地，分别归公社、大队、生产队集体所有。社员对宅基地、自留地、自留山、饲料地和承包的土地，只有按照规定用途使用的使用权，没有所有权……严禁买卖、出租和违法转让建房用地。"第 5 条规定："在村镇内，个人建房和社队企业、事业单位建设用地，都应按照本条例的规定，办理申请、审查、批准的手续……全民所有制单位，包括同社队联营的企业在内，其建设用地，应按国家建设征用土地的规定办理。非农业人口兴办的集体所有制企业建设用地，参照国家建设征用土地的规定办理。"第 15 条规定："由于买卖房屋而转移宅基地使用权的，应按第十四条的规定办理申请、审查、批准手续。出卖、出租房屋的，不得再申请宅基地。社员迁居并拆除房屋后腾出的宅基地，由生产队收回，统一安排使用。"

上述规定明确了农村土地集体所有，社员仅享有使用权。如需使用村镇建设用地，有两条路径：一是社员个人及社队企业、事业单位申请使用村镇建设用地；二是国家因建设征用（征收）村镇建设用地为国有土地。上述规定还限制了宅基地使用权的流转，但认可办理审批手续的宅基地上房屋买卖行为，在社员迁居并拆除房屋的情况下，宅基地使用权由生产队收回。

对宅基地的使用主体，《村镇建房用地管理条例》第 14 条规定："农村社员，回乡落户的离休、退休、退职职工和军人，回乡定居的华侨，建房需要宅基地的，应向所在生产队申请，经社员大会讨论通过，生产大队审核同意，报公社管理委员会批准；确实需要占用耕地、园地的，必须报经县级人民政府批准。批准后，由批准机关发给宅基地使用证明。"第 18 条规定："集镇内非农业户建房需要用地的，应提出申请，由管理集镇的机构与有关生产队协商，参照第十四条的规定办理。"由于人民公社属于政社合一的组织，实际上履行着相当于镇政府的职能，故当时农村社员等主体申请宅基地，一般情况下经公社管理委员会批准即可。同时，当时并非绝对禁止集镇非农业户申请建房用地，只是需按规定办理审批手续。

1982 年 5 月 14 日，国务院颁布《国家建设征用土地条例》，对国家征用（征收）集体所有的土地进行规定，明确禁止任何单位直接向村社队购地、租地或变相购地、租地。《国家建设征用土地条例》第 7 条规定了征用土地程序包括申请选址，协商征地数量和补偿、安置方案，核定用地面积及划拨土地，并明确"在土地管理机关主持下，由用地单位与被征地单位签订协议"，这是改革开放后出现大量"代征地"活动的最早依据。按照该规定,征地单位实际上仍然是政府土地管理部门,用地单位仅是按规定与被征地单位签订协议、支付补偿费而已,并非具有征地职权职责的政府部门。该条例第 19 条规定,“遇到抢险或紧急的军事需要等特殊情况急需用地时,属于临时用地的可以先使用,并立即报告所在地县、市人民政府;属于永久用地的,经县、市以上人民政府同意,可以先使用,并按照规定的审批权限,补办征地手续”,为先用土地、后办手续的征地、用地行为打开了操作空间。

在安徽凤阳小岗村“家庭联产承包”活动及相关土地管理法规出台的背景下,我国的土地制度在施行过程中出现了翻天覆地的变化。这些变化因涉及国家基本土地制度,如得不到宪法的承认,则一系列土地改革将一直存在法律障碍。于是,1982 年 12 月 4 日,第五届全国人民代表大会第五次会议通过了新中国的第四部《宪法》(以下简称《八二宪法》)。《八二宪法》第 10 条规定:“城市的土地属于国家所有。农村和城市郊区的土地,除由法律规定属于国家所有的以外,属于集体所有;宅基地和自留地、自留山,也属于集体所有。国家为了公共利益的需要,可以依照法律规定对土地实行征用。任何组织或者个人不得侵占、买卖、出租或者以其他形式非法转让土地。一切使用土地的组织和个人必须合理地利用土地。”首次对我国土地制度作出了全面、系统的规定:第一,土地所有权制度方面,我国实行土地国家所有和集体所有的二元制;第二,土地征收制度方面,实行公益征收制度(《八二宪法》所表述的“征用”实际属于“征收”),废除了土地征购或收归国有制度;第三,土地使用权流转制度方面,禁止土地使用权流转;第四,土地利用制度方面,确立合理利用原则。

1986 年 6 月 25 日,在《八二宪法》确立的基本土地制度之下,我国颁布了《土地管理法》(1986 年)。该部法律作为我国第一部对土地制度进行系统、全面规定的法律,一方面进一步细化了《八二宪法》所规定的土地制度,另一方面充分吸收了《村镇建房用地管理条例》及《国家建设征用土地条例》中与实际相符的规定。《土地管理法》(1986 年)确立了以下土地制度:第一,土地所有权制度方面,实行公有制,具体表现为国家所有(全民所有)和集体所有(劳动群众集体所有)二元制(第 2 条第 1 款);第二,土地供应制度方面,国家建设用地实行划拨供应土地制度(第四章),并且只有“列入国家固定资产投资计划的或者准许建设的国家建设项目,经过批准,建设单位方可申请用地”(第 22 条),乡(镇)村建设用地实行审批制度(第五章),农村居民住宅用地由乡级人民政府审批(除非占用耕地),乡(镇)村企业建设用地由县级以上地方人民政府批准,乡(镇)村公共设施、公益事业建设用地由县级人民政府批准;第三,在土地利用制度方面,建立土地调查统计制度、土地利用总体规划制度(第三章);第四,在土地使用权流转制度方面,明确禁止转让土地(第 2 条第 2 款);第五,在土地征收与收回制度方面,承继了《八二宪法》公益征收集体所有的土地的原则,同时承继了 1982 年《国家建设征用土地条例》由“用地单位支付补偿费”的做法,保留“代征地”模式,同时首次明确了收回用地单位土地使用权的情形(第 19 条,与现行《土地管理法》收回土地使用权的情形有所差别)。

2. 国有土地使用权有偿使用及流转制度变革

《八二宪法》绝对禁止土地的流转,否认土地本身的商品属性和市场价值,但随着改革开放的不断深入,市场亟须土地使用权流转制度的变革。1987 年 11 月 29 日,上海市率先出台《上海市土地使用权有偿转让办法》(已失效),自 1988 年 1 月 1 日起施行。1987 年 12 月 1 日,深圳市人民政府第一次采取公开拍卖的方式有偿转让一块国有土地的使用权。1988 年 1 月 3 日,广东省人民代表大会常务委员会通过《深圳经济特区土地管理条例》(已失效,下同),第一次规定“特区国有土地实行有偿使用和有偿转让制度”。上述一系列土地制度改革促成了《宪法》的修改。

1988 年 4 月 12 日,第七届全国人民代表大会第一次会议审议通过宪法修正案(以下简称《八八宪法》),将《八二宪法》第 10 条第 4 款修改为“任何组织或者个人不得侵占、买卖或者以其他形式非法转让土地。土地的使用权可以依照法律的规定转让”,从国家根本大法层面承认了土地使用权可依法转让。1988 年 12 月 29 日,为了落实、回应《八八宪法》对土地使用权流转制度的修订,我国发布了修正后的《土地管理法》,在原第 2 条第 3 款的基础上增加第 4 款及第 5 款“国有土地和集体所有的土地的使用权可以依法转让。土地使用权转让的具体办法,由国务院另行规定。国家依法实行国有土地有偿使用制度。国有土地有偿使用的具体办法,由国务院另行规定”。上述规定在法律上将原本单一的划拨供应土地改为有偿出让与划拨方式并存供应土地,将原本的绝对禁止土地使用权转让改为允许土地使用权依法转让。

但应注意的是:第一,《土地管理法》(1988 修正)虽然提出了实行国有土地有偿使用制度,但在该法中未对该制度予以细化规定。该法第四章“国家建设用地”指的仍属于“国家进行经济、文化、国防建设以及兴办社会公共事业,需要征用集体所有的土地或者使用国有土地”的情形,该情形下走的仍是划拨土地路径。第二,虽然该法规定国有土地使用权和集体土地使用权均可依法转让,但是在很长一段时间里,基于保障农民的生存根基，保证农民的生活稳定，集体土地使用权的转让一直受到极其严苛的限制，即使转让，也仅允许在集体内部流转。该状况直至近20年新一轮的农村土地制度改革成果得到2019年修正后的《土地管理法》及2021年施行的《民法典》的承认，才有所改变。值得注意的是，《土地管理法》（1988修正）第41条规定，“城镇非农业户口居民建住宅，需要使用集体所有的土地的，必须经县级人民政府批准……”，即允许城镇居民申请使用集体所有土地建设住宅。1990年5月19日，国务院依据《土地管理法》（1988修正）第2条第4款及第5款制定并发布了《城镇国有土地使用权出让和转让暂行条例》（已被修改），对城镇（包括市、县城、建制镇、工矿区范围内）属于全民所有的土地的出让、转让活动进行规定，该条例明确“按照所有权和使用权分离的原则，实行城镇国有土地使用权出让、转让制度”，我国境内外的公司、企业、其他组织和个人都可依法取得国有土地使用权，进行土地开发、利用、经营。相较于《八八宪法》及《土地管理法》（1988修正）的含蓄表述，该条例在坚持土地公有制的前提下，通过所有权与使用权分离的做法，系统、全面地回应了我国土地市场化的需求，分专章对土地使用权出让、转让、出租（指土地使用者出租土地使用权，而非土地所有者出租土地使用权）、抵押、收回、划拨作出了详细规定。但是，对于农村集体土地使用权转让问题，由于争议极大，国务院至今未出台具体文件。

3. 土地制度进一步完善

1998年8月29日，我国发布修订后的《土地管理法》（1998修订），对我国土地制度予以完善：第一，土地供应制度方面，删除了国务院制定国有土地有偿使用制度的相关条文，直接对土地使用权出让与划拨制度的具体规则作出规定。第二，土地利用制度方面，首次提出国家实行土地用途管制制度，将土地用途管制与原先的土地利用总体规划制度衔接起来，将土地分为农用地、建设用地和未利用地。第三，土地供应和土地使用权流转制度方面，相较于《土地管理法》（1988修正）而言，《土地管理法》（1998修订）将国有建设用地与集体建设用地合并到一章进行规定，使用建设用地的情形包括申请使用国有土地和集体土地两种，使用国有建设用地的情形包括国家建设项目需要申请使用国有建设用地（一般通过划拨）及其他单位和个人的非国家建设项目需要申请使用国有建设用地（一般通过出让）。原则上不限制国有土地使用权的流转，但原则上禁止集体土地使用权的流转，并且删除了城镇居民可申请集体土地建设住宅的规定。第四，土地征收与收回制度方面，征地审批手续与农用地转用审批手续两条线，先完成“农转用”审批，才能办理征地审批，除非两条线的审批工作由同一部门负责。同时，取消了用地单位直接支付征地补偿费“代征地”的做法，明确了收回国有土地使用权及集体土地使用权的条件。

2004 年第十届全国人民代表大会第二次会议审议通过宪法修正案，将第 10 条第 3 款修正为“国家为了公共利益的需要，可以依照法律规定对土地实行征收或者征用并给予补偿”，修正了以往混淆使用征收与征用两个概念的做法。2004 年 8 月 28 日，我国发布修正后的《土地管理法》(2004 修正)，同样将第 2 条第 4 款修正为“国家为了公共利益的需要，可以依法对土地实行征收或者征用并给予补偿”。

4. 集体土地使用权流转制度变革

集体土地使用权流转制度改革，并非新鲜事物。实际上，从 20 世纪 90 年代末就已经开始启动。1999 年年底，安徽省芜湖市开始在其 5 个镇进行农村建设用地使用权流转试点。2001 年，广东省佛山市顺德区开展了集体土地转为国有土地和集体建设用地使用权流转方面的改革试点。针对改革过程中出现的因集体建设用地使用权流转而产生的纠纷，广东省高级人民法院于 2001 年印发了《关于审理农村集体土地出让、转让、出租用于非农业建设纠纷案件若干问题的指导意见》(已失效)。

2002 年 11 月 28 日，广东省顺德市出台《顺德市集体所有建设用地使用权流转管理暂行办法》[1]。2003 年 4 月，顺德试点扩大到该区 15 个镇。同年，广东省发布了《关于试行农村集体建设用地使用权流转的通知》(已失效)。2004 年，佛山市在全市范围内推广顺德经验，出台了《佛山市试行农村集体建设用地使用权流转实施办法》(已被修改)。2004 年 10 月 21 日，国务院下发《关于深化改革严格土地管理的决定》，该决定第 10 条规定，“加强村镇建设用地的管理……农村集体建设用地，必须符合土地利用总体规划、村庄和集镇规划，并纳入土地利用年度计划，凡占用农用地的必须依法办理审批手续。禁止擅自通过‘村改居’等方式将农民集体所有土地转为国有土地。禁止农村集体经济组织非法出让、出租集体土地用于非农业建设。改革和完善宅基地审批制度，加强农村宅基地管理，禁止城镇居民在农村购置宅基地……在符合规划的前提下，村庄、集镇、建制镇中的农民集体所有建设用地使用权可以依法流转”。2005 年，广东省向全省推广佛山的做法，在全国率先出台了《广东省集体建设用地使用权流转管理办法》。自 2006 年 2 月起，佛山在全市铺开

---

[1] 2022 年 12 月 8 日，国务院批准调整佛山市行政区划，撤销顺德市，设立佛山市顺德区。

集体建设用地流转工作。土地规划和流转的具体工作由乡镇人民政府负责，采取公开招标、拍卖方式供应土地，土地使用权流转收益由村集体留存50%。

2007年12月30日，国务院办公厅《关于严格执行有关农村集体建设用地法律和政策的通知》第3条第2款规定："严格控制农民集体所有建设用地使用权流转范围。农民集体所有的土地使用权不得出让、转让或者出租用于非农业建设。符合土地利用总体规划并依法取得建设用地的企业发生破产、兼并等情形时，所涉及的农民集体所有建设用地使用权方可依法转移。其他农民集体所有建设用地使用权流转，必须是符合规划、依法取得的建设用地，并不得用于商品住宅开发。"2009年3月6日，原国土资源部[1]发布《关于促进农业稳定发展农民持续增收推动城乡统筹发展的若干意见》，该意见中提到规范集体建设用地流转，逐步建立城乡统一的建设用地市场。具体举措为：一是明确土地市场准入条件，规范集体建设用地使用权流转，原国土资源部将下发农村集体建设用地使用权出让和转让办法。二是完善土地资源配置机制，构建城乡统一建设用地市场。三是制定集体土地收益分配办法，增加农民财产性收入。

2010年8月，上海市规土局《关于印发农村集体建设用地流转试点操作规范(试行)的通知》规定农村集体建设用地与国有土地"同地同权"。2011年9月13日，广州市人民政府办公厅发布《广州市集体建设用地使用权流转管理试行办法》(已失效)，对集体建设用地使用权流转条件、流转程序、流转的法律效果作出了规定。2012年3月，杭州市人民政府发布《关于开展集体建设用地流转试点工作的实施意见》(已失效)。

2013年11月12日，中国共产党第十八届中央委员会第三次全体会议通过了《中共中央关于全面深化改革若干重大问题的决定》，指出要建立城乡统一的建设用地市场。在符合规划和用途管制前提下，允许农村集体经营性建设用地出让、租赁、入股，实行与国有土地同等入市、同权同价。缩小征地范围，规范征地程序，完善对被征地农民合理、规范、多元保障机制。扩大国有土地有偿使用范围，减少非公益性用地划拨。建立兼顾国家、集体、个人的土地增值收益分配机制，合理提高个人收益。完善土地租赁、转让、抵押二级市场。

2014年11月，中共中央办公厅、国务院办公厅《关于引导农村土地经营权有序

---

[1] 2018年机构改革后撤销，职能归属自然资源部。

流转发展农业适度规模经营的意见》发布,集体土地使用权流转改革扩大至农村土地承包经营权层面。2014 年 12 月 31 日,中共中央办公厅、国务院办公厅发布《关于农村土地征收、集体经营性建设用地入市、宅基地制度改革试点工作的意见》,进一步推动集体建设用地使用权入市流转。

2015 年 2 月 27 日,第十二届全国人民代表大会常务委员会第十三次会议决定:授权国务院在北京市大兴区等 33 个试点县(市、区)行政区域,暂时调整实施《土地管理法》《城市房地产管理法》关于农村土地征收、集体经营性建设用地入市、宅基地管理制度的有关规定,并授权国务院在北京市大兴区进行"农村集体经营性建设用地入市"的改革试点。上述调整在 2017 年 12 月 31 日前试行,对于实践证明可行的,修改完善有关法律;对于实践证明不宜调整的,恢复施行有关法律规定。这次试点经过全国人民代表大会授权,属于国家层面的试点改革,与历史上的农村土地合作社运动、农村土地家庭联产承包责任制、国有土地有偿使用制度具有同等重要的历史意义。

2015 年 7 月 23 日,广州市人民政府办公厅发布《广州市集体建设用地使用权流转管理办法》。2015 年 9 月 8 日,浙江省德清县敲响了集体经营性建设用地入市竞拍的第一槌。2016 年 4 月 18 日,财政部、原国土资源部发布《农村集体经营性建设用地土地增值收益调节金征收使用管理暂行办法》(已失效)。2017 年 8 月,原国土资源部、住房和城乡建设部发布《利用集体建设用地建设租赁住房试点方案》,确定第一批在北京、上海等 13 个城市开展利用集体建设用地建设租赁住房试点,建成房源可以出租不可出售。

2019 年 8 月 26 日,我国发布第三次修正后的《土地管理法》。该法第 63 条规定,土地利用总体规划、城乡规划确定为工业、商业等经营性用途,并经依法登记的集体经营性建设用地,土地所有权人可以通过出让、出租等方式交由单位或者个人使用,并应当签订书面合同,载明土地界址、面积、动工期限、使用期限、土地用途、规划条件和双方其他权利义务。前款规定的集体经营性建设用地出让、出租等,应当经本集体经济组织成员的村民会议 2/3 以上成员或者 2/3 以上村民代表的同意。通过出让等方式取得的集体经营性建设用地使用权可以转让、互换、出资、赠与或者抵押,但法律、行政法规另有规定或者土地所有权人、土地使用权人签订的书面合同另有约定的除外。集体经营性建设用地的出租,集体建设用地使用权的出让及其最高年限、转让、互换、出资、赠与、抵押等,参照同类用途的国有建设用地执行。从法律层面承认了集体经营性建设用地使用权流转的合法性，并明确了流转条件。

2021 年 1 月 1 日施行的《民法典》第 334 条规定，“土地承包经营权人依照法律规定，有权将土地承包经营权互换、转让。未经依法批准，不得将承包地用于非农建设”。第 339 条规定，“土地承包经营权人可以自主决定依法采取出租、入股或者其他方式向他人流转土地经营权”。从土地所有权、土地承包权、土地经营权“三权”分置的角度，将土地经营权从土地承包经营权中释放出来，实现农民在保有土地承包权的前提下流转土地经营权的目的，盘活农村农用地，充分发挥其市场价值。2021 年 7 月 2 日，国务院发布新修订的《土地管理法实施条例》，第 37 条至第 43 条进一步明确集体经营性建设用地的管理及入市交易规则。

20 多年间，我国对集体土地使用权流转制度的探索从未停止。经过多地反复地试点、检验、总结、研究，《民法典》和《土地管理法》对集体土地使用权流转的相关规则才逐渐予以明确。不过，从集体土地使用权流转制度改革的成果来看，目前我国仅承认集体经营性建设用地使用权、土地承包经营权及土地经营权流转的合法性，仍未放开宅基地使用权的流转。至此，我国建立起土地所有权二元制、土地利用规划与用途管制、土地有偿使用及无偿划拨并行、土地使用权依法流转、土地所有权征收与土地使用权收回的土地制度。从我国的土地制度变革史可以看出，由于旧的土地制度不能满足社会经济发展需要，人们往往先行突破现行的土地制度，结合实际探索适应社会经济发展需要并经实践检验的新模式，再通过法律予以承认，巩固土地改革的成果。可以预见，在未来很长的一段时间内，由于我国社会主义市场经济的不断发展，我国的土地制度仍将处于不断地探索及变革过程中。

三 深圳土地制度演变

自 1980 年深圳经济特区设立以来，深圳对土地制度不断探索，始终走在中国时代的前列，推动了我国土地制度的变革，为全国其他城市提供了可学习借鉴的优秀范本。为满足深圳高质量发展需求，深圳市人民政府不断推行土地政策试点、进行土地制度改革创新，在 40 多年的发展过程中，呈现出变化快、创新强、覆盖面广、阶段性明显的特点。下文将结合深圳城市化进展分析深圳土地制度的演变，并划分出三个发展阶段：第一阶段，以土地统征推进原特区内城市化（1980 ~ 1992 年）；第二阶段,以土地统转推进原特区外城市化(1993～2008 年);第三阶段,以存量土地开发推动全市深度城市化(2009 年至今)。

(一)深圳经济特区的区域变化

1979 年之前,宝安县的行政区域范围大致涵盖了现广东省福田、南山、罗湖、盐田、宝安、光明、龙华、龙岗等区。1979 年 1 月 23 日,撤宝安县升设地级市深圳,深圳正式立市。

1980 年 8 月 26 日,深圳经济特区正式成立。《广东省经济特区条例》第 1 条规定,为发展对外经济合作和技术交流,促进社会主义现代化建设,在广东省深圳、珠海、汕头三市分别划出一定区域,设置经济特区。可见,当时并非整个深圳市均属于经济特区,当时深圳经济特区是指深圳市内一定的区域(现福田、南山、罗湖、盐田)。

1982 年 12 月复设宝安县,但此时的宝安县辖深圳经济特区之外的原宝安县。1992 年 12 月宝安撤县建区,分设为宝安、龙岗两个行政区。2007 年宝安分设光明新区。

2010 年 5 月 27 日,国务院向广东省人民政府下发《关于扩大深圳经济特区范围的批复》,要求尽快解决特区内外发展不平衡、特区发展空间局限和"一市两法"等问题,同意将深圳经济特区范围扩大到深圳全市,将宝安、龙岗两区纳入经济特区范围。因此,至 2010 年 7 月 1 日该批复正式施行时,宝安、龙岗两区(现包括宝安、光明、龙华、龙岗、坪山五区及大鹏新区)才纳入经济特区范围。

2011 年年底宝安分设龙华新区。2016 年,龙岗分设坪山区。2017 年 1 月 7 日龙华区正式挂牌成立行政区。2018 年 5 月国务院同意设立深圳市光明区。

因法规规章适用范围及效力位阶等问题的差异,有必要对深圳市与深圳经济特区进行区分。为避免混淆,将 2010 年 7 月 1 日前的深圳经济特区称为"原特区",并区分为"原特区内""原特区外",将 2010 年 7 月 1 日后的深圳经济特区称为"现特区"。在 2010 年 7 月 1 日前,经济特区法规仅可适用于原特区范围内,原特区范围外应适用法律、国务院行政法规、广东省人民代表大会常务委员会及深圳市人民代表大会常务委员会制定的地方性法规、深圳市人民政府制定的规章,不适用经济特区法规。同时,根据我国《立法法》的规定,经济特区法规根据全国人民代表大会的授权可对法律、行政法规、地方性法规作变通规定,在本经济特区适用,而地方性法规、政府规章不能与上位法内容相冲突。

（二）以土地统征推进原特区内城市化（1980～1992年）

1. 城市化“统征”前原特区内的土地管理制度

1981年11月17日，为了适应吸引外商到特区投资的环境变化，广东省人民代表大会常务委员会通过《深圳经济特区土地管理暂行规定》（已失效，下同）。《深圳经济特区土地管理暂行规定》第4条规定：“任何单位和个人需要使用土地，应向深圳市人民政府申请，经批准并完备应办手续后方得使用；凡未经批准而直接与原土地使用单位或个人洽谈用地者，所签订的合约，一律无效。”第5条规定：“经批准使用土地的单位和个人，对其所使用的土地只有使用权，没有所有权；禁止买卖和变相买卖土地，禁止出租和擅自转让土地；不得开采、动用或破坏地下资源和其他资源。”第6条规定：“因建设需要征用土地、拆迁民房和其他建筑物的补偿办法，按照中华人民共和国和广东省人民政府有关规定办理。”第三章对在特区兴办企业、事业的所有单位用地年限及用地费用进行了规定。

可见，原特区内的行政划拨供地制度与国家层面的行政划拨供地制度存在差别，原特区内的行政划拨供地制度为有偿使用，国家层面的行政划拨供地制度为无偿使用。这主要是因为当时存在吸引客商（外资）在原特区内投资设厂、兴办各项事业的特殊需要。

1982年，深圳市人民政府颁发《深圳经济特区农村社员建房用地的暂行规定》（已失效，下同），对农村社员建房用地活动予以规定。其中，第5条第2款规定，现已移居国外的华侨、港澳同胞，在本社、村（镇）没有直系亲属，但原有祖屋或宅基地，而要求在本社、本村（镇）建新房者，可提出申请报告，经罗湖区人民政府审批同意后，按照规定在原地或本村划定的范围内建房。经过几年时间的发展，深圳经济特区农村面貌发生了深刻变化，农民迫切要求改善生活和居住条件。

虽然1982年深圳市人民政府发布《深圳经济特区农村社员建房用地的暂行规定》，但由于农村规划工作跟不上，不少农民建房大大超过规定标准，多建住房和厂房高价出租，妨碍了城市总体规划的实施。为了控制原特区内农村违建局面，深圳市人民政府发布了《关于进一步加强深圳经济特区农村规划工作的通知》，该通知规定要根据现有农村建设现状，按照城市总体规划的要求，划定控制线，该控制线即原特区内所谓的城中村用地红线。

1988年1月3日，广东省人民代表大会常务委员会公布施行《深圳经济特区土地管理条例》，该条例第2条规定，“特区国有土地实行有偿使用和有偿转让制度”；

第8条规定,“特区国有土地使用权,由市政府垄断经营,统一进行有偿出让”;第15条规定,“国家机关、部队、文化、教育、卫生、体育、科研和市政公共设施等非营利性用地的用地价款,经市政府批准可以减免”。

由此,原特区通过特区立法在原特区内确立了土地使用权有偿出让及协议免地价出让并轨的供地制度。当时原特区内不存在划拨的提法,但是所谓的协议免地价出让土地使用权实际上等同于无偿划拨土地使用权。

1989年1月,为了加快深圳城市建设步伐,深圳市人民政府出台了《关于深圳经济特区征地工作的若干规定》(已失效),明确由市政府依照法律的规定对特区内可供开发的属于集体所有的土地统一征用。

2. 城市化“统征”前原特区外的土地管理制度

在当时原特区外,土地管理方面并没有特殊规定,主要适用国家及广东省层面的相关规定。根据我国《土地管理法》(1986年)及《土地管理法》(1988修正),土地征收制度仍保留“代征地”模式,而土地供应制度方面,1988年12月才在修正的《土地管理法》中规定我国依法实行国有土地有偿使用制度。

同时,宝安县在1992年年底撤县设区。因此,现有大部分土地历史遗留问题相关资料,基本都是当时的宝安县国土局向用地单位(大部分是当时的镇政府或镇属企业)核发的用地批复,以及由用地单位与被征地单位(村民小组或者村民委员会)双方签订的《征(使)用土地补偿、安置协议书》,并附有相应的红线位置图。由于鼓励“三来一补”,港澳台企业来深投资,“以租代卖”集体土地的情况盛行,现实中也大量存在未取得宝安县国土部门用地批复,但擅自套用《征(使)用土地补偿、安置协议书》模板签署土地使用权转让协议的情况。

虽然上述做法遗留下大量土地产权等问题,但不可否认的是,在当时的背景下,“统转”在解决土地资源紧缺、无法满足城市快速发展需求的主要矛盾上发挥了关键性作用。

3. 第一次城市化“统征”活动(1989~1992年)

1992年6月,特区农村的经济发展、村镇建设、生活环境都发生了重大变化,为了适应这些重大变化和进一步发展经济,提高人民群众生活水平,加速特区社会主义现代化建设,中共深圳市委、深圳市人民政府联合印发《关于深圳经济特区农村城市化的暂行规定》,实施农村城市化,即将农村转化为城市、村民转化为城市居民。《关于深圳经济特区农村城市化的暂行规定》的出台,标志着深圳第一次城市化“统征”活动的正式启动。

为了保障农村城市化的顺利开展，以及城市化后相关制度的安稳落地，《关于深圳经济特区农村城市化的暂行规定》从管理体制、集体经济组织管理、土地国有化、原房屋产权承接、人口管理等多个方面进行了规定。

其中，在管理体制上，明确将原村民委员会两大职能分开，发展集体经济和组织村民自治的职能分别由新的集体经济组织、居民委员会和街道办事处承担；在集体经济组织的管理上，明确建立和健全集体经济组织，使之成为自主经营、自负盈亏的城市化集体所有制企业，并探索性提出集体积累股、个人分配股、个人集资股三种形式的股份制改革；在农村土地方面，则明确对特区集体所有尚未被征用的土地实行一次性征收补偿，对于已按规定划给原农村的集体工业企业用地和私人宅基地，使用权仍属于原使用者，集体企业与个人应按市有关规定分别与市、区国土管理部门签订土地使用合同，办理有关房地产手续；对于原村民的合法房产，产权不变；对于农村人口，明确将特区内原农民全部一次性转为城市居民。

因为当时深圳仍在摸索发展中，城市化建设尚不完善，被征收人的补偿预期不是很高，补偿标准也较为合理，所以深圳第一次城市化“统转”活动推进过程中阻力不是很大，完成度较高。同时，深圳第一次城市化“统转”活动也为后续的第二次城市化活动及深圳市股份合作公司制度建设积累了宝贵的经验。

（三）以土地“统转”推进原特区外城市化（1993～2008年）

1. 城市化“统转”前原特区内的土地管理制度

1994年出台并经1998年修正的《深圳经济特区土地使用权出让条例》（已被修改）进一步规范了深圳经济特区范围内有偿出让和协议免地价出让并轨的供地制度，并规定“原行政划拨土地使用权的土地使用者应当于一九九九年十二月三十一日前申请补办出让手续”，将原深圳经济特区内历史上的行政划拨土地通过补办出让手续的方式纳入出让供地制度的范围。但因历史原因，并非全部行政划拨土地都补办了出让手续，导致目前权属性质现状仍显示为行政划拨用地。

2. 城市化“统转”前原特区外的土地管理制度

1993年7月14日，深圳市人民政府出台了《深圳市宝安、龙岗区规划、国土管理暂行办法》，对原特区外的规划、国土管理活动予以调整。主要规定以下内容：

第一，土地供应制度方面，规定两区国有土地实行有偿有期使用制度，国有土地使用权出让采用协议、招标、拍卖的方式，土地使用权出让合同由土地使用权取得者与市规划国土管理部门(并非深圳市规划国土管理部门派出机构)签订,但土地使用费向派出机构缴纳,土地使用费区分有偿用地与原行政划拨用地两种标准收取。第二,土地使用权流转制度方面,允许土地使用者将依法取得的土地使用权进行转让、出租和抵押。第三,土地征收制度方面,规定除派出机构外,其他单位和个人均不得征用或出让集体所有的土地,由派出机构对城市建设规划区范围的集体所有土地或范围外的预留用地实行分期分批征用或一次性征用。第四,规定城市建设规划区范围内的非农建设用地的类型及划定标准,明确非农建设用地属于国有土地,暂免交土地使用费;城市建设规划区范围外的非农建设用地则属于集体所有土地,未经批准不得转让。第五,对原宝安县撤县改区前非法用地行为的处理方式予以规定。

由上述规定可知,自 1993 年 7 月 14 日起,在深圳原特区外不再划拨土地使用权,统一实行有偿有期使用土地制度,但因历史原因仍存在原行政划拨用地。同时,集体土地只能由派出机构征收,但在国家法律层面仍允许由用地单位支付征地补偿费。由此深圳从 1993 年起出现了大量“三方征地协议”。虽然后来的《土地管理法》(1988 修正)已经删除“代征地”相关条款,但深圳市人民代表大会常务委员会于 1999 年 5 月 6 日通过的《深圳市土地征用与收回条例》(已被修改)第 3 条第 3 款仍规定,主管部门或派出机构组织实施征用土地或收回土地,可以委托开发建设单位办理补偿、安置等方面的具体事务。因此,在 2004 年深圳第二次城市化转地前,深圳实际上保留着“代征”的征地补偿方式,这也是在实务中能见到大量 2000 年以后、2004 年以前签订的“三方征地协议”的原因。

“三方征地协议”通常有两种表现形式,一种由三方签订协议,即县级以上国土部门、被征地单位、用地单位共同约定由用地单位与被征地单位厘清补偿关系,土地征为国有;另一种仅由县级以上国土部门和被征地单位双方签订协议,但在协议中约定由非协议当事人的用地单位与被征地单位厘清补偿关系,土地征为国有。而后被征地单位与用地单位再另行签订补偿协议或者土地使用权转让协议。

上述两种形式的“三方征地协议”仅是形式上的区别,法律关系上并无二致。国土部门与被征地单位之间形成集体土地征收法律关系;国土部门与用地单位之间构成行政委托关系,根据国土部门的委托与指示向被征地单位支付征地补偿费;用地单位与被征地单位之间不存在直接法律关系,对国土部门与被征地单位双方来说,用地单位支付补偿款属于由第三人履行的行为。当然,用地单位并非无条件代为支付征地补偿费,其相应的对价为获得完善用地出让手续的机会。但是,在未按规定完善用地出让手续前,用地单位并非土地合法使用权人。

对比1993年7月14日《深圳市宝安、龙岗区规划、国土管理暂行办法》出台前后深圳征地及供地工作的大致区别,可以看出在该办法出台前,尤其是在1990年5月《城镇国有土地使用权出让和转让暂行条例》(已被修改)出台之前,有关土地使用权出让的规定尚不完善,大多数情况下是用地单位为了建设项目向县级以上国土部门申请划拨土地,根据国土部门的征地(用地)批复开展征地补偿工作,完成征地补偿工作即可取得土地使用权,后续用地单位可按规定报批报建,进行施工建设。而在《深圳市宝安、龙岗区规划、国土管理暂行办法》出台后,原特区外无法再通过划拨方式取得土地使用权,因此即使是"代征地",也需要在以国土部门名义完成征地补偿工作后,完善用地出让手续才可取得合法土地使用权。但是,无论是《深圳市宝安、龙岗区规划、国土管理暂行办法》出台前还是出台后,由于历史原因,深圳的征地及供地均产生了大量历史遗留问题。

3.第二次城市化"统转"活动(2003～2006年)

深圳10多年的飞速发展为推进城市化打下了坚实的经济基础。当时的深圳宝安、龙岗两区无论是城市基础设施建设,还是村民的生产生活方式都发生了翻天覆地的变化,但是两区在管理体制和机制上仍保留城市和农村两种管理模式,导致两区在城市规划、建设、管理等方面出现诸多问题,约束了两区的发展。为解决宝安、龙岗两区城市化问题,深圳启动了第二次城市化"统转"活动。

2003年10月29日,中共深圳市委、深圳市人民政府《关于加快宝安龙岗两区城市化进程的意见》出台。2003年10月30日,深圳市人民政府发布《关于加快宝安龙岗两区城市化进程的通告》。随后,深圳市人民政府印发了涉及教育、城管、计生、民政、组织、宣传、国资、工商、公安、农林、人事等方面的一系列配套文件。

2004年6月26日,深圳市人民政府出台了《深圳市宝安、龙岗两区城市化土地管理办法》,明确了深圳转地补偿标准和非农建设用地标准。

2005年4月,深圳市人民政府发布了《深圳市宝安龙岗两区城市化转地工作实施方案》《深圳市宝安龙岗两区城市化土地储备管理实施方案》《深圳市宝安龙岗两区城市化非农建设用地划定办法》《深圳市宝安龙岗两区城市化转地补偿费使用管理办法》四大文件,要求按照"一次性转地、一次性付款、一年内完成"的计划在2005年内完成转地工作,宣布转地后的土地纳入国有土地储备统一管理,规定了非农建设用地的划定程序和转地各项补偿的使用管理办法。

2006年3月15日,深圳市人民政府发布了《深圳市宝安龙岗两区城市化转为国有土地交接与管理实施方案》,要求转地工作办公室把转地后的土地分别委托给规划、国土及农林渔业等部门归口管理。至此,深圳通过城市化统一转地的方式,将农村集体经济组织全部成员一次性全部转为城镇居民,也将农村集体经济组织成员集体所有的土地转为国有土地。

深圳本次城市化转地属全国先例,但同时也是不可复制的特例。本次城市化转地主要依据《土地管理法实施条例》(1998年)第2条第5项的规定,即农村集体经济组织全部成员转为城镇居民的,原属于其成员集体所有的土地,属于全民所有即国家所有。但是,当时对于能否越过征地程序直接依据该条规定通过转地方式将集体土地转为国有土地,存在极大的争议,甚至有观点认为深圳本次城市化转地活动涉嫌"违宪"。由于争议性巨大,在深圳启动本次城市化转地活动后,2005年3月4日原国务院法制办公室[1]、原国土资源部联合发布《关于对〈中华人民共和国土地管理法实施条例〉第二条第(五)项的解释意见》,明确"该项规定,是指农村集体经济组织土地被依法征收后,其成员随土地征收已经全部转为城镇居民,该农村集体经济组织剩余的少量集体土地可以依法征收为国家所有"。自此,通过城市化转地方式将集体土地转为国有土地的路径再无法律依据。

最高人民法院也曾在相关案例裁判文书中指出,根据上述法律和行政解释规定,原属于农村集体经济组织所有的集体土地,只有在被依法征收后,才能变为国有土地。未经土地征收程序,仅是规划变更,将农民所在村、组的集体土地纳入城镇规划区范围,农民的农村集体经济组织成员身份因建制转变为城市居民,原属农村集体经济组织所有的集体土地,并不能当然地转变为国有土地。

在客观上,深圳通过本次城市化"统转"活动,转变了管理体制和机制,在法律名义上将集体土地转为国有土地,适应了深圳宝安、龙岗两区的城市建设及经济发展需要,有力地推动了两区的城市建设及经济发展,但本次城市化"统转"活动也产生了大量的历史遗留问题。比如,许多土地名义上转地,但实际仍由原农村集体经济组织继受单位或者其他用地单位实际控制,短时间内引发大量的抢建、加建、扩建行为,而这些历史遗留问题正是今天需要通过城市更新、土地整备利益统筹等方式予以梳理解决的。

---

[1] 2018年机构改革后撤销,职能归属司法部。

(四)以存量土地开发推动全市深度城市化(2009年至今)

1. 两次征(转)地活动后的土地历史遗留问题

在经历两次城市化征(转)地活动之后,深圳名义上完成了土地的全面征转手续,实现了全域土地国有化,并得以快速发展。但是由于国土资源不足,加上两次城市化征(转)地活动实施不彻底,存在大量的土地、建筑物历史遗留问题,深圳的城市化建设与发展再一次面临如何破局的难题。

深圳的土地历史遗留问题主要包括土地产权混乱、土地资源配置效能低下、土地增值收益分配不公平等。例如,早期为实现经济发展、吸引企业投资建厂,在厂房、工业配套设施以及员工宿舍等方面给予"三资企业"一系列政策优惠,但这些厂房设施都是由原农村集体经济组织自行建设,存在大量违法用地情形。虽然政府在法律层面实现了土地国有化,但想要从原农村集体经济组织手中取走土地实际控制权则存在社会稳定风险且经济成本高昂,最终形成了"这些土地政府拿不走、原村民用不好、市场难作为"的困局。

从这一阶段开始,深圳的主要土地供给逐步转向存量土地,开始探索创新存量土地再利用模式。2010年版《深圳城市总体规划》提出了城市空间发展模式由"增量扩张"向"存量优化"的重大转变,对城市规划的实施提出了更高要求。2012年,中共深圳市委办公厅、深圳市人民政府办公厅印发《〈深圳市土地管理制度改革总体方案〉近期实施方案(2012—2015年)》,将"城市规划"和"土地利用指标"两权合一,赋予深圳深化土地制度改革先行先试的重大使命。至此,深圳新一轮土地制度改革正式启动,并充分发挥特区立法权的制度优势,有序推进土地利用总体规划、土地储备管理、不动产统一登记、房屋征收与补偿、存量土地再开发模式等方面的立法工作,相继出台了一系列政策文件。

2. 深圳存量土地开发的不同模式

自2012年新一轮土地管理制度改革启动以来,针对土地权属关系复杂、土地建设现状差异大等存量土地二次开发中的现实问题,深圳着力于制度设计,紧抓利益共享的核心机制,逐渐形成了城市更新、土地整备等多种存量土地开发模式。

城市更新由20世纪90年代初期的旧村改造发展而来,于2009年初步建立制度体系,目前已经成为深圳存量土地开发的重要模式。其最大的特点是探索以市场化方式推动存量土地的开发。城市更新的利益共享方式为,政府无偿获取更新单元不低于15%、3000平方米的公配用地、地价,以及配建一定比例的保障房、产业用房,其余由开发商和原业主自行协商分配。围绕 2009 年《深圳市城市更新办法》(已被修改)确立的框架体系,深圳市又进一步细化具体实施环节和操作细则方面的规定,陆续发布了《深圳市城市更新办法实施细则》《关于加强和改进城市更新实施工作的暂行措施》(已失效,下同)等政策文件和技术规范,完善了城市更新的制度架构。

在土地整备方面,土地整备立足于实现公共利益和城市整体利益,以政府为主导,进行土地清理和用地整合,形成成片土地纳入政府储备,能够保障公共基础设施实施、促进重大产业项目落地、优化城市空间布局。其利益共享方式为"政府与社区算大账,社区与相关权益人算细账",也就是政府与社区共同明确留用土地、补偿费用及缴交地价,社区将相关利益分配给各权利主体,再将其余土地交由政府无偿收回的过程。土地整备的面世,通过把握等价值补偿向利益共享转变这一核心要素,丰富了征收补偿方式,促进了由政府主导补偿向协商补偿的转变,实现了多方共赢。2015 年 11 月,深圳发布《土地整备利益统筹试点项目管理办法(试行)》(已失效,下同),基本确立了以土地整备利益共享为主的基本框架和方式,为盘活存量土地进行政策储备,在坪山区进行了初步试点,并取得了良好效果。之后在试点政策实践的基础上,于 2018 年出台了《深圳市土地整备利益统筹项目管理办法》,明确以利益共享为原则,形成土地、规划、地价、资金相联动的政策框架。

在未完善征(转)地补偿手续空地入市方面,未完善征(转)地补偿手续空地入市始于 2013 年,以符合规划的原农村社区经营性建设用地为对象,通过入市交易、收益分成等方式,拓展土地供应渠道。其利益共享方式为,允许原农村社区尚未完善征(转)地补偿手续且符合规划的工业、养老服务设施或安居型商品房用地,在理顺经济关系的前提下,通过公开交易平台入市交易,原农村社区可选择获得土地收入分成、建成后物业分成、受让方公司股权等灵活多样的受益方式。深圳未完善征(转)地补偿手续空地入市制度体系以 2013 年出台的《深圳市完善产业用地供应机制拓展产业用地空间办法》为标志,允许原农村社区尚未进行开发建设的、符合规划的工业用地进入市场。以此为基础,深圳又于 2015 年陆续将未完善征(转)地补偿手续空地入市政策扩大到安居型商品房和养老设施用地。

在历史遗留违法建筑处理方面,深圳于 2009 年以前先后出台了一系列文件,形成了违建查处的政策体系,但缺乏具体的实施办法。2015 年以后,深圳进行铁腕治违,实现了违法建筑"零增量"。在此条件下,深圳于 2018 年出台了《农村城市化历史遗留产业类和公共配套类违法建筑的处理办法》,优先对产业类和公共配套类存量违法建筑进行处置。同时，基于深圳土地城市化的特殊历程，深圳历史违建处理在存量用地开发上还存在以下主要表现：一方面，与城市更新、土地整备等政策联动，通过支付一定的对价，将历史遗留违法用地转为国有用地，同时将历史遗留违法建筑拆除；另一方面，满足一定条件的历史遗留违法建筑通过确权转化为合法建筑，使之获得更多的使用权能，纳入规范化管理。

总体来看，深圳通过创新存量用地开发利益共享机制，在全国率先开启城市更新和土地整备等存量土地二次开发模式的探索，为破解存量土地再开发利用难度大等问题，积累了重要的实践经验，有力地支撑了经济社会发展的用地需求。

第二章 城市更新

第一节　城市更新基础理论

城市更新的概念源于西方国家，是西方国家为了应对城市发展过程中所出现的问题而提出的一系列解决方案。由于不同发展阶段更新内容、机制、侧重点的不同，城市更新的相关术语也存在差异，从“二战”后的“城市重建”到“城市再开发”“城市复兴”“城市振兴”再到如今的城市更新，几经变迁。

西方特定背景下形成的城市更新概念，对于理解城市更新是有益的，但基于政治、经济、文化及地区特点的不同，尤其是1978年改革开放政策的实施，对我国城市更新概念的理解，应当结合中华人民共和国成立后中国城市建设和发展的历史。下文通过回顾我国城市更新的发展历程和政策演变，并比较不同地区的城市更新发展情况，以期对城市更新的概念及其当今命题有更深刻的理解和判断。

一　城市更新的发展历程

（一）我国城市更新的发展历程

自1949年以来，我国城市更新在提高土地利用效率、完善公共服务设施、促进产业转型升级、改善城市投资环境和人居环境、推动城市可持续发展等方面，取得了巨大的成效。根据城镇化进程和城市建设宏观政策的变化，可以将城市更新发展历程分为以下四个发展阶段。

1. 1949～1977年：探索起步阶段

中华人民共和国成立初期的城市，大多是有几十年甚至几百年历史的老城。由于连年战争,国内整体经济水平严重衰退,城市基础设施落后、居民生活水平低、环境卫生条件差,全国百废待兴。治理城市环境和改善居住条件成为当时城市建设最为迫切的任务。在城市整体建设上,国家确定了“重点建设、稳步推进”的方针,优先将建设资金用于发展生产性的城市新工业区。在旧城区改造上,采取“充分利用、逐步改造”的方针,充分利用原有房屋、市政公用设施,对其进行维修养护和局部的改建或扩建。

因恢复经济的迫切需要,这一阶段的城市建设,以改善城市居住环境和生活条件为重点,政府主导治理特征突出。出现了北京龙须沟改造、上海肇家浜棚户区改造、南京内秦淮河整治以及南昌八一大道改造等卓有成效的改造工程,但因治理经验欠缺、实施机制不完善、财政资金有限,大部分改造工作由政府通过自上而下的强制性政令安排推动。

2. 1978 ~ 1989 年:全面展开阶段

改革开放以后,国民经济日渐复苏,城市人口增长迅速,但由于旧城区建筑质量和环境质量低下,城市经济发展和居民生活水平的提高受到限制。为加强对城市规划和建设的管理,我国于 1984 年出台了《城市规划条例》(已失效),该条例明确规定,“旧城区的改建,应当从城市的实际情况出发,遵循加强维护、合理利用、适当调整、逐步改造的原则”。国务院于 1987 年印发了《关于加强城市建设工作的通知》(已失效),明确“城市建设是形成和完善城市多种功能、发挥城市中心作用的基础性工作”,要求“城市政府要集中力量搞好城市的规划、建设和管理”。1989 年实施的《城市规划法》(已失效,下同)进一步细化了城市旧区改建的要求。

在上述政策法规的指导下,各地围绕危旧房改造、解决住房紧张、改善居住和出行条件以及偿还城市基础设施欠债等内容开展了大规模的旧城改造工作。典型的更新实践案例有沈阳总体规划、合肥旧城改造、上海南京东路改建、南京市中心综合改建、苏州桐芳巷小区改造和北京菊儿胡同整治。随着城市土地使用权的流转获得宪法依据,各地对“政府主导、市场参与”的政企协同改造模式进行了有益探索。

在这一阶段,国家对城市发展和城市规划工作高度重视,城市规划法律体系初步建立,城市更新将解决城市居民住房紧张作为重点,以大规模居住区和城中村改造为主。此外,第一次“全国旧城改建经验交流会”召开、“有机更新论”提出等一系列的学术研究和交流活动的开展,不仅指导着当时城市规划及更新工作的开展,也为我国城市更新指明了方向。

3. 1990 ~ 2011 年：快速发展阶段

20 世纪 90 年代，市场经济体制的建立、城市土地管理与出让制度的建立和逐步完善，为过去进展缓慢的旧城更新提供了强大的政治经济动力，释放了土地市场的巨大潜能。随着城镇化进程的加快，一些地区开始面临土地资源紧缺、建设用地利用低效等问题，居住环境恶化、基础设施超负荷、环境污染等深层次的社会问题也开始出现，迫使地方政府开始逐步探索城市更新机制。全国各大城市借助土地有偿使用的市场化运作，将房地产业、金融业与更新改造高度捆绑到一起，推动了以“退二进三”为标志的大范围旧城更新改造。该阶段城市更新覆盖了旧居住区更新、重大基础设施更新、老工业基地改造以及城中村改造等类型。

借助多种市场化手段，通过地方政府与市场主体合作，让更多的社会资本参与到更新项目中，在推动城市经济快速发展的同时，探索与创新持续高效而又公平公正的制度框架，以实现城市更新的社会、环境和经济效益的综合平衡，是这一阶段的主要特征。

4. 2012 年至今：转型提升阶段

2011 年，我国城镇化率突破 50%，城镇化建设正式进入“下半场”。过去城市快速扩张与旧城大规模改造埋下的众多隐患日益凸显。在“五位一体”总体布局和国家治理体系现代化建设的时代要求下，城市更新也更加注重城市内涵发展。因此，保障民生、改善人居环境、强调社会治理成为城市更新的重要目标，城市发展逐渐向存量优化和内涵式提升的方式转变。

众多城市聚焦于老旧小区改造、低效工业用地盘活、历史地区保护活化、城市修补等方面，采用多方协同下的多元治理模式，呈现出多种类、多层次和多维度探索的新局面。在以人为本思想的指导下，政府自上而下统筹城市更新，运用容积率奖励、产权变更、功能区兼容混合和财政奖补等手段，平衡政府与开发商、居民之间的利益分配，逐渐改变粗放型的城市管理方式，更加注重城市更新品质和城市活力的提升。

（二）我国城市更新政策演变

1. “十一五”时期（2006 ~ 2010 年）：加强城市规划建设管理

2006 年 3 月，《中华人民共和国国民经济和社会发展第十一个五年规划纲要》第二十一章“促进城镇化健康发展”第三节“加强城市规划建设管理”明确指出：“规划城市规模与布局，要符合当地水土资源、环境容量、地质构造等自然承载力，并与当地经济发展、就业空间、基础设施和公共服务供给能力相适应。”

为推进主体功能区规划工作，统筹谋划未来人口分布、经济布局、国土利用和城镇化格局，2007 年 7 月，国务院《关于编制全国主体功能区规划的意见》（已失效）发布，通过编制全国主体功能区规划，明确主体功能区的范围、功能定位、发展方向和区域政策。在土地政策层面，提出了“对优化开发区域实行更严格的建设用地增量控制，适当扩大重点开发区域建设用地供给，严格对限制开发区域和禁止开发区域的土地用途管制，严禁改变生态用地用途”的指导意见。

后为建立健全主体功能区布局的法律法规、体制机制，国务院于 2010 年 12 月印发《全国主体功能区规划——构建高效、协调、可持续的国土空间开发格局》，明确了国家层面优化开发、重点开发、限制开发、禁止开发四类主体功能区的功能定位、发展目标、发展方向和开发原则；要求严格控制优化开发区域建设用地增量；相对适当扩大重点开发区域建设用地规模；严格控制农产品主产区建设用地规模，严禁改变重点生态功能区生态用地用途；严禁自然文化资源保护区土地的开发建设。

可见，这一时期的城市规划建设，具体到对城市化地区、农产品主产区和重点生态功能区等区域的管控，并将城市化地区细分为优化开发区域和重点开发区域，明确其功能定位、发展方向、区域政策、绩效考核评价等内容。

2. “十二五”时期（2011 ~ 2015 年）：优化国土空间开发格局

“十二五”期间，《中华人民共和国国民经济和社会发展第十二个五年规划纲要》提出“优化国土空间开发格局”的战略目标，并具体提出：对人口密集、开发强度偏高、资源环境负荷过重的部分城市化地区要优化开发；对资源环境承载力较强、集聚人口和经济条件较好的城市化地区要重点开发；对影响全局生态安全的重点生态功能区要限制大规模、高强度的工业化城镇化开发；对依法设立的各级各类自然文化资源保护区和其他需要特殊保护的区域要禁止开发。中共中央《关于全面深化改革若干重大问题的决定》也提出要优化城市空间结构和管理格局，增强城市综合承载能力。

在此期间召开的历次中央城镇化工作会议均对“优化国土空间开发格局”予以细化，如 2013 年 12 月召开的中央城镇化工作会议将提高城镇建设用地利用效率、优化城镇化布局和形态等作为推进城镇化的主要任务，要求严控增量、盘活存量、优化结构、提升效率，切实提高城镇建设用地集约化程度；以盘活存量为主，不能再无节制地扩大建设用地，不是每个城镇都要长成“巨人”。2015 年 12 月召开的中央城市工作会议中再次强调，统筹规划、建设、管理三大环节，提高城市工作的系统性；统筹生产、生活、生态三大布局，提高城市发展的宜居性，并确立力争到2020年基本完成现有城镇棚户区、城中村和危房改造的城镇化改造目标。

3. "十三五"时期(2016~2020年)：推进城市有机更新

"十三五"时期的城市化建设以推进新型城镇化、提高城市质量为发展重点，并在全国性的官方文件及会议中提出城市更新的概念。2016年3月，《中华人民共和国国民经济和社会发展第十三个五年规划纲要》提出，将棚户区改造与城市更新、产业转型升级更好结合起来，推进城市有机更新，提倡城市修补改造。城市更新一词的正式亮相，标志着其不再只是理论研究与实务工作中的名词，而是全国上下的共识性概念。

2019年12月召开的中央经济工作会议提出，加强城市更新和存量住房改造提升，做好城镇老旧小区改造。2020年10月，中共中央《关于制定国民经济和社会发展第十四个五年规划和二〇三五年远景目标的建议》提出，推进以人为核心的新型城镇化，实施城市更新行动，推进城市生态修复、功能完善工程。2020年12月召开的中央经济工作会议提出，要实施城市更新行动，推动城镇老旧小区改造。

4. "十四五"时期(2021~2025年)：全面提升城市品质

2021年3月，"十四五"规划以专章对"全面提升城市品质"进行了阐述，要求加快转变城市发展方式，统筹城市规划建设管理，实施城市更新行动，推动城市空间结构优化和品质提升。在第一节"转变城市发展方式"中进一步强调：加快推进城市更新，改造提升老旧小区、老旧厂区、老旧街区和城中村等存量片区功能，推进老旧楼宇改造。

为防止过度房地产化的开发建设、大拆大建、急功近利等问题，2021年8月30日住房和城乡建设部印发《关于在实施城市更新行动中防止大拆大建问题的通知》(以下简称《防止大拆大建通知》)，提出坚持划定底线、防止城市更新变形走样，坚持应留尽留、全力保留城市记忆，坚持量力而行、稳妥推进改造提升三个方面的要求。

为转变城市开发建设方式，因地制宜探索城市更新的工作机制、实施模式、支持政策、技术方法和管理制度，2021年11月4日住房和城乡建设部办公厅《关于开展第一批城市更新试点工作的通知》提出，在北京市、唐山市、呼和浩特市等21个城市(区)开展第一批城市更新试点工作。2022年11月25日，住房和城乡建设部办公厅在总结城市更新试点城市和各地经验做法的基础上，形成了《实施城市更新行动可复制经验做法清单(第一批)》。具体内容包括:(1)通过加强工作统筹和督查考核、建立城市更新制度机制、将城市体检和城市更新紧密衔接、建立城市更新规划编制和实施工作体系等主要措施,建立城市更新统筹谋划机制;(2)通过建立存量资源统筹协调机制、以长效运营收入平衡改造投入、构建多元化资金保障机制、建立多元主体协同参与机制等主要措施,建立政府引导、市场运作、公众参与的可持续实施模式;(3)通过完善土地政策、优化审批流程等主要措施,创新与城市更新相配套的支持政策。

从概括性地提出加强城市规划管理,到详细提出全面提升城市品质的各项要求,该阶段的城市更新在宏观规划层面持续细化,建设重点也从房地产主导的增量建设,逐步转向以提升城市品质为主的存量提质改造。这反映出在我国城市更新实施过程中,城市开发建设方式从粗放型外延式发展转向集约型内涵式发展的趋势。

二 城市更新的地区比较

随着城市化进程不断加快,推进土地节约集约利用成为解决城市土地资源日益稀缺等问题的必然选择。各地城市建设逐渐从"增量时代"步入"存量时代",并在推动城市更新盘活存量土地资源方面取得了一些成效。鉴于我国存在东、中、西部区域发展不平衡问题,且不同地区城市更新的更新内容、实施机制、配套政策、发展现状及目标等方面均存在较大差异,下文将结合粤港澳、长三角、京津冀、西部地区的城市更新发展情况,介绍我国城市更新的现状。

(一)粤港澳大湾区的城市更新

粤港澳大湾区作为中国开放程度最高、经济活力最强的区域之一,经济总量与纽约湾区大体相当,但由于珠三角地区过去长时间依靠高投入、高能耗、高排放的传统发展方式维持经济快速增长,土地资源紧缺的问题先于全国其他地区显现。而且,早期集体建设用地低效扩张,集体土地开发从土地使用权流转扩张转向物业开发建设,形成完全依赖土地租金收益的"租赁经济模式"。这虽然在一定程度上为粤港澳地区的工业化提供了产业空间,但这种经济模式嵌套于集体土地的残缺产权和福利型的股份合作公司,导致土地开发低效锁定,土地资产难以流动获得市场价值,也面临着土地利用低效、产业发展滞后、安全隐患突出以及卫生环境杂乱等问题。

为解决前述城市问题,以广东省人民政府于2009年出台的《关于推进“三旧”改造促进节约集约用地的若干意见》为政策起点,粤港澳大湾区开启了以激励市场主体、借助社会力量为根本动力,适应市场化改革趋势的制度建设,使城市更新从个案项目逐渐转变为常态化的举措。“三旧”改造[1]作为粤港澳大湾区首创的城市更新模式,其制度创新之处在于可简化征地手续、采取协议出让、整合零散土地、妥善解决历史遗留问题等方面。2009年12月,深圳市借鉴香港特别行政区、台湾地区的经验,出台《深圳市城市更新办法》(已被修改),在国内首次提出城市更新概念,在确认城市更新实施主体、划定城市更新单元的基础上,区分综合整治类、功能改变类、拆除重建类城市更新的操作规则,率先构建起相对完善的城市更新政策体系。

(二)长三角地区的城市更新

长三角地区作为我国经济发展最活跃、开放程度最高、创新能力最强的区域之一,在国家现代化建设大局和全方位开放格局中具有举足轻重的战略地位。但处于转型提升、创新发展阶段的长三角地区,同样面临着人口密度过大、土地资源日趋紧张等问题。为此,上海市于2014年提出“总量锁定、增量递减、存量优化、流量增效、质量提高”的土地利用基本策略,在全国范围内率先提出“减量化”的土地发展目标,并陆续出台《上海市城市更新实施办法》《上海市城市更新规划土地实施细则(试行)》《上海市城市更新条例》《上海市城市更新行动方案(2023—2025年)》等系统化、精细化的政策法规文件。其他城市则主要通过行动方案、重点项目、专项政策等方式推进城市更新发展。

2016年《长江三角洲城市群发展规划》要求以改革创新推动长三角城市群协调发展,推进以人为核心的新型城镇化。2019年,中共中央、国务院印发《长江三角洲区域一体化发展规划纲要》,提出盘活区内土地存量,完善城乡建设用地增减挂钩政策,建立健全城镇低效用地再开发激励约束机制和存量建设用地退出机制。通过加强顶层设计,长三角地区的城市更新在实施城市总体规划、提升城市功能、推动发展转型、改善城市品质中的作用更加突出。整体而言,长三角地区作为全国率先进行城市更新的区域之一,通过推动城市有机更新,拓宽存量土地盘活路径,不仅实现了城市更新模式和发展方式的转型,而且实现了土地资源更集约、更高效、更可持续的

[1] 具体是指旧城镇、旧厂房、旧村庄改造。

高质量利用,为我国相关城市治理"大城市病"、探索超大城市发展模式的转型途径提供了参考。

(三)京津冀地区的城市更新

作为国家规划建设的三大世界级城市群之一的京津冀地区,其城市更新在京津冀协同发展重大国家战略的指导下,以有序疏解北京非首都功能为战略核心,旨在通过城市空间结构优化、产业升级转移,在解决北京"大城市病"问题的同时,探索出一种人口经济密集地区优化开发的模式。

深入推进京津冀协同发展,关键是牢牢牵住疏解北京非首都功能这个"牛鼻子"。2017 年,北京市发布《北京城市总体规划(2016 年—2035 年)》,将市域空间划分为集中建设区、限制建设区和生态控制区并进行空间管制,以遏制城市"摊大饼式"发展。同时,为促进产业转型升级、有序疏解人口,明确将国有低效存量产业用地更新和集体产业用地整治改造作为存量产业用地集约利用的重点,并逐步推进城镇棚户区改造、老旧小区综合整治和有机更新。

为充分利用转移后的产业空间,北京市于 2018 年相继出台了《关于社会投资建设项目分类标准的通知》《建设项目规划使用性质正面和负面清单》,对不同地区制定建设项目正面清单和负面清单,鼓励盘活存量用地,发展高精尖产业。2023 年,北京市制定《关于加强腾退低效产业空间改造利用促进产业高质量发展的实施方案》,进一步结合城市更新行动,推动腾退低效产业空间改造利用升级、功能优化、提质增效。

(四)西部地区的城市更新

不同于粤港澳大湾区、长三角与京津冀地区,西部地区城镇化率低于全国平均水平,城镇化发展还不充分,但随着"西部大开发""成渝地区双城经济圈建设"等国家区域重大战略的推进,西部地区在积极探索推进以人为核心的新型城镇化的同时,也开启了高效利用存量资源、释放产业发展空间的城市更新历程。

以重庆市为例,重庆市于 2021 年出台《重庆市城市更新管理办法》,明确城市更新的工作原则、工作机制、规划计划编制、项目实施等制度要求。在具体项目实施上,重庆市在中心城区江北区开展城市更新专项体检试点,辅助城市更新片区策划和项目实施方案的编制;在戴家巷老街区更新项目探索"政府 + 企业 + 居民"共同实施的城市更新模式;在九龙坡区开展"三师"进社区行动,通过"居民提议—群众商议—社区复议—专业审议—最终决议"的工作机制确定城市更新方案。上述探索城市更新统筹谋划机制、可持续模式的做法，均已被纳入住房和城乡建设部《实施城市更新行动可复制经验做法清单(第一批)》，作为先进经验供全国各个城市借鉴。

总而言之，西部地区的城市发展仍具有较大的发展潜力。在社会经济迅猛发展以及旧区更新需求迫切的背景下，西部地区也加快了城市更新步伐，并借助其后发优势，在借鉴其他城市经验的同时，探索出适合自身情况的城市更新道路。

三 城市更新的新阶段

(一)防止大拆大建新阶段

2021 年 8 月，住房和城乡建设部发布《防止大拆大建通知》，标志着城市更新开启有机更新时代，即从以拆除重建为主的更新发展到以保留为主的有机更新，并探索政府引导、市场运作、公众参与的城市更新可持续模式。相较于大规模拆除重建带来的焕新效果，有机更新更加注重人居环境改善、城市品质提升、城市活力增强、城市持续发展等内容。

1. 出台背景

经过数十年的本土化实践，我国城市更新的发展具有鲜明的区域性与多样性。以深圳为例，深圳存在综合整治类、功能改变类、拆除重建类城市更新活动。为追求规模扩张带来的短期效益和经济利益，部分城市仍继续沿用过度房地产化的开发建设方式，存在大拆大建、急功近利的倾向，过度聚焦于拆除重建类的城市更新项目。随意拆除老建筑、搬迁居民、砍伐老树，不仅变相抬高房价，而且增加居民生活成本，产生了新的城市问题。在此背景下，《防止大拆大建通知》在各地积极实施城市更新活动之际，适时从国家层面为城市更新划定底线、指明方向，确定未来城市更新行动由过去的单一“开发模式”向“经营模式”转变这一基调。对比《防止大拆大建通知》的正式稿与此前的征求意见稿可以发现，二者之间差异并不大，可见在国家层面上已经就“反对大拆大建式，推进渐进式有机更新”达成共识。

2. 主要内容

党的十九届五中全会作出“实施城市更新行动”的重要决策部署，将其列为国家“十四五”规划重大工程项目。实施城市更新行动要顺应城市发展规律，尊重人民群众意愿；以内涵集约、绿色低碳发展为路径，转变城市开发建设方式；坚持“留改拆”

并举、以保留利用提升为主;加强修缮改造,补齐城市短板,注重提升功能,增强城市活力。基于这一发展理念,《防止大拆大建通知》从划定底线、应留尽留、稳妥推进三个方面作出具体要求。

(1)坚持划定底线,防止城市更新变形走样

首先,严格控制大规模拆除。除违法建筑和经专业机构鉴定为危房且无修缮保留价值的建筑外,不大规模、成片集中拆除现状建筑。设置拆除建筑面积比例,即城市更新单元(片区)或项目内拆除建筑面积不应大于现状总建筑面积的20%,推行小规模、渐进式有机更新和微改造。

其次,严格控制大规模增建。除增建必要的公共服务设施外,不大规模新增老城区建设规模,不突破原有密度强度,不增加资源环境承载压力。城市更新单元(片区)或项目内拆建比不应大于2。但在确保安全的情况下,允许增加建筑面积用于住房成套化改造、建设保障性租赁住房、完善公共服务设施和基础设施。

再次,以"尊重居民安置意愿,鼓励以就地、就近安置为主"为要点,严格控制大规模、强制性搬迁,规定城市更新单元(片区)或项目居民就地、就近安置率不宜低于50%。

最后,为防止出现因短时间、大规模征收连片旧城区导致房屋租赁市场供需失衡,加剧新市民、低收入困难群众租房难问题,规定城市住房租金年度涨幅不超过5%。除控制租金年涨幅外,要求同步完善公共服务和基础设施、建设保障性租赁住房,统筹解决新市民、低收入困难群众等重点群体租赁住房问题。

严控拆除规模、增建规模、搬迁规模,对既有建筑进行以修缮加固、保留利用提升为主的城市更新,既能避免城市更新活动的过度房地产化,严控炒房行为,规范住房租赁市场,也能避免城市更新与推进以人为核心的新型城镇化的初心相背离。

(2)坚持应留尽留,全力保留城市记忆

历史建筑、老旧城区、自然风貌不仅是城乡记忆的物质留存,也是城乡深厚历史底蕴和特色风貌的体现,具有不可再生的宝贵价值。城市更新活动应更多地采用"微改造"方式,避免对城镇风貌和文化遗产保护造成不可挽回的损失。针对城市记忆保留,《防止大拆大建通知》提出了保留利用既有建筑、保持老城格局尺度、延续城市特色风貌三方面的要求。

在既有建筑保留利用上,要求不随意迁移、拆除历史建筑和具有保护价值的老

建筑。具体到城市更新活动中，对拟实施城市更新的区域，要及时开展调查评估，梳理评测既有建筑状况，明确应保留保护的建筑清单。未开展调查评估、未完成历史文化街区划定和历史建筑确定工作的区域，不得实施城市更新。

在老城格局保护上，要求最大限度保留老城区具有特色的格局和肌理。不破坏老城区传统格局和街巷肌理，不随意拉直拓宽道路，不修大马路、建大广场。鼓励采用“绣花”功夫，对旧厂区、旧商业区、旧居住区等进行修补、织补式更新。

在城市风貌保护上，要求延续城市特色风貌。城市特色风貌包括老城区自然山水环境、古树、古桥、古井等历史遗存，是城市发展的个性特征和灵魂。但部分城市更新项目存在肆意破坏地形地貌、伐移老树、挖山填湖、抄袭山寨等现象，《防止大拆大建通知》明令禁止“破坏、贪大、媚洋、求怪”乱象，并鼓励采用当地建筑材料和形式，建设体现地域特征、民族特色和时代风貌的城市建筑。

共建共治共享美好家园是城市更新的终极目的。在城市更新过程中注重历史文化名城保护与特色风貌塑造，保留文化符号和历史记忆，在实现历史传承的基础之上发展城市新动能，更有助于提升城市人文品质，让城市更具历史底蕴、独特风貌、烟火气息。

(3)坚持量力而行，稳妥推进改造提升

相较于大拆大建城市更新时的“大规模开发”，现阶段城市更新重点在于“可持续经营”。结合《防止大拆大建通知》的有关要求，现阶段城市更新应当在结合地方实际的前提下稳妥推进，并注重加强统筹谋划、加快补齐功能短板、提高城市安全韧性。

在统筹谋划层面，要求结合实际合理确定城市更新重点、划定城市更新单元，科学编制城市更新规划和计划，探索适用于城市更新的规划、土地、财政、金融等政策，完善审批流程和标准规范；杜绝盲目实施城市更新，鼓励推动由“开发方式”向“经营模式”转变，探索政府引导、市场运作、公众参与的城市更新可持续模式。

针对项目中存在的脱离实际、劳民伤财的政绩工程、形象工程和面子工程问题，《防止大拆大建通知》要求以补短板、惠民生为更新重点，聚焦居民“急难愁盼”的问题诉求。鼓励腾退出的空间资源优先用于建设公共基础设施，建设完整居住社区，完善社区配套设施，营造无障碍环境，建设全龄友好型社区。

在城市更新过程中，要开展城市市政基础设施摸底调查，排查整治安全隐患，推动地面设施和地下市政基础设施更新改造统一谋划、协同建设，以提高城市安全韧性；不过度景观化、亮化，不增加城市安全风险，鼓励近自然、本地化、易维护、可持续的生态建设方式，优化竖向空间，加强蓝绿灰一体化海绵城市建设。

3. 政策影响

《防止大拆大建通知》对城市更新给出了明确的底线要求，也为今后推进城市更新工作提供了重要指引。该通知出台后，各地政府陆续优化完善城市更新制度机制政策，引导企业理性参与城市更新，逐步转向对已建城区的改造提质。此外，《防止大拆大建通知》对容积率调整、土地供应、业务模式、企业拿地政策等方面也产生了一定的影响。

（1）对容积率调整的影响

“原则上城市更新单元（片区）或项目内拆除建筑面积不应大于现状总建筑面积的20%”、老城区“原则上更新单元（片区）或项目内拆建比不应大于2”这两项指标的结合，使企业难以通过提高容积率的方式予以平衡。容积率的约束，对企业项目的资金平衡、利润点平衡提出了更高维度的挑战。

（2）对土地供应的影响

老旧城区的增量开发空间将进一步受到约束，土地资源亦将更为稀缺。对于非老城区的城中村而言，《防止大拆大建通知》强调“不短时间、大规模”拆除，使城中村改造更加注重多期实施、多维度评估，整体周期可能拉长。此外，目前部分城市城镇用地开发强度趋于饱和，城市增量建设用地缩减，存量用地供地占比近年来保持较高水平，《防止大拆大建通知》的出台也将使土地供应节奏受到一定程度的影响。

（3）对业务模式的影响

城市更新项目将由过去拆除重建的单一模式转向“留改拆”并举的混合模式。城市更新项目的实施将更加系统地兼顾经济、社会、民生、人文、生态等多样性诉求。企业作为城市更新项目实施主体，《防止大拆大建通知》对其长期可持续的经营能力提出更高的要求，不仅在业务方向上需要更加综合地参与各类城市更新业务，而且在能力提升上需要强化留、改方面的综合能力和利润获取能力。

（4）对企业拿地策略的影响

虽然个别企业通过城市更新获得的土地占其整体土地的比值已经达到20%左右，但目前绝大部分企业在拿地过程中是无法实现一、二级联动的，在短期内取得的效益也相对有限。从更长周期来看，土地出让市场一、二级分离趋势日益明显，房地产企业仍需持续强化对土地“招拍挂”市场的研判能力和获地能力，综合考虑政策导向、财务状况、地域影响、经济效益等诸多因素,合理制定拿地策略。

4. 出台意义

城市更新不同于旧城改造,更不等同于主要解决增量需求问题的房地产开发。应当将完善城市空间结构、实施城市生态修复和功能完善工程、强化城市历史文化保护和塑造城市特色风貌、加强居住社区建设、推进新型城市基础设施建设作为城市更新行动的重点任务,更加注重城市功能提升、空间结构优化、人居环境改善、特色风貌塑造等方面,以实现建设宜居、创新、智慧、绿色、人文、韧性城市的总体目标。

整体来看,在实施城市更新行动中防止大拆大建、转变城市开发建设方式、推动城市结构调整优化和品质提升,是适应城市发展新形势、推动城市高质量发展的必然要求,有助于深入推进以人为核心的新型城镇化,对我国城市建设管理水平与管理能力的提升具有重要意义。

(二)超大特大城市城中村改造

城中村是在工业化、城镇化快速发展进程中产生的新事物。对于城市外来人口而言,城中村具有出租比例高、租金低廉、交通相对便利等优势,但普遍存在公共卫生安全风险大、房屋安全和消防安全隐患多、配套设施落后、环境脏乱差、社会治理难等突出问题。城中村问题不仅制约了城市的经济发展,而且阻碍了现代化建设的进程。为此,继 2023 年 4 月 28 日中共中央政治局会议提出在超大特大城市积极稳步推进城中村改造和“平急两用”公共基础设施建设后,国务院常务会议于 2023 年 7 月 21 日审议通过《关于在超大特大城市积极稳步推进城中村改造的指导意见》(以下简称《城中村改造指导意见》)。

1. 背景要求

根据《城中村改造指导意见》,城中村改造要坚持问题导向,从实际出发,优先对群众需求迫切、城市安全和社会治理隐患多的城中村进行改造,成熟一个推进一个,实施一项做成一项;坚持先谋后动,做好征求村民意见、产业先行搬迁、人员妥善安置、历史文化风貌保护、落实征收补偿安置资金等前期工作,确保城中村改造先谋后动、动则必快、动则必成;坚持城市人民政府负主体责任,要求城市人民政府切实担负主体责任加强领导,把城中村改造工作列入重要议事日程,健全跨部门多层级的工作机制,加强城中村管理,细化政策措施;坚持市场在资源配置中起决定性作用,多渠道筹措改造资金,将城中村改造与保障性住房建设相结合。

2. 城中村改造与棚户改造的区别

虽然2023年城中村改造政策与2015年棚户区改造政策具有一定的相似之处，都以改善民生、扩大需求和推动城市发展为目标，但两者在改造范围、改造方式、安置方式以及资金来源等方面均存在不同。

(1)改造范围不同。2015年棚户区改造以三四线城市为重点区域，但2023年城中村改造针对的是21个超大特大城市，而且相较于大多数为国有土地性质的城市棚户区，城中村的土地性质为集体用地及宅基地，在改造过程中面临着更加复杂的土地所有权问题。

(2)改造方式不同。2023年城中村改造采取拆除新建、整治提升、拆整结合等多种方式。具备条件的实施拆除新建，不具备条件的开展经常性整治提升，介于两者之间的实施拆整结合。2015年棚户区改造则主要通过大规模拆除新建的方式改造危旧住房、破房烂院等。在《防止大拆大建通知》出台后，大拆大建的模式已受到严格控制。

(3)安置方式不同。在"积极推行货币化安置方式"的政策指导下，2015年棚户区改造以大规模货币化安置为主，但《城中村改造指导意见》并未提及安置方式。结合各地政策来看，2023年城中村改造的安置策略较为多样，不同城市对城中村改造的安置政策不尽相同。

(4)资金来源不同。棚户区改造项目的资金按照"省级负总责，市县抓落实，中央适当补助"的原则筹集，并将政府购买城市棚户区改造服务资金纳入年度财政预算管理；城中村改造提倡多渠道筹措改造资金，鼓励和支持民间资本参与，并要求整治提升类城中村改造建立政府与村民、社会力量改造资金共担机制。

从前述区别可见，与此前大力推进棚户区改造项目实施主要考虑带动地产行业去库存不同，2023年城中村改造更加强调稳妥推进：不仅考虑短期房地产调控的需求，即通过城中村改造拉动房地产基建、盘活城市资产，而且考虑长期可持续发展，要求将城中村改造与保障性住房建设相结合，意图兼顾短期和长远效益，以促进房地产市场平稳健康和高质量发展。

3. 改造效应

2023年城中村改造主要限定的范围为21个超大特大城市。这些城市均存在人口持续净流入、GDP过万亿元、城市主城区甚至城市整体土地开发强度超过40%等共性特征，因而无论是首次置业还是改善居住，都有刚性需求购买力的支撑，城市经济基本面相对健康,土地供应逐渐从增量开发转向存量二次开发。在超大特大城市推进城中村改造,不仅有稳投资、扩内需的经济带动效应,对存量二次开发模式的转变也具有重要意义。

(1)经济带动效应

一方面,超大特大城市基本是区域重要的经济中心城市,其中不乏全国乃至全球具有重要地位的经济中心城市,是推动地区经济发展的主力军。这些城市人口众多,各类要素聚集程度高,经济基础、产业基础和财力基础都相对更好,在提高供给质量、拉动有效需求方面也具有更强的优势。

另一方面,要做到"鼓励和支持民间资本参与",前期需要以地方功能性国企为主导,创新改造模式,同时给予强政策支持,以此吸引民间资本。在模式走通后,就可带动各类民间资本从租赁收入、停车场、临街商铺、饭店食堂等方面以经营性收入进入。除拉动投资外,推进城中村改造将为扩大内需注入新动能。城中村改造能够直接带动建筑材料、家用电器等方面的需求,同时会在更长的期限中,带动公共服务如医疗、快递、便利店等设施的发展,改善居民教育、医疗、养老、家政等问题,从而解决大城市发展不平衡、不充分的矛盾,并进一步激发出居民在相关领域的消费需求。

(2)存量二次开发模式转变

"十三五"时期,存量二次开发以政府主导模式为主,主要为货币和财政双支撑的棚改模式,但长期而言难以持续,所以从2019年下半年到2020年,国务院常务会议多次提到一个重要信息——不允许地方政府新增棚改项目贷款。对于当前地方政府而言,棚改工作逐渐收官,存量二次开发需要转换发展模式,即从政府主导到政府引导,以市场化运作为主。存量二次开发过程中要充分激活市场活力,实现土地要素市场化配置,这对于缓解地方政府财政压力以及征收搬迁等行政事务压力非常重要。此前国家正式提出实施城市更新行动,意味着城市更新将成为"十四五"时期以及今后一段时期我国推动新型城镇化发展的重要模式,存量二次开发模式将彻底转变。以市场化主导推动旧改为主的广东省为例,根据《广东省深入推进"三旧"改造三年行动方案(2019—2021年)》,2019~2021年全省新增实施"三旧"改造……投入改造资金5000亿元以上(社会投资约占85%,市县级财政投入约占15%)。

第二节　深圳城市更新制度详解

根据《深圳市国土空间总体规划（2020—2035 年）》，深圳建设用地面积已达 1105 平方千米，土地开发强度超过 55%，而城镇开发边界内可供进行城市开发建设的面积仅为 1190 平方千米，建设用地规模已然触顶。土地资源供应紧张、城市后续发展空间不足的问题日益凸显，已成为制约深圳保持高速发展的主要“瓶颈”。更何况，深圳城市核心区城中村数量多、规模大，不仅存在较为严重的社会治安隐患、公共配套缺失，而且占据了大量核心区域的土地资源。

作为改革示范先行区，深圳在全国范围内率先拉开城市更新序幕。结合区位优势、历史演变、经济发展等方面的特点，深圳主要实行市场化运作的城市更新模式，即在坚持政府统筹的前提下，以市场化模式推进城市更新，充分发挥市场在资源配置中的决定性作用，以调动政府、业主和开发建设单位等多方面主体的积极性，达到合作共赢的目的，确保社会公共利益和城市发展长远利益的实现。

一　深圳城市更新相关政策发展历程

（一）萌芽期：初沐春风（2004～2009 年）

2004 年 10 月 22 日，深圳出台《深圳市城中村（旧村）改造暂行规定》（已失效，下同），在全国范围内率先开启城中村改造。该规定将“城中村”定义为，由原农村集体经济组织的村民及继受单位保留使用的非农建设用地范围内的建成区域，并鼓励国内外有实力的机构通过竞标开发或者参与开发城中村改造项目。

2007 年 3 月 30 日，深圳出台《关于工业区升级改造的若干意见》（已失效，下同），将改造范围确定为不符合工业布局规划和现代工业发展要求的工业区，不符合安全生产和环保要求的工业区，建筑容积率偏低、土地利用率低的工业区，内部规划不合理、基础设施不完善、建筑质量差的工业区四类，并规定了综合整治和重建两种改造方式。

为深入贯彻落实《珠江三角洲地区改革发展规划纲要(2008—2020年)》和中共广东省委、广东省人民政府《关于争当实践科学发展观排头兵的决定》,提高资源节约集约利用水平,盘活存量建设用地,广东省于2009年8月25日发布《关于推进"三旧"改造促进节约集约用地的若干意见》,要求在不突破土地利用总体规划确定的耕地保有量、基本农田面积和建设用地总规模的前提下,积极稳妥推进旧城镇、旧厂房、旧村庄的改造工作。深圳乘此政策东风,于2009年12月实施《深圳市城市更新办法》(已被修改),正式迈入城市更新时代。

(二)发展期:建章立制(2010~2017年)

2010~2013年,深圳相继出台《深圳市城市更新办法实施细则》、《关于加强和改进城市更新实施工作的暂行措施》(已失效,下同)、《深圳市城市更新单元规划制定计划申报指引(试行)》(已失效)、《关于试行拆除重建类城市更新项目操作基本程序的通知》、《深圳市城市更新单元编制技术规定(试行)》(已失效)、《拆除重建类城市更新项目房地产证注销操作规则》(已失效)等政策文件,从"法规—政策—技术标准—操作细则"四个层面不断完善和细化要求,逐步形成从更新单元计划申报、更新单元专项规划编制审批、实施主体确认、房屋产权注销、建设用地出让等一系列规范化操作流程。

早期,房地产企业为追求经济利益的最大化,通常选择盈利能力较强的拆除重建类城市更新项目。即便综合整治类项目审批条件最宽松,但因其盈利能力较差并未受到市场足够关注。为此,深圳出台《关于加强和改进城市更新实施工作的暂行措施》时着重强调,鼓励旧工业区在满足结构安全和消防要求的前提下,开展以综合整治为主,融合功能改变、加建扩建、局部拆建等方式的城市更新。旧工业区在升级改造过程中涉及城市基础设施、公共服务设施建设的,由市、区人民政府安排资金予以优先保障。项目免收各种行政事业性费用,符合有关条件的,可享受相关产业资金扶持政策。新的综合整治类旧工业区升级改造政策出台后,各类工改项目复合式升级改造热情高涨,旧工业区升级改造也不再是单纯的综合整治或功能改变,而是融合局部拆建内容的复合式升级改造路径。

不同于其他省(市)"三旧"改造的模式,深圳城市更新制度的特色在于树立"政府引导、市场主导"的基本理念,充分尊重并发挥市场作用,但亦会出现"政府管得太宽"和"市场利益驱动下破坏发展环境"等影响。为此,深圳于2015年8月发布《关于在罗湖区开展城市更新工作改革试点的决定》(已失效),在罗湖区进行为期两年的试点，下放审批权限以缩短城市更新审批期限；2016 年出台《关于支持企业提升竞争力的若干措施》，严格控制"工改商""工改居"，大幅提高城市更新中旧工业区"工改工"比例，以强化产业用地和空间保障，避免实体经济发展受到影响。

（三）反思期：模式转变（2018 年至今）

根据深圳市住房和建设局的摸底调查结果，深圳以行政村为单位的城中村有 336 个（其中特区内行政村 91 个），自然村有 1044 个（一个或多个自然村组成一个行政村），城中村农民房或私人自建房超过 35 万栋，总建筑面积高达 1.2 亿平方米，占全市住房总量的 49%。城中村承载着全市近一半的居住人口，提供了低成本的住房空间与产业空间，一定时期内为深圳的高速发展起到了帮助作用，但难以满足新时期城市可持续发展的需求。2019 年 3 月，深圳市印发《深圳市城中村（旧村）综合整治总体规划（2019—2025）》，先《防止大拆大建通知》一步转变城中村城市更新思路，提出通过微改造方式逐步消除安全隐患、维护城市肌理、传承历史文脉、保障低成本空间、完善配套设施、提升环境品质，实现城中村可持续的全面发展。

随着城市更新进入"深水区"，城市更新面临着统筹能力有待增强、更新内涵有待提升、管理工作有待规范、服务水平有待提高等问题。2019 年 6 月，《关于深入推进城市更新工作促进城市高质量发展的若干措施》出台，调整并完善了城市更新规划计划体系，提出对面积相对较小、腾挪空间有限的单个更新单元进行片区统筹，推进片区整体开发建设，并将城市更新与城市"双修"相结合，促进城市生产、生活与生态空间有机融合。

2020 年 12 月 30 日，全国首部城市更新地方立法《深圳经济特区城市更新条例》经深圳市第六届人民代表大会常务委员会第四十六次会议通过。相较于此前的《深圳市城市更新办法》，主要变化在于：制度效力层级从地方政府规章上升至经济特区法规，通过立法规范现有的政策规定难以全盘破解的问题；运作原则从"政府引导、市场运作、规划统筹、节约集约、保障权益、公众参与"调整为"政府统筹、规划引领、公益优先、节约集约、市场运作、公众参与"；将"功能改变类"纳入"综合整治类"，只保留"综合整治类"与"拆除重建类"城市更新方式，意在强调两者并重；将更新意愿比例从 2/3 调高至 3/4，以进一步规范城市更新活动；适当下放审批权限，对相关工作程序进行优化、简化，缩短城市更新项目周期；针对城市更新活动中"钉子户"问题，新增了"政府征收"制度，对未签约房屋实施征收的，可以不纳入全市年度房屋征收计划，由区人民政府依法作出征收决定。

现阶段,深圳的城市更新政策体系形成了以《深圳经济特区城市更新条例》为统领,以《深圳市城市更新办法》《深圳市城市更新办法实施细则》等为核心的特区法规、政府规章、技术规范和操作指引“四位一体”的政策体系,为深圳实施城市更新行动提供了相对完备的政策工具箱;为城市规划的有效实施提供了制度保障;为国内其他城市的城市更新发展提供可借鉴、可复制、可推广的存量低效用地再开发经验。

二 深圳城市更新规划体系

作为按照规划建设起来的年轻城市,深圳在经历多次探索与改革后,结合自身城市特点,对法定图则[1]、详细蓝图、专项规划等规划体制进行优化改良后,确定了以法定图则为核心的城市规划体系。

(一)城市规划制度变迁

在快速城市化建设的进程中,深圳的城市规划发展经历了多次变迁。回顾深圳城市规划制度的发展历程,有助于厘清城市建设与规划管理的逻辑关系,以加深对城市更新制度的理解。

1. 特区成立初期:1980~1986 年

1980 年,中国城市规划事业在停滞 20 年后开始复苏。深圳作为全国第一个经济特区,在成立之初就制定了高标准、与世界接轨的现代化规划技术体系。1982 年,深圳编制了《深圳经济特区社会经济发展大纲》,提出将带状组团式结构作为特区城市总体布局的基本构架。1986 年,深圳以规划大纲为指导编制完成了《深圳经济特区总体规划(1986—2000)》,对规划大纲所确立的带状组团式结构进行进一步细化,根据城市带状分布的特点,采用多中心组团式结构布局,这是深圳城市发展建设第一版真正意义上的总体规划。

2. 改革探索阶段:1987~1997 年

1987 年,深圳率先进行土地使用制度改革。在逐步形成较为完善的土地有偿使用制度和土地市场调控机制之后,深圳于 1989 年进行住房体制改革,房地产市场开

---

[1] 法定图则是指在已经批准的全市总体规划、次区域规划及分区规划的指导下,对分区内各片区土地利用性质、开发强度、配套设施等作进一步明确规定。

始兴起并蓬勃发展。1989 年,《城市规划法》颁布,确立了控制性详细规划的地位和做法。深圳在较长时间内推行了控制性详细规划的做法,但也进行了不同形式的尝试。随着城市建设机制从计划型转化为市场型以及城市空间的快速扩张,脱胎于计划经济时代的控制性详细规划已难以适应城市建设和管理需求。在经济体制改革的大背景下,深圳开始借鉴香港特别行政区的经验,于 1996 年年底着手推行适合深圳实际情况的"法定图则"制度。

3. 制度完善阶段:1998 ~ 2011 年

经过近 10 年的探索,深圳于 1998 年出台《深圳市城市规划条例》(已被修改),建立了总体规划、次区域规划、分区规划、法定图则和详细蓝图"五阶段"的规划体系,并将法定图则作为编制、决策、实施、公众参与及监督规划的核心。在组织机构上,建立市城市规划委员会制度,将法定图则的制定权和修改权授予市城市规划委员会。1999 年,深圳城市规划委员会第八次会议审议通过了深圳市中心区等 11 个片区图则。《深圳市法定图则编制技术规定》(2003 年版)和《深圳市城市规划标准与准则》(2004 年版)等一系列配套政策的出台及其后续修订,进一步完善了以法定图则为核心的城市规划体系。2008 年,《城乡规划法》(已被修改)施行。为完善规划依据,深圳开展了全市"法定图则大会战",提出在 2010 年实现全市规划建设用地法定图则全覆盖的工作目标,使全市的城市规划管理真正做到有法可依。

4. 存量发展阶段:2012 ~ 2024 年

2012 年,深圳存量土地供应首次超过新增土地供应,土地利用模式出现拐点。随着深圳进入以存量土地供应为主的时期,早期编制的法定图则对土地利用性质、开发强度有着刚性的控制要求,与存量用地改造项目的诉求存在矛盾,导致法定图则开始面临大量调整的问题。如《深圳市城市更新办法》规定,城市更新单元规划应当根据法定图则所确定的各项控制要求制定,对法定图则的强制性内容作出调整的,由市规划国土主管部门报市政府批准后实施,相应的内容应当纳入法定图则并予以公布。现阶段,城市更新、土地整备作为深圳存量土地开发的主要模式,城市更新单元规划、土地整备单元规划突破法定图则规划指标的情况也会不断出现,探索适应存量发展的规划技术与规划体系,已成为城市规划体系发展的新挑战。

(二)现阶段城市更新规划体系

目前,深圳从总体规划到详细规划已分别建立起较为完善的、多层次的城市更新规划技术体系,在与既有法定规划体系形成良好衔接与补充的同时,有效推进了规划内容的落地实施。通过综合整治和拆除重建两种模式推进城市更新工作，构建了以实施为导向的城市更新制度，以及总体层面落实国土空间总体规划的市区级城市更新专项规划、微观层面衔接落实国土空间详细规划的城市更新单元规划整体框架，形成了城市更新深圳模式。

从《深圳市城市更新“十三五”规划》及《深圳市城中村(旧村)总体规划(2018—2025)》等宏观规划文件来看，在整体规划层面，深圳形成了“城市总体规划—次区域规划—分区规划—法定图则—详细蓝图”规划体系，并将具体的管控要求落实在年度实施计划中，划定城市更新优先拆除重建区、拆除重建及综合整治并举区、限制拆除重建区、已批城市更新单元计划范围等，对不同城市更新单元实行不同方式的城市更新模式；在详细规划层面，以“城市更新单元计划”为核心，对城市更新单元的目标定位、更新模式、开发建设指标、公共配套措施、市政工程、利益平衡等方面作出详细规划，在明确强制性内容和引导性内容的同时，明确城市更新单元实施的规划要求。

《深圳市城市更新办法》中首次提出的“城市更新单元”，是深圳城市更新制度中的重大创新。对“城市更新单元”的划分不以行政区划为限，通过对零散土地进行整合，以腾挪更多的发展空间，保障城市更新改造过程中城市基础设施与公共服务设施的相对完整性。城市更新单元规划成果主要分为技术文件和管理文件，其中，技术文件包含规划研究报告、专题/专项研究报告、技术图纸；管理文件包含文本、附图、规划批准文件。

三 深圳城市更新操作流程

近20年的摸索探究中，深圳先后出台了一系列城市更新管理办法或实施条例，设立深圳城市更新和土地整备局作为推行城市更新的核心管理机构，并明确不同类型城市更新项目开展的操作流程。深圳城市更新以“政府统筹、市场运作”为鲜明特点，通过总体的“城市更新专项规划”与地段的“城市更新单元规划”进行规划控制，实行“多主体申报、政府审批”的项目运行机制，以充分调动多方力量推动城市更新的实施。

(一)城市更新项目操作流程

1. 城市更新单元计划的制订

(1)申报条件

①拆除范围用地面积应大于10,000平方米。

②征收范围用地供应大于更新单元总用地的70%。

③更新单元内完善合法手续用地应大于70%。

④无偿移交给政府的独立用地需满足面积范围大于3000平方米且不小于拆除范围用地面积的15%两项条件。

⑤规划用地功能基本符合新区规划或法定图则。

⑥单一地块内2/3以上建筑面积且2/3以上权利主体同意申报;若是多个地块,则同意的地块面积须占总用地面积的4/5以上。

(2)申报材料

申报主体需提交以下申报材料:①申请书;②申报表格;③申报主体的身份证明材料;④图纸;⑤更新意愿证明材料;⑥权属证明材料;⑦照片;⑧其他材料。

(3)行政机关审批

①区城市更新机构在受理更新单元计划申报之日起20个工作日内按规定进行审查;

②区城市更新机构审查通过后,在5个工作日内按批次形成更新单元计划草案,进行不少于10个自然日的公示,并报区政府审批;

③区政府审批通过的,由区城市更新机构在5个工作日内公告更新单元计划;

④区城市更新机构应在更新单元计划公告之日起5个工作日内持更新单元计划备案申请表、计划公告文件等材料,报市规划和自然资源部门备案;

⑤市规划和自然资源部门在收到备案材料之日起10个工作日内,对关键事项进行核对;

⑥市规划和自然资源部门初审后符合规定的,形成更新单元计划草案,进行不少于10个自然日的公示,并报市政府审批;

⑦市政府审批通过的,由市规划和自然资源部门会同区政府在5个工作日内,对更新单元计划进行公告。

2. 城市更新单元规划编制

(1)编制单位资质要求

城市更新单元规划的编制单位应当具备乙级及以上规划设计资质。

(2)深圳城市更新单元规划文件体系

①技术文件

规划研究报告：对更新单元现状的分析、规划设想的论述和规划内容的解释；专项/专题研究：针对功能、公共设施、城市设计等重要内容进行专项研究，必要时进行专题研究、独立成册；技术图纸：说明规划意图的要点图示，比例自定，但在必要时需要予以拆分。

②管理文件

文本：关于更新单元规划研究结论的摘要；附图：文本内容的主要规划图纸，是规划审查的过程成果；规划批准文件：规划审批通过后的文件。

③有效期限

自公告之日起有效期 2 年，若在有效期内未获得市政府或其授权机构批准的，则该更新单元计划按照公告要求失效。失效的更新单元计划，其拆除重建用地范围自失效之日起 3 年内原则上不得再次申报拆除重建类更新单元计划。

3. 城市更新实施主体确认

(1)多个权利主体形成单一主体的方式

①权利主体以房地产作价入股成立或者加入公司；

②权利主体与搬迁人签订搬迁补偿安置协议；

③权利主体的房地产被收购方收购。

(2)主体资格确认流程

①城市更新单元内项目拆除范围的单一主体，应当向区城市更新职能部门申请实施主体资格确认。

②区城市更新职能部门应当在收到申请后 10 个工作日内完成对相关申请材料的核查。

③区城市更新职能部门应当在公示结束后 5 个工作日内完成公示意见的处理，有关异议经核实成立或者暂时无法确定的，应当书面答复申请人并说明理由；公示期内未收到意见或者有关异议经核实不成立的，应当在 5 个工作日内与申请人签订项目实施监管协议，向申请人核发实施主体确认文件，并将实施主体确认文件抄送

主管部门及相关单位。

4. 原有建筑物拆除和不动产权属注销登记

权利主体与搬迁人签订搬迁补偿安置协议时，应当在协议中约定相应房地产权益由搬迁人承受，并在办理房地产权属证书注销之前向搬迁人提交被搬迁房屋的房地产权属证书及注销房地产权属证书委托书；没有房地产权属证书的，应当提交相应的产权证明文件及房地产权益由搬迁人承受的声明书。

搬迁人被确认为项目实施主体并在区政府的组织和监督下完成建筑物拆除后，应当及时向区城市更新职能部门申请就建筑物拆除情况进行确认，并向房地产登记部门申请办理房地产权属证书的注销登记。

5. 国有建设用地使用权出让

建筑物拆除和房地产权属证书注销工作完成后，实施主体应当持实施主体确认文件、项目实施监管协议、相关土地权属证明文件等材料，就城市更新单元规划确定由实施主体进行开发建设的用地及地下空间，向主管部门申请建设用地审批。

主管部门应当在批准项目建设用地后与实施主体签订土地使用权出让合同，并核发建设用地规划许可证。

6. 开发建设

自取得主管部门颁发的建筑工程施工许可证之日起至取得房屋建筑工程竣工验收备案回执之日止是开发建设阶段。

7. 回迁安置

回迁安置即在城市更新过程中，当政府征收土地或改造老旧建筑时，需要将原居民迁到新的安置区。需要注意的是，回迁安置是一项复杂而敏感的任务，涉及政府、开发商、居民等多方利益的协调与平衡。因此，在具体实施过程中仍然可能出现一些问题和争议，需要相关部门和社会各方共同努力解决。

（二）城市更新项目流程性问题

虽然被列入城市更新计划的项目较多，但城市更新实践中存在规划批复通过率低、实际实施率更低的困境。城市更新中较为复杂冗长的流程环节是城市更新计划项目逐步递减的主要因素。就深圳城市更新实践操作而言，存在实施主体、规划编制、调规与审批、贡献与奖励、产城融合、征收与安置保障、历史遗留等方面的问题。

1. 实施主体与规划编制

从规划编制层次来看，宏观层面的城市规划由政府编制，因而更加注重整体协调和局部突破的结合;中观层面的城市规划多关注片区层面,由政府与企业共同编制,二者在合作中争取各自代表的利益;微观层面的城市规划则更多关注街区与地块范围,企业通常为最重要的实施主体,政府则是以行政手段确保企业在追逐利益最大化的过程中履行社会责任。

在项目实施过程中,政府往往更加关注公共服务设施、重大基础设施、保障性住房、城市风貌与导控等涉及社会公共利益的方面;企业则更加注重经营性用地的拆建比例、开发量等核心盈利指标。由此可见,二者之间的目标并不完全一致,甚至存在冲突。加之,当某一片区因空间导控规则缺失而导致更新项目之间缺少统筹时,城市更新项目的建成可能因彼此功能用途、规划设计的不同,产生不可逆的负面效应。

在政府与企业之间利益存在冲突、各个项目之间缺乏协调的情况下,政府应当及时“补位”,在研判产城关系、征收安置关系、设施承载能力等诸多因素的前提下,可采取以下措施:

(1)注重片区统筹层面的城市空间系统设计与导控,对公园、街道、生态廊道等提出系统性控制要求;

(2)考虑具体项目开发的“挑肥拣瘦”问题,对于老旧小区改造、综合整治提升等投入大于收益的城市更新项目,以城市综合效益提升为原则,兼顾项目开发的可行性;

(3)通过“密度分区”,在宏观层面对城市风貌与品质采取抽象管理,在微观层面调动各方资源与力量延续地域文化、保持建筑风貌、营造人性化场所等。

在以高质量发展与精细化运营为主的背景下,注重存量区域开发的城市正逐步由原来的“拆—改—留”向“留—改—拆”转变。就单个街区或地块而言,也许以“留—改—拆”为主导的城市更新并非经济利益最大化的最优选择,但从城市角度而言,该方式是城市综合效益最大化的最优选择,不仅体现在提升城市活力、提供休闲场所等方面,还带动了城市更新单元内或周边物业价值的提升。

2. 调规与审批

城市更新规划并非我国法定的规划体系,即使城市更新规划体系与法定规划体系之间存在对应关系,但是二者并非完全一致。因而,当城市更新规划相比原法定规划作出了优化调整时,往往需要对原法定规划执行调规审批程序,才能进一步开展后续的城市更新实施工作。

城市更新规划的编制主体通常为政府与市场主体，相较于由政府单独编制的法定规划，城市更新规划承载了更为复杂的利益协调关系。具体而言，在城市更新项目推行过程中，城市更新方案往往涉及对原法定规划的用地功能、开发强度、配套设施等强制性内容的调整，而其中公共利益与经济效益往往是政府与市场主体间博弈的重点。

不同于广州、上海两地城市更新调规审批需分别通过“两个层次”的文件，深圳直接以城市更新单元规划申报审批，因而呈现出“流程清晰规范，审批程序简单”的特点。之所以可以“单线”审批，是因为深圳的城市更新规划体系与法定规划体系之间可以衔接对应。具体而言，城市规划编制体系中的“城市总体规划”可与更新规划编制体系中的“总规层面的更新专题研究”相对应；城市规划编制体系中的“分区规划”衔接更新规划编制体系中的“城市更新五年专项规划”与“片区层面的更新统筹规划”；城市规划编制体系中的“法定图则”与“详细蓝图”衔接更新规划编制体系中的“城市更新单元规划”。

若城市更新单元规划仅是对控规调整的微调，并未涉及控规强制性内容，则由编制主体直接将更新单元规划报送市政府审批；若城市更新单元规划涉及控规强制性内容调整，则需由深圳市规划委员会建筑与环境艺术委员会将更新单元规划及调整法图内容报送市政府进一步审批。经市政府批准后，城市更新单元规划直接成为法定规划，开发主体可着手实施。

3. 贡献与奖励

各地政府为充分调动市场主体参与城市更新的积极性，通常制定“贡献与奖励”政策回应“责任与收益”的问题。尽管各地关于“贡献与奖励”的政策完善程度不一，但毫无疑问的是，“贡献与奖励”是平衡各主体利益的主要思路与关键工具。

在规划体系相对完善、与法定规划衔接关系相对明确的地区，政府在与市场多年的博弈中，已深刻认识到：土地与建筑不仅是物质空间，还是重要的资产；更新不仅是物质空间形态的改变，更是利益重新分配的过程。因而在更新制度相对成熟的地区，政府更加重视公共利益的保障，充分利用已经制定的各种城市更新相关政策，避免规则外无根据的调整，以约束市场的逐利特性。在更新制度稍欠完善的地区，规划规则的缺失、更新规划与法定规划间关系的不清晰造成调规阶段市场主体与政府管理部门反复协商，从而降低了调规的推进效率。

国内主要城市通常采用“基础容积＋转移容积＋奖励容积”的城市更新模式，保障绝大部分城市更新项目具备经济可行性。基础容积是限定城市更新地块开发强度的基本指标;转移容积是按政策规定可以转移至开发建设用地范围内的容积;奖励容积是按照政策规定,通过贡献公共利益可额外获得的容积。一方面,开发企业基于经济利益诉求,通过贡献公共开放空间、贡献公共服务设施与市政基础设施、保护历史建筑构筑、配建政策性住房、代征代拆原有建筑等方式主动贡献公共利益从而获取额外容积;另一方面,政府基于公共利益诉求,要求或建议企业承担公共责任,并给予企业一定的额外容积作为奖励。

4. 产城融合

自 2014 年以来,深圳城市更新类型出现明显的变化,住宅及商服类城市更新的建筑总量及其占比明显下降,产业类城市更新的建筑总量明显上升。随着全国城市更新行动的深入和居住环境的改善,各地逐渐开始关注产业迭代更新对城市可持续发展的促进作用,希望以城市更新为抓手实现城市产业的转型与跃升发展。在此背景下,产城融合应运而生。

目前,产业类城市更新存在缺少与周边城市功能的互动、过度关注物质空间改造、产业区域功能单一、忽视产业发展的基本逻辑与实际需求等问题。政府应坚持产业和空间两手抓:一手抓产业,根据具体项目区位特征、政策导向、资源禀赋条件以及实施主体的资源链接能力,确定适宜的产业发展方向;另一手抓空间,通过系列空间设计手法,实现产业资源的整合以及产业与生活空间的融合。具体而言,产业类城市更新项目的产城融合模式有以下几种:

(1)延续既有产业基础的产业提容增效

为进一步推进土地供给侧结构性改革,更好盘活存量土地资源,促进产业用地节约集约利用,在现有空间与产业用地不匹配的情况下,可通过城市更新实现产业提容增效。以深圳为例,2019 年 5 月出台的《深圳市扶持实体经济发展促进产业用地节约集约利用管理规定》,从适用范围、实施路径、地价标准等方面对产业用地容积率调整相关事项进行全面、系统的规定。

(2)探寻新产业进化的产业创新

基于创新模式的不同,产业创新的空间载体主要分为定制化创新园区、创新街区与创新社区三种类型。定制化创新园区以某一类企业总部创新为源头,带动产业链上下游企业的发展,建筑空间布局以园区为单位,同时需要满足企业不同发展阶段的空间需求;创新街区以科技服务业公共服务平台、社会组织机构、文化艺术为源头，引领个体创新和社会创新；创新社区强调各类创新载体、相关配套及其他城市功能的融合发展，建筑与城市功能有机布局。以深圳市罗湖区长湖物流城市更新单元规划为例，通过产业用地性质的调整与空间布局的优化，将该城市更新项目打造成以核心产业、周边产业和配套产业三个圈层构成的影视文化产业集群，解决了有关工业、民用建筑的设计约束。

(3)传统工业向商业、办公的功能转型

主要是在不拆除原工业厂房的基础上，对原厂房建筑进行改造以实现功能改变。但在改造的过程中，仍然需要重点注意：一方面，需要关注周边城市功能、人群消费需求与城市发展新诉求之间的有机联系，精细落实到业态层面；另一方面，需要将空间设计与运营管理高度统筹，推动新功能快速融入到城市片区的发展之中。

5. 征收与安置保障

在城市更新中引入市场机制，预期利益的增长进一步强化了各方的博弈，于是引发了诸多争议，征收与安置成了城市更新项目推进过程中的“烫手山芋”。对此，可从保障体系优化、安置策略制定、征收成本管控等方面，将争议防患于未然。保障体系可从补偿方式、诉求满足、奖励与补助四个方面予以优化，明确补偿对象是征收土地和地上建筑物；诉求满足的范围仅限于基本居住与生活诉求；奖励对象为积极配合征收工作或自愿放弃部分权利的被征收方；补助时间为安置过渡期间。在安置策略的制定上，采用“先安置后征收”的实施步骤，在征收之前尽量在配套充足的地区设置一批回购安置房和周转过渡房，以解决被征收方的日常生活与居住服务问题。在集体物业清场时，针对不同集体物业的实际情况，可采取调查集体物业是否存在违建、超期情况的“以拆促谈”与调查承租人在合法合规经营方面是否存在问题的“以查促谈”等方式。对于整体被征收户，应采用信息及时公开、政府网站披露等透明化操作程序使被征收方信服。在项目推进过程中，需要通过前期摸查、强化全流程评估工作的准确性、提高工作管理效率等途径降低成本。通过上述途径，着力打造出“搬得出”“住得进”“拆得了”的城市更新典型示范项目。

6. 历史遗留问题

固有的城乡二元制下形成的“先国有化、后市场化”的城市土地资源配置方式，难以适应改革开放以来投资办厂、基础设施建设和大规模安置流动人口对土地空间的巨大需求。从一系列政策流变历程来看，城市土地性质日趋复杂化。

以深圳为例，土地包括合法用地和合法外用地两大类，其中合法用地包括国有用地、原集体经济组织取得确权用地、旧屋村用地、已按房地产登记历史遗留问题处理的用地和经规划国土部门认定或处理并完善用地处理手续的用地;合法外用地通常是指土地使用人或占有人违反土地管理、城乡规划等关于土地利用的法律法规的相关规定,擅自利用、处理的用地。拆除范围内权属清晰的合法土地面积占拆除范围用地面积的比例越高,无偿移交政府的比例也越高。对于历史违法建筑,通常采用确认产权、依法拆除、依法没收的手段,对违法建筑或是拆除,或是进行临时使用。

总体而言,深圳作为具有特区立法权的城市,首创“政府主导、村股份公司参与、开发商统筹推进”的三方协同工作机制,在回迁过程中保持村民优先、征收安置以人为本的理念。在形成了系统化、创新型的城市更新政策规范体系后,深圳实现了产城融合,吸引金融机构与创新型科技企业助推产业升级。

(三)深圳城市更新发展趋势与展望

经过十几年大拆大建的更新实践,深圳已经意识到传统以大拆大建为主要形式、以单块存量用地土地价值释放最大化为宗旨的房地产化点状更新,非但难以实现完善城市功能、引领城市迭代升级的目标,反而在一定程度上挤压了产业发展空间和低成本居住空间,进而影响了城市的可持续发展。为此,在对城市更新项目中存在的功能分区、潮汐式通勤和过高密度开发等问题进行深刻反思后,深圳在“产城融合”“职住平衡”“15 分钟生活圈”“完整社区”等新理念的驱使下,开始实行新模式的城市更新。结合实践案例与理论深化,深圳城市更新计划将呈现以下趋势。

1. 片区统筹、有机更新成为主流

片区统筹是指采用“留改拆”并举的模式,在一个较大区域内进行多个城市更新项目,为不同业态排布、公共服务设施建设和多主体利益平衡创造更优质的腾挪空间,以实现空间资源配置效益最大化的目标。具体而言,片区统筹以全局视角统筹片区内各种业态的分布,并根据现有产业体系、居民结构、商业分布和片区定位,有针对性地引入新产业、新业态、新功能,通过完善基础设施建设、梳理交通设施网络来加强不同业态间的有机联系。一方面,可通过加建基础设施和服务设施,补齐功能短板;另一方面,可针对性地赓续文化脉络,活化历史遗产,避免出现“千城一面”的现象。在“2030 年前实现碳达峰、2060 年前实现碳中和”的时代背景下,出现了生态环境导向的开发(Ecology-Oriented Development,EOD)这一新型城市更新开发模式。通过 EOD 模式,城市更新内现有建筑不仅需要进行绿色改造,还需要结合林木、绿地、湿地和水道等蓝绿空间以及自然生态系统修复或构建基础设施,以提升城市韧性、实现人与自然共生。

2. 探索多主体参与、利益平衡机制

城市更新项目推进的过程是多方利益博弈的过程,具有长期性、复杂性、成本高等特点,仅靠开发商自有资金难以实现长期可持续更新。如果仅靠政府主导实现公共服务和利益平衡,难以平衡多元主体的利益,因而需要引入多元主体助推项目实施,从而平衡多元化利益并长期运营。一方面,城市更新与原先生活在此的居民息息相关,因而需要广泛征集公众意见,提高公众的参与感、归属感与认同感。另一方面,吸引社会资金投入,实现资金快速回流,以反哺片区内公共服务设施建设成本。资金问题是城市更新的基础性问题,结合粤港澳大湾区前期积累的经验,当前城市更新筹措改造资金的最主要方式包括引导社会力量出资、地方财政补助、金融贷款支持。除前述筹措方式外,还可以通过不动产投资信托基金(Real Estate Investment Trusts,REITs)引入多元主体、税收奖励返还等创新型政策,为发展持续更新模式提供有效路径。

3. 进一步完善城市更新政策体系与配套制度

现行政策法规体系通常以区域性、"打补丁"式文件为主,且大量实操层面的细节缺乏合理化路径。既需要从总体层面对战略性规划进行指导与协调,又需要在专项规划、技术规则等实施层面予以明确,还需要在规划土地财政税收、产业培育等微观层面提出专项细则,通过良好完善的城市更新政策体系促进标准化发展,确保城市更新的合法性、权威性和公平性。

4. REITs、"工业上楼"将是未来重要的改造方向

(1)通过 REITs 助力开拓房地产新发展模式

2024 年 1 月,中国人民银行、国家金融监督管理总局发布《关于金融支持住房租赁市场发展的意见》,提出将 REITs 试点范围扩展至市场化长租房及商业不动产领域。房地产新发展模式的多元方式包括:①在融资端,发展多元化金融渠道尤其是股权渠道推动降杠杆;②在供应端,商品住房与保障性住房双轨并行;③在需求端,企业经营模式由以开发销售为主转向以资产运营为主。在此种模式下,"投融建管退"的闭环更加畅通,也促使租赁住房的筹集改造等或将从政府配建要求转变为房地产企业和资产管理方的主动选择。

(2)通过“工业上楼”拓宽产业空间

产业空间保障是促进产业转型升级的重要前提。从20世纪50年代香港特别行政区开启工业大厦模式到2005年佛山开启内地探索,再到2018年后粤港澳大湾区内多市并举,“工业上楼”已成为继数据中心、生命科学产业园、高标仓和冷库后的又一热点。可以预见的是,“工业上楼”将与“工改工”类城市更新项目产生的高容积率产业空间相伴随,成为未来10年内粤港澳大湾区主要的产业空间供给模式。

第三章

土地整备

第一节　土地整备基础理论

一　概念探析

（一）土地整理

土地整理是指在一定区域内，按照土地利用规划或城镇规划所确定的目标和用途，采取行政、经济、法律和工程技术手段，对土地利用状况进行综合整治、调整改造，以提高土地利用率，改善生产、生活条件与生态环境的过程，包括农用地整理和建设用地整理。“土地整理”概念的首次面世是在 1886 年巴伐利亚王国的法律中。随后，德国、俄罗斯、荷兰、比利时、丹麦、加拿大等国家纷纷在其领土范围内开展土地整理工作，并制定相应的法律制度。但通过对各国立法表述的比较分析可以发现，土地整理多在农村地区开展，主要目的在于促进农村发展、改善农业生产条件与农业用地生产方式。

在我国范围内，土地整理最先以“土地重划”的形式出现在我国台湾地区，旨在通过调整地块、改善交通、水利及其他环境条件，划定土地范围，从而改进土地利用环境，增强土地利用效能。但与国外“土地整理”有所不同的是，我国台湾地区已经将“土地整理”运用到城市领域内，即不仅对农业用地予以重划，还对城市用地予以重划。20 世纪 90 年代，为应对国民经济发展迅猛导致耕地锐减的问题，我国大陆开始通过“土地整理”的方式释放土地利用潜力，提高耕地质量。在 21 世纪，为适应城市化推进的步伐，我国“土地整理”的应用范畴由最初的农用地整理逐渐扩展至城市建设用地的整理，具体的实施手段包括但不限于拆除危旧住宅、改造旧城、对企业土地资产进行重组、对闲置土地进行再开发与权属调整、优化用地结构、增加城市绿地、治理城市污染等。一方面,可以改善城市本身的土地生态环境,实现可持续发展;另一方面,可以提高经济承载力,实现良好的土地收益。

(二)土地储备

土地储备制度最早于19世纪末在荷兰开始实行,之后推广到欧洲等国,并在20世纪90年代传入我国。土地储备是指在需要使用土地之前,由公共部门出于公共利益的考虑预先取得并持有土地的过程,有狭义与广义之分。狭义上的土地储备,是指政府为将来建设公共设施之用,在使用之前先取得土地;而广义上的土地储备,是指政府预先取得、管理和处分对城市发展、土地利用及土地价格等都具有较大影响力的土地。在我国,根据自然资源部《土地储备管理办法(征求意见稿)》的定义,土地储备是指县级(含)以上自然资源主管部门为调控土地市场、促进土地资源合理利用、落实和维护所有者权益,依法取得土地、实施资产管护、组织前期开发、储存以备供应的行为。

(三)土地整备

相较于土地整理和土地储备而言,土地整备并未作为一个常见的概念在全国范围内被提及,因而无论是在实务工作中还是在学术研究领域,均未有过较为一致的定义。如有观点认为,土地整备是包括城市更新、土地收购、土地征收、配套基础设施建设等的综合性工作,并服务于城市规划和土地利用规划的实施;也有观点认为,土地整备是综合运用土地收回收购、房屋征收、征转地历史遗留问题处理等多种手段,统筹协调解决城市存量土地再开发的难题,其工作实质在于实现储备、整理、重组、再开发、运营等综合管理;还有观点认为,土地整备是深圳市人民政府积极储备城市发展所需土地,并主动调整供地途径和加强基层管理的工作。

从实践层面上看,我国部分大城市曾开展过"土地整备"或设立了"土地整备机构",但在不同城市的政策框架和实践操作中,土地整备有着不同的内涵。若从字面上理解,土地整备应当包含土地整理和土地储备;从功能解释角度而言,土地整备可以拓宽土地财政来源并满足公共基础设施建设的需要,而土地财政显然不是土地整备制度设计的直接目的;从实施对象的角度而言,土地整备不仅针对城市建设用地,同时涵盖了原集体建设用地和生态用地;从实际操作层面而言,土地整备与土地整理在实施规模、主动性和运作机制等方面均存在差异,但土地整备与土地整理之间也存在共性,即通过产权重构使原本产权模糊、利益不清的土地能够确权进而提高土地利用效率。

综合来看,土地整备是政府为保障公共基础设施的规划落实、拓展土地储备来源和盘活城市存量土地,综合运用土地归并、收购、置换等方式进行产权重构及重新分割等城市土地整理工作,对调整后土地进行清理及前期开发以完成土地储备的全过程。

二 权利实质——土地发展权

土地发展权的管理与配置作为社会经济发展的产物,是实现土地资源高效公平配置的重要方式,是与国土空间规划相配合实现国家(地区)有效宏观调控的基础手段和政策工具,具体是指通过改变土地用途和提高土地利用强度对土地进行利用的权利。虽然我国现行土地制度体系中还没有规定土地发展权,但在实际的土地开发、利用和管理行为中已涉及土地发展权的相关内容。

(一)权利类型

若依托我国现行地权结构形态,土地发展权可划分为平面土地发展权与立体土地发展权;若根据权源主体,土地发展权可划分为国家土地发展权、集体土地发展权与个人土地发展权;若根据权源客体,土地发展权可划分为市地发展权与农地发展权。

(二)我国土地发展权配置与使用权流转中的问题

自土地有偿使用制度建立以来,土地在我国工业化与城镇化进程中扮演了重要角色。但在土地发展权的配置和使用权流转中也暴露出权利配置刚性有余而弹性不足、土地发展权益差异带来的城乡差距扩大、土地发展权界定不清带来的“反公地困局”等突出问题,这些问题成为我国城镇化与社会经济转型过程中面临的重大挑战。

目前,我国正处于社会经济发展转型期,建立适应新时代高质量发展和满足生态文明建设需求的国土空间规划尤为关键。因此,建立统一的国土空间用途管制体系、厘清开发功能空间与保护功能空间边界、明确国土空间规划对土地开发与利用的管理边界,是构建中国土地发展权制度的重要基础。虽然在现行制度中并没有明确提出“土地发展权”,但在国家层面或部分地方层面,已通过不同制度体现出“土地发展权”的实质内容,如基本农田保护制度、城乡建设用地增减挂钩制度、重庆市的“地票交易”、浙江省的“基本农田异地代保”、嘉兴市的“两分两换”等。

(三)土地增值收益

土地增值收益的形成主要可以分为四个阶段,具体而言:(1)阶段一:土地转为国有储备用地,其价值增值来源于土地权属性质和利用方式的改变;(2)阶段二:生地经土地平整后转为熟地,是由于资本投入带来的人工增值;(3)阶段三:土地经转让后转为城市土地(待开发),该过程的增值源于规划用途的变化等外部因素;(4)阶段四:待开发市地转化为成熟的房地产产品,该阶段包括人工增值和因外部性因素导致地价上涨的自然增值过程。

我国学界对土地增值收益的归属,存在"涨价归公"、"涨价归私"与"公私兼顾"三种学说。"涨价归公"论认为,农地发展权应归国家政府所有,因为政府才拥有"终极决定权",且发展权归于政府能更多地从全社会的角度而不是局部的经济利益出发,使土地得到更加全面的发展。"涨价归私"论认为,农村集体应当获得农转非后的土地增值,收益过高的部分可由政府采用相关手段进行调节。"公私兼顾"论主张根据土地投入贡献以合理方式分配土地增值收益,同时兼顾效率与公平。"公私兼顾"具体在操作层面上表现为:一是土地所有者让渡一份土地所有权,用来改善整个区域的公共设施;二是依据城市规划对原有的土地利用结构和权属关系进行调整,以保证规划落实并提高土地利用效率。深圳推行的土地整备项目采用的即"公私兼顾"理论。

三　土地整备的运行机制

土地整备模式的运作机制可归纳为,政府以保障公共利益的土地储备为核心目标,主导开展存量土地整理,通过设定规则、直接参与市场谈判、"让"出一定比例土地发展权以激励原土地权益人的参与,并通过对决策及利益协调过程的主动调控形成新的利益均衡。

(一)制度背景

土地整备模式系深圳在现状倒逼、现有制度环境刺激、参与主体推进的背景下,由传统土地征收储备模式变革而来的。首先,深圳面临严峻的城市土地发展困境,大部分新增重大建设项目因土地供应困难而无法落地,倒逼政府必须创新土地征收储备的路径。其次,城市化统征(转)制度的实施虽然让深圳实现了全局土地国有化,但因城市化统转制度设计不合理、政策执行不到位等问题,实际上形成了一个合法用地与合法外用地交织的新的二元结构。最后,受制度影响的参与者在相互博弈中促进了土地整备模式的形成。政府作为制度设计者希望拓展土地供应来源,而原村集体作为制度影响者则希望其所实际占有的土地价值显化,但在原有的制度框架下难以实现,唯有通过重新设计形成新的制度安排。

土地整备制度在某种程度上并不完全是一个新的制度,其实质上是政府在土地收储方面的创新,源自经济社会发展到一定阶段对土地管理领域社会治理模式调整的内在需求,也是土地资源紧约束条件下谋求城市转型发展的内生化路径。

(二)类型划分

在具体的项目实践中,土地整备包括两大模式,即传统的土地房屋征收模式和土地整备利益统筹模式。前者主要适用于问题较为单一或土地权属情况相对清晰的土地整备项目,后者则是为解决土地权属情况复杂、历史遗留问题突出和土地空间碎片化等问题,在政府基于传统农地征收方式进行土地储备难以为继、以市场为主导的城市更新模式刺激以及参与主体推动的情况下,引入市场谈判机制而形成的。在2015年深圳出台的《土地整备利益统筹试点项目管理办法(试行)》中,明确规定了"整村统筹"土地整备项目的具体条件和操作指引,同时增加了"片区统筹"模式以增强土地整备项目选择的灵活性。可见,土地整备利益统筹模式又分为"整村统筹"和"片区统筹"两种。

根据2011~2015年深圳土地整备专项规划和土地整备项目来源,土地整备模式主要可分为重点地区型、产业升级型、民生项目型和生态建设型四种。根据土地整备的具体实施情况,可将其划分为重点片区型、重大项目型、拓展土地来源型、解决历史遗留问题型、整村统筹型和片区统筹型等不同的土地整备模式。

(三)实施对象

土地整备项目以合法外用地为主,但对合法用地指标并无明确规定,如坪山区沙湖社区土地整备利益统筹项目几乎均为合法外用地,三围社区土地整备利益统筹项目整备范围内合法外用地比例高于76%。此外,土地整备模式还将社区留用地的比例与未征转用地(合法外用地)规模挂钩。考虑到目前深圳合法用地与合法外用地参差交错、规模大、分布广的现状,深圳放宽对合法外用地规模的限制,允许将更多的合法外用地纳入土地二次开发进程。从某种程度上而言,土地整备的准入门槛是相对较低的。

（四）模式运作

土地整备模式的实质是政府以土地收储为核心目标，通过“让”出全部或部分土地发展权及土地增值收益，从而调动原村集体和村民参与土地整备的积极性，在整备过程中实现“利益共享与成本共摊”。经过土地整备后，原村集体获得留用土地的全部发展权，而政府也可收回即将用于基础设施建设的土地，形成新的利益均衡的局面。政府在赋予原村集体留用地的土地发展权时，也要求其承担公共性义务，即原村集体通过贡献全部的公益性用地换取集体的远期发展收益。

四　土地整备的启示

土地整备制度是将规划、土地、产权三者高度有机统一的制度，其所发挥的产权和规划合一、增值共享机制作用，对于破解土地征收、历史遗留违法建筑等方面的难题具有实践意义。更重要的是，土地整备有助于建立城乡统一的建设用地市场，对构建处置国有、集体二元制土地的制度具有先行示范作用。一方面，土地整备有助于促进规划、土地和产权的高度统一。另一方面，“公共利益共摊、增值利益共享、以共享促共赢”的理念，在我国社会经济快速发展、土地价值水涨船高的形势下依然具有推广价值。此外，对原农村集体实际掌控的土地在规划、土地、产权等方面与国有土地一视同仁，也符合国家“同地同权同价”的战略方针，可以为我国其他发达城市土地二元化提供制度经验与实践示范。

第二节　土地整备的操作流程

一　土地整备项目的总体工作流程

《国有土地上房屋征收与补偿条例》和《深圳市房屋征收与补偿实施办法（试行）》规定的启动房屋征收的实体条件是一致的，即（1）国防和外交的需要；（2）由政府组织实施的能源、交通、水利等基础设施建设的需要；（3）由政府组织实施的科技、教育、文化、卫生、体育、环境和资源保护、防灾减灾、文物保护、社会福利、市政公用等公共事业的需要；(4)由政府组织实施的保障性安居工程建设的需要；(5)由政府依照《城乡规划法》有关规定组织实施的对危房集中、基础设施落后等地段进行旧城区改建的需要；(6)法律、行政法规规定的其他公共利益的需要。深圳将一般土地整备模式作为房屋征收的替代模式使用，故在启动条件、补偿标准等方面与房屋征收的要求是一样的，但在实施程序上有一定的灵活性。

土地整备项目的工作流程大致可分为两个阶段，一是准备阶段，二是搬迁补偿阶段。准备阶段不涉及被搬迁人(土地、建构筑物、苗木等实际占有使用人)，主要由政府各职能部门之间配合完成规划审批事项；搬迁补偿阶段的主要工作包括政府部门对被搬迁人的补偿以及与补偿有关的全部工作。

(一)准备阶段的工作流程及工作内容(以光明区为例)

1. 年度计划编制与申报

根据深圳市人民政府《关于推进土地整备工作的若干意见》和深圳市人民政府办公厅《关于进一步优化土地整备项目管理工作机制的若干措施》的规定，土地整备规划由市规划国土部门会同各区政府、市发展改革委、财政部门及其他相关主管部门，根据国民经济和社会发展规划、土地利用总体规划、城市总体规划组织编制，统筹土地整备数量和空间分布。土地整备规划明确了全市土地整备的区域及其方向、目标、时序、总体规模和整备策略，期限一般为5年。市规划国土部门结合《深圳市土地整备专项规划》，会同各区政府及相关职能部门编制土地整备年度计划，报市政府批准后实施。土地整备年度计划调整实行常态申报机制，各区政府可根据土地整备工作实际情况，在保持总量不变、结构优化的前提下，对年度计划项目提出调入、调出申请，由市规划国土部门统筹确定。

因土地整备年度计划优先考虑重点发展地区用地、产业用地、重大项目用地和民生工程用地，具有较强的公益属性，所以对纳入土地整备规划、计划的区域，市规划国土部门不再受理城市更新项目申报。

根据深圳市人民政府《关于推进土地整备工作的若干意见》的规定，实务中区城市更新和土地整备局会发布申报年度计划的通知，区各部门和街道办事处应在接到通知后，向区城市更新和土地整备局申报土地整备年度计划。年度计划项目分为续建项目和新建项目。区城市更新和土地整备局根据申报情况，编制区土地整备年度计划草案，并征求各部门和街道办事处意见，完善草案。计划草案由区城市更新和土地整备局报请区政府同意后，以区政府的名义报送市主管部门。

2. 列入年度计划

已列入土地整备年度计划的续建项目，街道办事处组织开展土地整备工作。

已列入土地整备年度计划的新建项目，项目建设单位应在取得项目立项、规划选址意见书等资料后，向区城市更新和土地整备局申请启动土地整备工作。区城市更新和土地整备局以区领导小组办公室名义，向项目所在街道办事处发出书面启动通知。新建项目从列入计划到正式启动期间，还需要取得项目立项、规划选址意见书，这是参照《深圳市房屋征收与补偿实施办法（试行）》的相关规定，由此也可以看出，深圳是将“土地整备”作为“房屋征收”的替代手段使用的。

对尚未列入土地整备计划的重大公共管理与服务设施、交通设施、公用设施等项目建设用地，经市、区会议纪要或函件等文件要求启动土地整备的，由项目建设单位或主管部门提供用地红线范围，由街道办事处先行开展土地整备工作，原则上要求在项目启动后 8 个月内完成征拆工作。区城市更新和土地整备局后续应补充纳入计划，相关资金按规定列支。从该规定又可以看出土地整备项目与房屋征收项目相比，在程序上具有一定的灵活性。

3. 资金准备及安排

辖区街道办事处根据辖区范围内的土地整备、房屋征收项目工作量，按年度预估土地整备、房屋征收项目资金需求情况，向区城市更新和土地整备局申报资金预算。区城市更新和土地整备局汇总各街道资金需求后，按土地整备资金、市房屋征收资金和区征（收）地补偿资金分别向市城市更新和土地整备局、区财政局进行预算申报。

市财政局下达土地整备和房屋征收资金指标后，区财政局按照区城市更新和土地整备局提出的资金分配方案对资金指标进行分配。对于区级财政承担的征（收）地补偿资金，由区城市更新和土地整备局提出资金分配意见后，区财政局结合区城市更新和土地整备局的意见分配给各街道办事处使用。

根据《关于进一步优化土地整备项目管理工作机制的若干措施》的规定，土地整备项目总资金包括直接补偿费、技术支持费、不可预见费、业务费。

（1）直接补偿费，是指依据相关政策，需支付给补偿对象的土地整备补偿费用。土地整备项目中，直接补偿费的具体用途基本上按照《深圳市房屋征收与补偿实施办法（试行）》的规定执行，具体内容将在本节第九部分“搬迁补偿”中详述。

(2)技术支持费,是指依据相关政策,由第三方提供技术支持服务而产生的专业服务费用,包括勘探、测绘、评估、督导、复核、法律、审计、招标、规划设计、社会风险评估、拆除和清理清运服务等费用。

(3)不可预见费,是指在土地整备项目实施过程中,因事实、技术等不可控因素导致无法在土地整备项目实施方案中预见,但在土地整备项目实施过程中确须支付的费用。土地收购、收回土地使用权、征转地历史遗留问题处理等情形可在不超过项目直接补偿费20%的范围内预留不可预见费。

不可预见费只可用于支付补偿利益相关方,根据深圳市规划和自然资源局《关于进一步规范土地整备资金使用的通知》的规定,须经区政府审核同意后支付使用。关于不可预见费的使用条件,几个政策文件中的表述是一致的。实务中,不可预见费的使用审批是非常严格的,申请不可预见费必须充分证明符合深圳市人民政府办公厅《关于进一步优化土地整备项目管理工作机制的若干措施》规定的条件。笔者在为某街道办事处申请不可预见费时提供的法律论证,可在此分享给读者,以期抛砖引玉。

在某土地整备项目中,需要对被搬迁人的苗木进行补偿,但苗木补偿标准依据的是2002年颁布的《深圳市征用土地实施办法》(已被修改),被搬迁人认为补偿标准过低,要求提高补偿。街道办事处考虑到被搬迁人对土地整备项目的大力支持,配合程度较高,也有意为被搬迁人争取提高补偿,所以向区土地整备工作领导小组办公室请示(相当于向区政府请示)使用不可预见费。街道办事处向区政府请示前需要法律顾问出具法律意见。笔者在法律意见中,重点论证使用不可预见费以提高苗木补偿是否属于“因事实、技术等不可控因素导致无法在土地整备项目实施方案中预见,但在土地整备项目实施过程中确须支付的费用”,具体论证逻辑如下:

被搬迁人可获得的是对果园果树及园内构筑附属物的补偿,其补偿标准参照《深圳市征用土地实施办法》,而该办法对青苗及地上构筑附属物的补偿标准是定值,这与《深圳市房屋征收与补偿实施办法(试行)》不同,后者规定房屋价值的补偿标准是“不低于类似房地产市场价格”,从而使房屋的补偿价格可以随市场房价、物价水平适时予以调整,能准确反映被征收房屋的价格。青苗的补偿价格因其为定值而与市场价格完全脱钩,不能反映真实的价值。目前对青苗的补偿只能参照《深圳市征用土地实施办法》,但以20年前的物价水平予以补偿,对被搬迁人而言确实有失公平,尤其是当补偿内容只有青苗没有房屋时,其损失更难以弥补。因此“青苗的补偿只能参照《深圳市征用土地实施办法》取定值”这一事实应属于不可控因素；而被搬迁人因此客观上遭受巨大损失这一结果，充分表明该笔费用在实施过程中必须支付，否则既不利于项目推进，也在一定程度上有违实事求是原则。因此，以不可预见费对被搬迁人的果园及园内构筑附属物予以补偿，实际上符合深圳市人民政府办公厅《关于进一步优化土地整备项目管理工作机制的若干措施》中关于不可预见费的使用条件。

（4）业务费包括：①开展土地整备工作所需支付的管理费用。包括办公、会议、交通、差旅、通信、培训、咨询、宣传等费用。②用于土地整备工作的固定资产费用。包括办公场所、交通工具、仪器、设备的购置、租赁、维修、使用等费用。③土地整备工作人员经费。包括人员的工资、津贴、保险、福利、劳务费、协作费等。④对开展土地整备工作成绩突出的单位和个人予以奖励的费用。⑤安置房管理等其他与土地整备工作相关的费用性支出。

土地收购、收回土地使用权、征转地历史遗留问题处理等土地整备项目业务费，按项目实际支付补偿对象费用的2%计提，土地整备业务费纳入日常经费管理，实行部门预算，与土地整备资金分账核算，不得相互混用。

4. 委托各服务机构

街道办事处接到项目任务后，根据工作需要，依据国家、省、市、区招投标及政府采购相关规定，依法依规委托具有相应法定资质的专业服务机构负责测绘、评估、监理、督导、法律服务等工作，光明区的法律服务费用一般按照工作时间、工作人数、工作总量以及同类型项目行业收费标准综合确定。

5. 发布启动通知，项目正式启动

根据《深圳市房屋征收与补偿实施办法（试行）》的规定，房屋征收项目的启动标志是发布《征收提示》，在土地整备项目中，也有类似的文件，通常称为《××项目土地整备工作告知函》，内容与《征收提示》基本一致，应明确需要整备的土地范围，并写明抢种抢建、恶意博取补偿的相关法律后果。发布“启动通知”，标志着土地整备项目正式启动。

（二）搬迁补偿阶段的工作流程及工作内容

搬迁补偿阶段的工作大致分为前期摸底阶段、实施方案编制审批阶段、权属申报及入户测绘和评估阶段、信息核查阶段、协商谈判阶段、协议签订及补偿款支付阶段、权属注销和清拆阶段、土地移交阶段等。下面以轨道13号线（含车辆段）—沿线地块(公明范围)项目(以下简称公明轨道13号线项目)为例,结合《光明区土地整备工作流程实施指引》《光明区土地整备工作议事规则》《光明区土地整备补偿标准实施指引》《光明区土地整备权属核查工作指引》《光明区土地整备技术复核工作指引》《光明区土地整备残值管理工作指引》的相关规定,详细介绍一般土地整备项目搬迁补偿阶段的工作流程及工作内容,见图1。

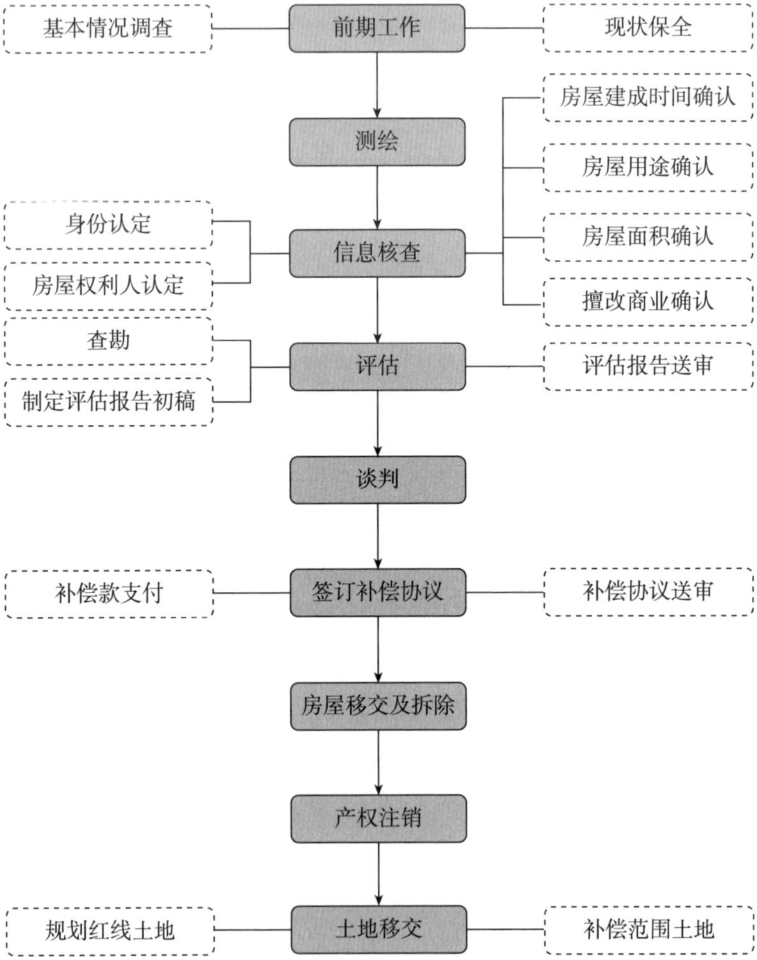

图1　土地整备搬迁补偿总体工作流程

二 搬迁补偿阶段的前期摸底工作

(一)历史文化资源及古树名木等保护线索核查

为了保护历史文化资源和古树名木,项目启动后,街道办事处在开展土地信息查询时,要同步对历史文化资源和古树名木开展保护线索核查。在具体操作上,由街道办事处函请区委、区政府办公室查阅土地整备项目范围及其周边地方志、地名志等相关文献资料;区规划和自然资源分局核查土地整备项目范围内的历史风貌区、历史建筑、传统风貌建筑和工业遗产等历史文化资源以及古树名木和林地;区文化广电旅游体育局核查土地整备项目范围内的文物(含未定级不可移动文物)保护单位及保护范围和建设控制地带线等历史文化资源;区城市管理和综合执法局对土地整备项目范围内的城市树木(含老树、大树、行道树等)的认定工作予以指导和审查,核查涉及古树名木的,应当在征求相关主管部门的处置意见后,按要求落实好保护、利用和管理等工作。

(二)权属信息初步摸底

权属信息核查是搬迁补偿阶段最为重要的一环,需要政府部门与相关权利人的配合,由相关权益人提供资料,街道办事处予以核查。为此,街道办事处需要对项目范围内土地性质、面积、征转地历史遗留问题等土地情况进行摸底,对项目范围内建筑物、地上附着物的产权登记、“两规”[1]申报处理记录、“三规”[2]普查记录、现状用途和历史补偿情况等进行初步摸底,收集项目范围内权利人、承租户、商户、企业的身份或主体信息。

(三)项目范围内优质企业情况摸查

深圳市人民政府大力扶持实体经济的发展,如“光明区连片产业用地项目”就是通过土地整备的方式新增连片产业用地,落实市委、市政府产业空间部署(笔者认为,此类项目的公益属性并非无可争议)。此外,在因交通水利等基础设施建设、教科文卫体等公共事业建设需要而实施的土地整备项目中,也会特别关注重点企业,

---

〔1〕“两规”是指《深圳经济特区处理历史遗留违法私房若干规定》和《深圳经济特区处理历史遗留生产经营性违法建筑若干规定》。

〔2〕“三规”是指《深圳市人民代表大会常务委员会关于农村城市化历史遗留违法建筑的处理决定》。

将土地整备对企业的影响降到最低。

光明区要求,街道办事处需要对项目范围内涉及的上市企业、规模以上工业企业、规模以下工业抽样企业、限额以上批零住餐企业、规模以上服务业企业、国家高新技术企业、高成长科技型企业和重点纳税企业等企业搬迁情况进行摸查,包括企业需搬迁的设备、人员以及企业后续的搬迁计划等。

根据国家统计局公布的统计制度及分类标准,在统计工作实践中有所谓的"四上"企业,这是对达到一定规模、资质或限额的法人单位的一种习惯称谓。"四上"企业包括规模以上工业、有资质的建筑业、限额以上批发和零售业、限额以上住宿和餐饮业、有开发经营活动的全部房地产开发经营业、规模以上服务业法人单位。确定以上法人单位的标准为:(1)规模以上工业:年主营业务收入2000万元及以上的工业法人单位。(2)限额以上批发和零售业:年主营业务收入2000万元及以上的批发业、年主营业务收入500万元及以上的零售业法人单位。(3)限额以上住宿和餐饮业:年主营业务收入200万元及以上的住宿和餐饮业法人单位。(4)规模以上服务业:年营业收入2000万元及以上服务业法人单位,包括交通运输、仓储和邮政业,信息传输、软件和信息技术服务业,水利、环境和公共设施管理业三个门类和卫生行业大类;年营业收入1000万元及以上服务业法人单位,包括租赁和商务服务业、科学研究和技术服务业、教育三个门类,以及物业管理、房地产中介服务、房地产租赁经营和其他房地产业四个行业小类;年营业收入500万元及以上服务业法人单位,包括居民服务、修理和其他服务业,文化、体育和娱乐业两个门类,以及社会工作行业大类。

高新技术企业是指符合《高新技术企业认定管理办法》《高新技术企业认定管理工作指引》《深圳市高新技术企业培育资助管理办法》等相关政策规定的企业。企业可以向深圳市科技创新委员会申报,深圳市科技创新委员会评审通过后会颁发高新技术企业证书,并将名单对外公示,证书有效期3年,凭借高新技术企业证书可以享受税收优惠政策。

(四)预测绘、预评估

街道办事处组织项目测绘、评估机构结合所核查的信息对项目范围内土地、建(构)筑物、附(属)着物、整体装修装饰水平、经营用房现状等进行初步测绘、评估,为土地整备实施方案编制提供数据基础。

(五)现场管控

所谓现场管控,一方面是通过对现场进行拍照、摄像等方式固定建构筑物、地上附着物的状态,查处并杜绝启动通知发布后的抢种、抢建行为;另一方面是为了配合土地整备项目的实施,对项目启动前已经存在的违法建筑开展立案调查。

1. 对抢种、抢建行为的管控

所有征收项目的补偿都需要依据评估的基础数据,所以各类征收项目都会规定评估价值时点(一般土地整备的评估价值时点是启动通知发布之日,房屋征收的评估价值时点是征收决定发布之日),该时点的建(构)筑物、附着物、苗木的价值是补偿的基础。虽然规定了评估价值时点,但评估工作可能在这个时点不能全部完成,需要一段时间开展工作,在这期间,被搬迁人为了获得更多的补偿,可能有抢建、抢种或者改变建筑物内部结构等行为,因此,街道办事处需要加强现场管控,对于项目启动后的抢种、抢建等违法行为,组织街道执法队立案查处。

2. 启动对违法建筑的立案查处工作

《城乡规划法》第 40 条第 1 款规定,在城市、镇规划区内进行建筑物、构筑物、道路、管线和其他工程建设的,建设单位或者个人应当向城市、县人民政府城乡规划主管部门或者省、自治区、直辖市人民政府确定的镇人民政府申请办理建设工程规划许可证。第 64 条规定,未取得建设工程规划许可证或者未按照建设工程规划许可证的规定进行建设的,由县级以上地方人民政府城乡规划主管部门责令停止建设;尚可采取改正措施消除对规划实施的影响的,限期改正,处建设工程造价 5% 以上 10% 以下的罚款;无法采取改正措施消除影响的,限期拆除,不能拆除的,没收实物或者违法收入,可以并处建设工程造价 10% 以下的罚款。

虽然按照《城乡规划法》的规定,只要没有办理规划许可都属于违法建筑,依法应当予以查处,但在深圳高速发展的过程中,因为历史原因,违法建筑数量极其庞大,涉及权利人极多,牵涉的利益面太大。深圳市人民政府针对原特区内和特区外分别出台了有关违法私房和违法经营性用房的若干规定,尝试将某个时间节点之前的违法建筑"合法化",称为"历史遗留违法建筑",以区别于政策出台之后新建的违法建筑。最后一次"合法化"的努力是"三规"的出台,结合该文件以及《深圳市房屋征收与补偿实施办法(试行)》的规定,对于 2009 年 6 月 2 日之前(俗称"0962 前")建设的违法建筑,在土地整备项目中可以参照合法建筑予以补偿,因此,对其一般不开展违建查处工作;对于 2009 年 6 月 2 日之后(俗称"0962 后")新建的违法建筑,部分在建设过程中就被规划土地监察机关发现并责令停工(俗称"查违控停"),成为"烂尾楼",另一部分建成的违法建筑,如果没有土地整备项目,执法部门一般不再主动执法。

考虑到历史原因，执法部门一般不主动查处已经建成的违法建筑，但如果违法建筑被纳入土地整备项目范围内，对违法建筑的立案查处可以为协商谈判工作提供助力，毕竟如果按照违建被行政强制拆除，被搬迁人无法获得任何补偿，这会对被搬迁人造成巨大的心理压力。

根据《行政强制法》第 44 条的规定，对违法的建筑物、构筑物、设施等需要强制拆除的，应当由行政机关予以公告，限期当事人自行拆除。当事人在法定期限内不申请行政复议或者提起行政诉讼，又不拆除的，行政机关可以依法强制拆除；而根据《行政诉讼法》第 46 条的规定，行政相对人直接向人民法院提起诉讼的期限是自知道或者应当知道行政机关作出行政行为之日起 6 个月内，也就是说，对违法建筑从立案到强制拆除至少需要半年。因此，部分区在项目启动后，会同步启动对违法建筑（无论其是建成于“0962 前”还是“0962 后”）的立案查处工作。

搬迁人与被搬迁人的协商谈判是博弈的过程，多数情况下双方的关系一开始是比较友好的，只要双方认为对方还有争取的空间，一般不会剑拔弩张，所以被搬迁人很可能在 6 个月内不提起行政诉讼，而一旦超过复议或诉讼期限，该限拆决定就成为悬在被搬迁人头上的“达摩克利斯之剑”，如果双方迟迟无法就补偿问题达成一致，理论上行政机关可以予以强制拆除。当然，强拆也产生了大量诉讼争议，容后详述。

（六）社会稳定性风险评估及舆情应对工作

因土地整备计划具有优先性，所以笔者认为，在划定土地整备计划范围前，应当广泛征求被搬迁人的意愿，但目前土地整备的政策并没有像城市更新政策一样，有意愿征集阶段。土地整备计划范围是政府部门按照用地规划划定的，在项目启动后，才要求街道办事处对项目范围内被搬迁人的配合意愿进行摸查，并结合摸查结果，委托第三方专业机构对社会稳定性风险出具评估报告，同时制定舆情应对方案。

三 方案编制和报批工作

2018 年之前，土地整备项目没有编制实施方案。2018 年，深圳市人民政府办公厅发布《关于进一步优化土地整备项目管理工作机制的若干措施》，要求各区政府在前期调查摸底的基础上，指定区土地整备实施单位（通常是街道办事处）对列入年度土地整备计划的项目编制实施方案。土地整备项目实施方案应明确以下内容：

（1）项目概况。介绍项目基本情况、范围坐标、整备目的、规划情况等。

（2）项目工作内容及补偿类型。在测绘、评估的基础上，列明项目范围内总用地、已征转土地、未补偿土地、需收回土地等的面积，同时应说明项目范围内涉及建（构）筑物和附着物的类型、面积，青苗及果树的类型、数量等，及其他补偿对象的具体类型。

（3）整备实施方式、补偿原则、标准和项目总资金。整备实施方式需明确采取收回土地使用权、土地收购、征转地历史遗留问题处理等方式中的一种或几种，以及采用的补偿原则、标准、依据。

（4）采用填海（填江）造地、安置房建设方式实施整备工作的，实施方案内容根据工程项目相关管理规定编制。

（5）涉及留用土地安排的，应明确留用土地的选址、规模、规划功能、开发强度、配套设施等内容。其中留用土地位于法定图则未覆盖或未制定法定图则地区，以及需要对法定图则强制性内容进行调整的，实施单位必须开展土地整备规划研究，并纳入实施方案。涉及留用土地的，主要采取土地整备利益统筹模式，与"一般土地整备模式"不同。

（6）明确整备项目完成后的土地验收和移交方案。

（7）需做社会风险评估的项目，在实施方案中应提供相关社会风险评估报告。

街道办事处按照《关于进一步优化土地整备项目管理工作机制的若干措施》的要求编制实施方案后，按程序逐级报送区政府审议。实务中，各区政府会成立区土地整备领导小组作为临时机构，区领导小组审议通过与区政府审议通过有同等效力。

四 正式实施搬迁补偿相关工作

像公明轨道 13 号线项目这种采取"大兵团作战"的案例，在项目正式启动前，区政府会成立项目总指挥部，是名义上的最高决策机构，由区长任指挥长，分管副区长任副指挥长，总指挥部办公室设在区城市更新和土地整备局，是统筹协调机构，办公室主任由城市更新和土地整备局局长担任。

街道办事处会在项目现场设置分指挥部，分指挥部分为功能组和协商谈判小组。功能组通常包括党建与干部考核组、综合协调与宣传组、信息异议及疑难个案处理组、资金保障组、廉政督查组、信息核查与确权组、企业安置协助组、信访维稳组、综合执法组、协议档案（含土地移交）组、清拆组、后勤保障组、服务机构考核组等。协商谈判小组根据项目体量设置若干。功能组成员是从街道抽调的副科级干部，协商谈判小组成员由街道抽调干部、社区工作人员、网格中心工作人员、社区股份公司工作人员以及测绘、测绘监理、评估、评估督导、法务等服务机构的人员组成。

指挥部的工作机制一般包括分级决策机制、疑难个案申报机制、联动协同机制、督办考核机制、服务机构保障机制等。所谓联动协同机制，主要是指打好“土地整备＋执法清拆”组合拳，综合运用政策工具箱，形成合力，攻破重点、难点问题。其他工作机制的基本内容可以从字面含义理解。

五 权益申报阶段

该阶段主要由协商谈判小组工作人员与房屋相关权益人取得联系，并指导权益人按照信息核查工作要求填报权属信息申报表，提供相关身份证明和权属资料，以证明其对房屋享有权益。

在权益申报阶段，相关权益人可能因为项目启动时间、赔偿标准尚未确定，拆赔难度尚不明朗而采取消极态度，抗拒配合申报工作，不提供任何权属材料，同时也不提出明确诉求，给资料收集以及下一步的测绘评估设置障碍。

六 入户测绘阶段

在入户测绘阶段，网格中心工作人员和社区工作人员负责调查房屋权益人信息并联系相关权益人，协商进场测绘的时间，并由测绘公司根据《房产测量规范》《房屋建筑面积测绘技术规范》等相关行业标准完成测绘工作，再交由测绘监理公司复核。测绘结果会形成表格，由测绘公司、测绘监理公司签字后，交由协商谈判小组组长或副组长、街道土地整备部门工作人员、社区工作站工作人员以及社区股份公司工作人员签字确认,最终由权属申报主体签字确认。权属申报主体对测绘结果有异议的,由测绘公司和监理公司进行解释,必要时进行复测。

在入户测绘阶段,除了拒绝权益申报的主体不允许入户测绘外,申报权益主体可能对测绘结果提出各种异议,有些异议有一定依据,有些则单纯为了获取更高的赔偿。因临时建筑和永久性建筑的补偿标准差别较大,而建筑物性质是测绘机构根据测绘规范认定的,因此,测绘阶段最常见、争议也最大的就是临时建筑认定问题。此外还可能提出对女儿墙、化粪池等构筑附属物及隐蔽性工程进行测绘。

七 信息核查阶段

这一阶段是第一个矛盾集中暴露的阶段,也是法律关系最为复杂的阶段,权属核查和确认工作鲜明地体现了法律关系“民行交叉”的特点,不但涉及基础民法,还涉及土地管理法律、房产管理法律、深圳土地特殊政策处理等复杂的法律适用问题。同时,在实务操作中,由于房屋建成年代比较久远,当时的法律制度不健全,导致房屋权属证明材料欠缺,还可能存在层层转让、私自改扩建等,需要综合适用《民法典》物权制度、合同制度等。

信息核查阶段主要的工作包括项目范围内地籍核查、房屋产权信息核查、房屋建设信息核查、当事人身份户籍核查等。其中,房屋产权信息核查涉及被搬迁人的确定问题,其他信息核查涉及被搬迁人的补偿标准问题。在土地整备项目中,搬迁人一般会制定《信息核查工作指引》,用以明确本项目的信息核查程序以及相关信息认定的实体规则。本部分主要介绍信息核查程序,在信息认定方面,本部分主要介绍与被搬迁人确定相关的问题,至于被搬迁人的补偿标准问题,将在第九部分“搬迁补偿”中详细介绍。

(一)信息核查程序

1. 项目范围地籍核查

以街道办事处的名义向市规划和自然资源局区管理局申请核查项目范围地籍信息,包括土地权属信息、征转地信息、已出让宗地信息、返还用地信息等。市规划和自然资源局区管理局完成核查后,书面反馈至街道办事处,提供项目范围地籍信息 CAD 图。

街道办事处根据市规划和自然资源局区管理局核查情况并结合办事处其他项目已补偿图斑情况对项目范围内的地籍信息进行补充，形成项目范围最终地籍信息CAD图。

2. 房屋产权信息核查

根据市规划和自然资源局区管理局地籍信息核查结果，项目范围涉及房屋所有权证、房地产证、不动产权证书等房地产权属证书的，项目部依据市规划和自然资源局区管理局的核查资料，以街道办事处的名义向市不动产登记中心申请核查项目所涉及房地产权属证书的相关登记信息。不动产登记部门完成核查后书面反馈至街道办事处。

3. 权益人申报

项目部张贴搬迁公告，相关权益人（若已婚则为夫妻双方）根据测绘编号填写房屋权属信息申报表进行权属申报，项目部收集相关资料并核对原件，在复印件上加盖“与原件相符”印章并签字，同时现场核对申报信息与房屋现状是否一致。

权属申报时需提供的资料包括：

（1）身份证明资料。自然人：被搬迁人身份证、户口簿、婚姻登记证件或当事人婚姻登记档案、护照或港澳台同胞身份证件等；法人：营业执照/统一社会信用代码、法人证明书及身份证复印件、授权委托书及委托代理人身份证复印件等。

（2）土地权属（来源）证明资料。土地租赁合同、土地使用权转让合同、土地使用权出让合同、集体土地使用证、国有土地使用证、县级以上地方政府用地批文等。

（3）房屋权属证明材料。房屋所有权证、房地产证、不动产权证书、“两证一书”、历史遗留违法私房申报收件回执（以下简称“两规”申报回执）、深圳市农村城市化历史遗留违法建筑普查申报收件回执（以下简称“三规”普查回执）。

这里所谓的“两证一书”，不是指建设用地规划许可证、建设工程规划许可证、国有土地上商品房建设所应取得的用地预审与规划选址意见书，而是指原宝安县根据1989年颁布的《城市规划法》第31条和第32条颁发的建设用地规划许可证和建设工程规划许可证，以及根据1991年《广东省土地管理实施办法》（已失效，下同）第20条、第21条颁发的用地批准通知书。

所谓“两规”申报回执，是指历史违建建设者就符合“两规”住宅用途的私房和经营性房屋向规资部门申报后取得的回执。

根据《深圳经济特区处理历史遗留违法私房若干规定》(已被修改)的规定,在1999年3月5日以前违反法律法规所建的私房,违法私房建房者可以就所建违法私房向规划国土资源部门申请,规划国土资源部门应予以登记造册。可确认产权的违法私房,建房者按本规定补办有关手续,接受处理后,房地产登记机关确认产权,发放房地产证书。但有相当一部分私房建房者只是向国土资源部门申报,未补缴地价和罚款,所以没有最终确认权属,因此违建私房建房者手中只有"两规"申报材料,没有房地产证。

可以申报"两规"的私房包括:①原村民非法占用国家所有的土地或者原农村用地红线外其他土地新建、改建、扩建的私房;②原村民未经镇级以上人民政府批准在原农村用地红线内新建、改建、扩建的私房;③原村民超出批准文件规定的用地面积、建筑面积所建的私房;④原村民违反一户一栋原则所建的私房;⑤非原村民未经县级以上人民政府批准单独或合作兴建的私房。所谓"原村民",是指特区内截至1993年1月1日、特区外截至2003年10月29日公安机关登记在册并参加本村劳动分红的农村集体经济组织成员;一户一栋原则中的"一户",是指特区内截至1993年1月1日、特区外截至2004年3月31日公安机关登记在册并参加农村集体经济组织劳动分红的户籍单位。

根据《深圳经济特区处理历史遗留生产经营性违法建筑若干规定》,1999年3月5日以前违反规划、土地等有关法律法规的规定,未经规划国土资源部门批准,未领取建设工程规划许可证,非法占用土地兴建的工业、交通、能源等项目的建筑物及生活配套设施,可以在缴纳罚款并补缴地价后确认产权,发放不动产权证书,但部分违法建筑行为人未缴纳罚款和地价,故只有"两规"申报材料,没有房地产证。

所谓"三规"普查回执,是指根据"三规"的规定,市政府对全市违法建筑进行全面普查,违法建筑建设当事人或管理人按照普查工作要求向违法建筑所在街道办事处申报,取得的回执。

无论是"两规"申报回执还是"三规"普查回执,都不是"权利人享有该不动产物权的证明",但是在土地整备项目中,可以表明申报人至少曾经享有该物业的控制权。尤其是"两规"申报回执,在深圳市光明区连片产业用地项目——凤凰牛场周边地块(以下简称凤凰牛场项目)之前,几乎被当作不动产权证使用,因为按照"两规"申报后,申报人缴纳地价和罚款后是可以获得房地产证的。"三规"普查回执在土地整备中的效力比“两规”申报回执低一些，因为前者申报后，最终并没有办理确权，直到2019年才仅就“历史遗留产业类和公共配套类违法建筑”出台了新的处理办法，经营性房屋才有了确权的可能。

(4)房屋来源证明材料。继受取得的房屋，需提供房屋买卖合同、赠与协议、以物抵债协议等房屋让与协议，购房款支付流水或房款付款凭证等；自建房的，须提供集资建房合同、建设工程合同等房屋建设证明。

(5)房屋实际占有使用的证明材料。水、电、物业、网费的费用缴纳凭证等居住证明文件，租赁合同、租赁备案凭证、租赁税费缴纳凭证以及物业公司出具的相关证明(如有)。

(6)生产经营证明。营业执照、纳税证明、特许经营证明、租赁合同、商业水电缴费证明等生产经营证明。

(7)其他特殊情形需提供相应权属证明。

4. 权属申报信息公示

指挥部对申报人的申报信息进行整理，形成一览表，在项目现场、所在社区公告栏上进行公示，公示期一般不少于7天。

5. 相关部门进行信息核查

因一般土地整备项目的搬迁补偿标准基本遵循《深圳市房屋征收与补偿实施办法(试行)》的规定，故需要核查一些影响补偿的因素，如房屋建成时间、被搬迁人配偶和子女是否享受过安置房优惠政策、“两规”“三规”申报处理情况、是否享受过安置房情况、土地和房屋是否存在已完成征转及补偿情况等。指挥部负责信息核查的功能组会同意发函至相关行政主管部门进行核查。

6. 初步确权与公示

信息核查与确权组汇总各部门及单位核查意见以及权属证明材料、身份证明材料等，形成初步权属信息核查结果，并在现场及所在社区公告栏内进行公示，公示期不少于3天。

被搬迁人不明确等特殊情形，需在公众媒体进行公示的，由指挥部(街道办事处土地整备中心代章)负责在《深圳商报》等深圳市属报纸上公示。

7. 异议处理与权属认定

利害关系人对公示结果有异议的，应在公示期内书面提出重新核查信息的申请，同时提供有效证明文件，承担异议举证义务。信息核查与确权组对异议事项进行复核,利害关系人无法提供有效证明文件的不予处理。

经复核,维持原认定结果的,书面回复异议提出方;确需改变原认定结果的报信息异议及疑难个案处理组研究,经批准后重新公示。

8. 权属认定成果

公示3天后无异议的,指挥部根据公示结果形成被搬迁人房屋权属认定结果。权属认定结果一般需要经办人审核并盖章,协商谈判小组经办人、副组长、组长以及法律顾问代表审核并签字,最后加盖街道办事处土地整备中心及街道办事处公章。

(二)“被搬迁人确定”的实体规则

在土地整备项目中,“确定被搬迁人”通常称为“确权”,其与民事诉讼领域“确权之诉”中的“确权”不完全相同:“确权之诉”中的“确权”是指“因物权的归属、内容发生争议,利害关系人请求确认权利”,是对“物权”的确认;而土地整备项目中所谓的“确权”,除确认被搬迁房屋的“物权”归属外,还包括被搬迁房屋“搬迁补偿权益”的归属。“物权归属”与“搬迁补偿权益归属”既有区别也有联系:对于有证房屋而言,通常情况下,享有物权的主体享有搬迁补偿权益,“物权人”通常也是“搬迁补偿对象”,但也有例外;对于无证房屋而言,法律意义上的“物权人”可能不是“搬迁补偿对象”,或者没有法律意义上的“物权人”,但也可确定“搬迁补偿对象”。二者的区别至关重要,凤凰牛场项目中,法院与搬迁人(凤凰街道办事处)对“确权”含义的不同理解,是导致凤凰街道办事处在行政诉讼中败诉的重要原因之一,该案对土地整备中的“确权规则”的理解有重大意义,案情及分析将在第四章详细介绍。

1. 所涉及的法律法规

(1)确定房屋“物权归属”的相关法规:《民法典》、最高人民法院《关于适用〈中华人民共和国民法典〉物权编的解释(一)》、《不动产登记暂行条例》、《不动产登记暂行条例实施细则》、《深圳经济特区房地产登记条例》、最高人民法院《关于审理涉及国有土地使用权合同纠纷案件适用法律问题的解释》、最高人民法院《关于审理建筑物区分所有权纠纷案件适用法律若干问题的解释》等。

(2)确定土地使用权归属的相关法规:《土地管理法》《土地管理法实施条例》《城镇国有土地使用权出让和转让暂行条例》《深圳经济特区土地使用权出让条例》《广东省集体建设用地使用权流转管理办法》等。

(3)确定房屋“搬迁补偿权益”的相关法规:《第八次全国法院民事商事审判工

作会议(民事部分)纪要》(以下简称《八民纪要》)、《全国法院民商事审判工作会议纪要》(以下简称《九民纪要》)、《深圳经济特区处理历史遗留违法私房若干规定》、《〈深圳经济特区处理历史遗留违法私房若干规定〉实施细则》、《深圳经济特区处理历史遗留生产经营性违法建筑若干规定》、《〈深圳经济特区处理历史遗留生产经营性违法建筑若干规定〉实施细则》、《深圳市人民代表大会常务委员会关于农村城市化历史遗留违法建筑的处理决定》,以及各区的"两规""三规"处理办法;在判断各种登记证能否作为权益证明资料时,还会涉及很多已经失效的法规,如《广东省城镇房屋登记办法》《广东省城镇房屋登记办法的补充规定》《广东省土地管理实施办法》《城市房屋权属登记管理办法》等。

2. 有证房屋权属确认的一般规则

土地整备项目中有证房屋的权属确认有六种情形:

(1)证载权利人与申报人(实际权利人)一致。此种情形最简单,按照《民法典》和相关不动产登记法规,以证载人为被搬迁人即可。

(2)不动产登记簿与不动产权属证书记载的事项不一致。根据《民法典》第217条的相关规定,除有证据证明不动产登记簿确有错误外,以不动产登记簿为准。

(3)实际权利人与证载权利人不一致,双方对房屋补偿权益存在争议,且无司法机关或行政机关的生效法律文书佐证,这是最棘手的一种情形。笔者认为在认定被搬迁人时要兼顾三个问题:其一,确权的合法性问题(实际是否有权利);其二,能否顺利进行权属注销;其三,能否顺利腾空交房。

笔者搜集了大量的司法案例,深入研究后认为,无论房屋是不是商品性质,因房屋转让(包括有偿和无偿)或拆除重建、违法加建而导致证载权利人与实际权利人(包括但不限于申报人,下同)不一致的,实际权利人与证载权利人完成产权变更登记,或实际权利人能够保证证载权利人配合权属注销的,认定实际权利人为被搬迁人;如证载权利人不配合实际权利人进行权属注销的,原则上以证载权利人作为被搬迁人。分析论证过程如下:

如果是商品性质的红本房产证,出现证载权利人与实际权利人不一致的情况,表明登记错误,或应当变更登记而未变更。如果登记错误,根据《民法典》第220条可以申请更正登记,所以可直接以实际权利人为被搬迁人;如果应当变更登记的义务没有履行,则:①如果证载权利人与实际权利人一致同意房屋给实际权利人,只是还没办理变更登记,则由于该房屋要被拆除,就不需要再办理一次过户,可以直接通过签订搬迁补偿协议的方式给实际权利人,权属注销时证载权利人予以配合。②如果证载权利人与实际权利人就权属有争议,则确权给实际权利人时,证载权利人如果对搬迁补偿协议提起行政诉讼,法院可能会以民事诉讼的结果为前提,而民事诉讼中,法院是否会判决履行变更登记手续尚未可知,且后期权属注销会因为证载权利人不配合而变得非常困难,所以原则上以证载权利人为被搬迁人的风险较小。

如果是非商品性质的绿本房产证,则:①若证载权利人不配合,后期产权注销难度会很大,所以必须要求实际权利人取得证载权利人配合注销的承诺,否则原则上以证载权利人为被搬迁人。②若证载权利人配合,确权给实际权利人虽然不存在权属注销和腾空交房的问题,但是需解决“变相允许绿本房转让”的问题。对此,笔者经研究后认为,可以从债权转让和合同履行的角度分析,具体而言:

绿本房让与合同司法实践的通行观点是,“限制转让”不是法律、行政法规的规定,所以转让合同不违反法律、行政法规的强制性规定,合同是有效的,但在一般情况下不能履行。在此前提下:

第一,将绿本房确权给实际权利人(通常是买受人),从价值论的角度,符合诚实信用原则,而且不违背公序良俗。

第二,从法律关系分析的角度,在土地整备中,绿本房本身无论是在拆除之前还是拆除之后,自始至终都没有完成物权变动,所以不存在“变相允许绿本房转让”的问题。至于产权调换后的房屋为什么可以归买方所有,可以从“债权转让”的角度解释,即卖方享有绿本房的所有权,从而享有对搬迁人的债权(要求搬迁人产权调换),卖方因对买方负有变更登记的义务,因而将其对搬迁人的债权转让给买方,从而由买方享有对搬迁人的请求权,请求权的实现即取得产权调换后的房屋。

(4)法院判决导致证载权利人与实际权利人不一致。根据《民法典》第229条,以判决确定的人为被搬迁人。

(5)因离婚导致证载权利人与实际权利人不一致。根据《民法典》第1087条,以法院关于离婚的生效法律文书或民政部门备案的离婚协议等判断被搬迁人。

(6)因被搬迁房屋发生继承、遗赠而导致证载权利人与实际权利人不一致的,以继承人为被搬迁人;继承人就财产分割达不成一致的,以全体继承人为被搬迁人。

3. 未办理产权登记房屋权益确认的一般规则

(1)离婚的,原则上以离婚协议约定的人为被搬迁人;

(2)发生继承的,根据遗嘱、遗赠、法定继承关系确定被搬迁人;

(3)法院判决的,以判决确定的人为被搬迁人;

(4)有"两规"申报或"三规"申报,原则上以"两规"申报、"三规"申报普查申报人为被搬迁人,但这不是唯一的权属证明资料,在凤凰牛场项目中,搬迁人因只认"三规"申报而被法院确认违法,该案例容后详述;

(5)"两规"申报人、"三规"申报人明确放弃权属,且权属申报人对标的房屋实际享有占有、使用、收益、处分权利的,以申报人为被搬迁人;

(6)没有"两规""三规"申报记录的,以申报人为被搬迁人。

八 进场评估

(一)评估工作依据

土地整备的评估工作依据除土地方面的法律、行政法规、规章和规范性文件外,还包括评估的技术规范参考标准,如中华人民共和国国家标准《房地产估价规范》《房地产估价基本术语标准》《中国资产评估准则》等。

(二)估价方法的选择和适用

1. 住宅类房屋估价方法

住宅类房屋主要采取以下几种方法进行估价:

(1)比较法

①直接比较法:以同一供求范围内住宅市场交易价格为依据,采用比较法进行估价测算得到被搬迁住宅的比较价值。

②间接比较法:由于市场交易实例较少,可以以同一供求范围内的普通商品房的市场价格为依据,先建立价格比较基础(扣减普通商品房与被搬迁住宅在配套、园林景观、结构、使用年期、容积率等方面的价格差异后),再进一步采用比较法进行评估测算得到假设完全产权下被搬迁房屋的评估价值。

(2)成本法

①土地的重新购建价格为比较法与基准地价修正法测算结果的加权值,建筑物的重新购建价格为住宅的建筑物重置成本减去折旧。房地相加即可得到假设完全产权下的住宅的成本价值。

②土地的重新购建价格可采用剩余法测算得出,即以普通商品房的市场价格减

去普通商品房建筑物的建安成本、小区配套、园林景观，以及管理费、利息、利润、税费等，得出土地市场价格。

(3)收益法

以住宅市场租金收益为依据，采用收益法进行估价，得到住宅的收益价值。

2. 工业类房屋的估价方法

工业类房屋主要采取以下几种方法进行估价：

(1)比较法

以同一供求范围内的厂房市场价格为依据，采用比较法进行估价，测算被搬迁房屋的比较价值。

(2)成本法

采用房地分别评估的方法。土地的重新购建价格为市场法与基准地价修正法测算结果的加权值，建筑物的重新购建价格采用厂房的建筑物重置成本减去折旧。房地相加即可得到假设完全产权下厂房的成本价值。

(3)收益法

以厂房市场租金收益为依据，采用收益法进行评估，得到厂房的收益价值。

无论是对住宅的评估还是对厂房的评估，也无论是采用比较法、成本法还是收益法，得出被搬迁房屋的评估价值后，都要按照补偿方案的规定，扣减相关费用后，得到被搬迁房屋的权益价格。

(三)评估工作流程

1. 预约评估进场清点

谈判小组工作人员预约被搬迁人入场测绘及评估清点，主要负责现场清点补偿方案未固化标准的果树、苗木、临建二次装修、临建搬迁费；被搬迁人对房屋二次装修、搬迁费固化标准有异议的，在其提出书面申请后按照评估进场实际清点确定的价值给予补偿。

2. 清点数据整理复核

各组工作人员完成预约被搬迁人入场评估清点工作后，评估工作人员对二次装修、机器设备及货物，果树及青苗等及时制作评估现场清点表，经复核整理后由被搬迁人签字确认。

3. 制作补偿方案表并提交审核

各组评估工作人员根据测绘告知单、信息核查确认结果、评估清点表等，按照补偿方案各项补偿标准制作搬迁安置补偿方案表，并经评估督导复核后给予各组工作人员。

4. 现场评估内容答疑

各组内工作人员现场谈判时被搬迁人对补偿呈批表的补偿内容提出疑问的，由评估工作人员根据补偿方案进行解释工作。

5. 根据谈判进度出具正式评估报告

各组内被搬迁人签订补偿协议后，由组内工作人员收集测绘正式报告、权属信息核查结果、权属信息核查公示、评估清点表等评估资料出具正式评估报告。

九 搬迁补偿

（一）关于房屋搬迁补偿规定的解析

一般土地整备的搬迁补偿内容及标准的核心依据是《深圳市房屋征收与补偿实施办法（试行）》第三章。根据《深圳市房屋征收与补偿实施办法（试行）》的相关规定，搬迁补偿项目包括房屋主体补偿、其他补偿、奖励。其他补偿包括室内装饰装修补偿、搬迁补偿、临时安置补偿、停产停业补偿等。补偿方式有货币补偿、产权调换、货币补偿与产权调换相结合等。

1. 房屋主体补偿

根据《深圳市房屋征收与补偿实施办法（试行）》的规定，被搬迁房屋为住宅房屋的，被搬迁人可以选择货币补偿、产权调换、货币补偿与产权调换相结合的方式进行补偿。被搬迁房屋为非住宅房屋以及房屋以外的构筑物、其他附着物等实行货币补偿。无论是产权调换还是货币补偿，对被搬迁房屋价值的补偿，不得低于评估价值时点被搬迁房屋类似房地产的市场价格。具体补偿标准与被搬迁人身份、是否符合"一户一栋"以及房屋建成时间有关，容后详述。

2. 搬迁费补偿

按照《深圳市房屋征收与补偿实施办法（试行）》的规定，住宅、厂房、办公类被搬迁房屋的搬迁费补偿标准为40元/平方米，商业类被搬迁房屋的搬迁费补偿标准为60元/平方米。被搬迁人不同意参照搬迁费标准的，可以委托具备法定资质的评估机构对须搬迁的生活用品、办公用品、机器设备和库存产品的搬迁费用进行评估。不能搬迁或者拆除后无法恢复使用的，按评估确定的重置成新价给予补偿（俗称"买断”），但实务中，买断需经指挥部开会研究决定，不轻易采用“买断”方式。

3. 临时安置费补偿

按照《深圳市房屋征收与补偿实施办法（试行）》的规定，实行产权调换的住宅房屋，参照同类房屋市场租金按月支付临时安置费，支付临时安置费的计算期限为，自搬迁之日至产权调换房屋交付使用之日，另外再加 3 个月装修期临时安置费。实行产权调换的非住宅房屋，支付临时安置费的计算期限为，自搬迁之日至产权调换房屋交付之日，另外再加 6 个月装修调试期安置费。实行土地置换的非住宅房屋，支付临时安置费的计算期限为，自搬迁之日至被征收人与政府签订土地出让合同之日，另外再加 12 个月临时安置费。

过渡期限从房屋征收补偿协议签订后的搬迁之日起按照 36 个月计算。延长过渡期限的，应当自逾期之月起增发临时安置费。逾期 1 ~ 3 个月时按原临时安置费标准增发 50%，逾期 4 ~ 8 个月时按原临时安置费标准增发 70%，逾期 9 个月以上时按原临时安置费标准增发 100%。

实行货币补偿的，给予 3 个月市场租金的临时安置费。

被征收人使用征收人提供的周转房的，征收人不支付临时安置费。

4. 停产停业补偿

住宅用途房屋和经营性用途房屋都可能用于经营用途，而物业拆除会造成房屋不能继续用于经营而产生停产停业损失。参照《深圳市房屋征收与补偿实施办法（试行）》的规定，被搬迁物业为住宅用途物业的，被搬迁人能提供与评估价值时点间隔 3 个月以上时间有登记、备案凭证的房屋租赁合同的住宅房屋，按市场租金给予 6 个月的一次性租赁经营损失补偿。无登记、备案凭证的房屋租赁合同的出租住宅房屋，不给予租赁经营损失补偿。

被搬迁物业为经营性房屋，因物业拆除而停产、停业的，根据被征收房屋的区位和使用性质，按照下列标准给予一次性停产停业补偿费：能依据完税证明提供利润标准的，给予 6 个月税后利润补偿；不能提供利润标准的，按上年度同行业月平均税后利润额计算或者按同类房屋市场租金，给予 6 个月的补偿。

被搬迁物业为加油站、码头、矿山、采石场等特许经营项目的房屋及构筑物、其他附着物的，停产停业补偿费以经营期内税后平均利润或者行业平均税后利润为标准，许可证剩余期限超过 36 个月的按 36 个月计算，不足 36 个月的按实际月数计算。

5. 擅改经营性用途补偿

经营性用途房屋比非经营性用途房屋的市场租金更高，而停产停业是以房屋原本用途对应的市场租金计算的，如果被搬迁物业原产权性质是非经营用途或工业用途，但业主未经规划国土部门批准而擅自改为经营用途，且取得了营业执照（政府有关部门已经认可其合法经营），只按照原本用途的市场租金补偿停产停业损失，不足以弥补其租金差额，故另外给予擅改经营性用途补偿。补偿标准为：

（1）能提供与评估价值时间间隔3年以上营业执照的，补偿=（现经营性用途房屋租赁市场租金－原用途房屋租赁市场租金）×擅改部分建筑面积×36个月（3年）。

（2）能提供与评估价值时间间隔不到3年的营业执照的，补偿=（现经营性用途房屋租赁市场租金－原用途房屋租赁市场租金）×擅改部分建筑面积×间隔月份（不足1个月的按1个月计算）。

（二）影响房屋补偿价格的因素

影响房屋主体补偿的因素有房屋用途、房屋建成时间、权利人户籍和婚姻情况等。

1. 房屋用途认定及其对补偿的影响

（1）房屋用途认定方式

《深圳市房屋征收与补偿实施办法（试行）》第27条规定，被征收房屋用途的认定，以房地产权证书、房地产登记簿记载的面积和用途为准；但房地产权证书记载与房地产登记簿记载不一致的，以房地产登记簿记载为准。房地产权证书、房地产登记簿未记载或者记载不明的，可以根据合法有效的规划证明文件认定房屋用途。按照上述规定仍然无法确认房屋用途的，如何认定房屋用途，《深圳市房屋征收与补偿实施办法（试行）》没有明确规定。实务中，各个土地整备项目会在信息核查指引文件中规定房屋用途的认定标准。

龙华区某土地整备项目的《信息核查工作指引》规定，未办理产权登记房屋综合考虑现状用途、房屋结构、周边房屋用途、历史遗留违法建筑普查申报信息、水电开户缴费清单、建设报建资料、土地使用功能等因素进行认定。现状为独栋住宅，周边无其他住宅，均为工业区的，原则上应提交的材料包括但不限于建设报建资料、历史遗留、违法建筑普查申报信息、网格中心登记信息、社区工作站及股份合作公司证明、水电开户性质等。

光明区土地整备工作领导小组办公室印发的《光明区土地整备权属核查工作指

引》规定,没有合法有效规划证明文件的房屋,优先依据用地资料、报建批准文件、复工许可证认定;仍不能认定被搬迁房屋用途的,由街道办事处组织测绘、测绘监理、评估等专业机构依据房屋建设时的土地性质、现状功能、设计功能、建筑结构、现状实际用途、测绘成果等因素综合认定。

由上可见,对于无证房屋以及没有合法规划证明文件的房屋,房屋用途认定一般有两种方式,一种倾向于以土地性质确定房屋用途,如工业用地上建成的房屋,原则上认定为工业(厂房),如果擅自改为经营性用途的,给予"擅改商"补偿,但并不改变建筑物本身用途。另一种倾向于以房屋本身确定房屋用途,依据房屋设计功能、建筑结构、现状实际用途、被搬迁人申报信息等资料综合分析,确定房屋用途。

(2)房屋用途对补偿价格的影响

根据《深圳市房屋征收与补偿实施办法(试行)》第24条的规定,只有住宅类房屋可以采取货币补偿、产权调换以及产权调换与货币补偿相结合的补偿方式,其他非住宅房屋(如厂房、宿舍、商业等)和房屋之外的构筑附属物只能实施货币补偿。

非住宅房屋的补偿标准也有所不同,按照《深圳市房屋征收与补偿实施办法(试行)》附件的规定,非住宅房屋货币补偿的标准是"被征收房屋价值-罚款-地价",但不同用途的被补偿房屋评估确定的价值不同。在光明区某项目中,某业主的房地产证载明,土地用途是"办公、商业",但房屋用途是"办公",即使实际是商业用途,也只能按照办公用途赔偿,办公用途与商业用途的赔偿标准每平方米可能存在10,000~20,000元的差距。

2. 房屋建成时间认定及其对补偿的影响

(1)建成时间的认定

被搬迁房屋已办理产权登记,经核查属实且不存在重建的,依据权属证明材料认定房屋建成时间。

被搬迁房屋未办理产权登记的,一般由街道办事处规划土地监察部门认定房屋建成时间,有无查违记录、加建、扩建、重建、新建情况;街道办事处规划土地监察部门无法认定的,由街道办事处规划土地监察部门提请区规划土地监察部门结合查违记录、历史遗留违法建筑申报及处理记录、地形图、航拍影像图等资料,综合认定房屋建成时间,有无查违记录、加建、扩建、重建、新建情况。但仍可能因卫星影像图、航拍图、地形图等模糊或信息缺失等,区土地规划监察局核查后仍难以确定建筑物的具体建成时间。

(2)建成时间对补偿的影响

对于有证且没有加建、改建或拆除重建的,建成时间不影响补偿结果,但对于无证房屋或者虽然有证但房屋存在加建、改建或拆除重建的,建成时间对补偿结果则有重大影响。

根据《深圳市房屋征收与补偿实施办法(试行)》第33条的规定,未经产权登记的建筑,属于"三规"第2条规定的范围,尚未进行处理的,对经区规划土地监察机构审查属于依法应当拆除或者没收的历史遗留违法建筑,不予补偿。"三规"第2条规定的范围是指"农村城市化历史遗留违法建筑",具体包括:①原村民非商品住宅超过批准面积的违法建筑;②1999年3月5日之前所建的符合"两规"处理条件,尚未接受处理的违法建筑;③1999年3月5日之前所建不符合"两规"处理条件的违法建筑;④1999年3月5日之后至2004年10月28日之前所建的各类违法建筑;⑤2004年10月28日之后至本决定实施之前(2009年6月2日)所建的除经区政府批准复工或者同意建设外的各类违法建筑。此外,"三规"第9条还规定,非法占用已完成征、转地补偿手续的国有土地,严重影响城市规划,又不能采取措施加以改正的违法建筑应当依法拆除。

根据上述规定,如果房屋建成于"0962前",即使没有取得规划许可,也属于历史遗留违法建筑,在一般土地整备项目中,在产权调换面积方面,可以参照《深圳市房屋征收与补偿实施办法(试行)》第25条对合法建筑的补偿标准予以补偿,只是罚款和补缴的地价更多;而在"0962后"建成的违法建筑属于典型的违法建筑,根据《城乡规划法》的相关规定,规划土地监察部门可以作出限期拆除或没收的行政处罚决定,而一旦作出处罚决定,根据《深圳市房屋征收与补偿实施办法(试行)》第33条的规定,在土地整备中完全不予补偿。因此,对于无证房屋,建成于"0962前"还是"0962后",对补偿有决定性影响。这也是为什么在深圳"0962"这个时间节点如此重要,在此之前建成的房屋,相当于"准合法建筑",因为在土地整备(房屋征收)中的产权调换方面是参照合法建筑补偿的。

3. 权益人户籍和婚姻情况认定及其对补偿的影响

(1)"原村民"与"非原村民"

关于原村民的法规政策规定最早可见于2002年3月1日施行的《深圳经济特区处理历史遗留违法私房若干规定》(已被修改),该规定第2条第2款将原村民定义为:特区内截至1993年1月1日公安机关登记在册并参加本村劳动分红的农村集体经济组织成员。此后,2006 年 6 月 19 日施行的《深圳市原村民非商品住宅建设暂行办法》第 4 条第 2 款将原村民定义为:公安机关登记在册(特区内截至 1993 年 1 月 1 日、特区外截至 2003 年 10 月 29 日)并参加本村劳动分红的农村集体经济组织成员。

根据这两个规定可知,原村民的认定包括以下两个要素:一是特定截止时间内在公安机关登记在册。特区内为 1993 年 1 月 1 日,特区外为 2003 年 10 月 29 日。二是必须是参加本村劳动分红的农村集体经济组织成员。两个要素缺一不可。

法规把特定时间截止之日公安机关登记在册作为原村民认定的要素,其原因在于:深圳市分别在 1992 年进行了特区内"统征"和 2003 年特区外"统转"。按照立法者的构想,经过"统征"和"统转"之后,村民转变为居民,即 1993 年 1 月 1 日和 2003 年 10 月 29 日这两个时间点之前才存在村民。

法规政策将参加本村劳动分红作为认定要素,其原因在于:除在特定时间在公安机关登记在册外,仍有大量非原村民的外来户、空挂户等,不能加以区分。且从本质上讲,原村民的权益来源于此前其作为村民,作为农村集体经济组织的成员,所享有的集体土地权益份额。城市化将村集体土地征(转)为国有后,农民失去了赖以生存的土地,为保障原村民的生活和后续发展,须为其保留宅基地的居住权益以及非农建设用地发展等一系列的权益。

法规采用统一标准划定原村民范围,是基于城市化过程中"统征"和"统转"农村集体土地的普适性原则,但"一刀切"的做法难以做到全面和公平,比如,非自身因素的户籍迁出问题,法规对此并未纳入,导致实施过程中存在不公平结果。基于此,《〈深圳市人民代表大会常务委员会关于农村城市化历史遗留违法建筑的处理决定〉试点实施办法》(已失效)第 13 条第 2 款作出了例外规定,原符合该实施办法规定,因升学、就业、婚嫁、服兵役等原因户籍已迁国内其他地方的,对在其原籍所在原农村集体经济组织范围内所建的历史遗留违法建筑进行处理时,仍适用原村民相关处理规定。这说明,市政府已经意识到原村民认定标准的局限性,给出了适用原村民规定的意见。

(2)从"一户一宅"到"一户一栋"

《土地管理法》第 62 条规定,农村村民一户只能拥有一处宅基地,其宅基地的面积不得超过省、自治区、直辖市规定的标准,这就是所谓的"一户一宅"的政策来源。

《深圳市宝安、龙岗区规划、国土管理暂行办法》第 48 条规定,两区农村的非建设用地范围,由派出机构划定。农村居民住宅用地的标准为每户基底投影面积不超过 100 平方米。《深圳市原村民非商品住宅建设暂行办法》规定,原村民居住用地的基底面积不得超过100平方米，住宅建筑面积不得超过480平方米；符合原农村宅基地或者非农建设用地标准的停止施工的建筑物，建筑面积超过480平方米的必须按现有高度封顶，不得加建；已建建筑面积超过480平方米的，按照有关法律、法规规定予以罚款、没收或者限期拆除。自此，国家层面的“一户一宅”在深圳落实为“一户一栋”。

（3）“一户一栋”在土地整备（房屋征收）中的补偿情况

《深圳市房屋征收与补偿实施办法（试行）》第25条第3款和第33条第1款规定了在房屋征收工作中，对涉及“一户一栋”建筑的补偿方式和标准，可总结为符合“一户一栋”的补偿方式（见表1）和不符合“一户一栋”的补偿方式（见表2）两种。

表1　符合“一户一栋”的补偿方式

<table>
<tr><td rowspan="2">是否取得权属证书</td><td colspan="2">补偿方式</td></tr>
<tr><td>480平方米以内部分</td><td>480平方米以上部分</td></tr>
<tr><td>取得非商品性质产权证书（第25条第3款第1项）</td><td>1. 480平方米产权调换；不足480平方米的差额部分成本价购足。
2. 货币补偿（以480平方米计算房屋价值并扣减10%基准地价）</td><td>货币补偿（超出部分价值扣减10%公告地价后）</td></tr>
<tr><td>未取得非商品性质产权证书（第33条第1款第1项）</td><td>同上</td><td>货币补偿（缴纳地价和相应罚款后）</td></tr>
</table>

表2　不符合“一户一栋”的补偿方式

<table>
<tr><td>不符合“一户一栋”的原因</td><td>是否取得权属证书</td><td colspan="2">补偿方式</td></tr>
<tr><td rowspan="4">非原村民</td><td rowspan="2">取得非商品性质产权证书</td><td>150平方米以内部分</td><td>150平方米以上部分</td></tr>
<tr><td>1. 产权调换；
2. 货币补偿：按照被征收房屋的价值扣减10%的公告基准地价予以补偿</td><td>货币补偿：被征收房屋的价值－10%公告基准地价</td></tr>
<tr><td rowspan="2">未取得非商品性质产权证书</td><td>150平方米以内部分</td><td>150平方米以上部分</td></tr>
<tr><td>1. 1∶1产权调换，但须缴纳100元/平方米罚款以及50%公告基准地价；
2. 货币补偿：被征收房屋的价值－100元/平方米罚款－100%公告基准地价</td><td>货币补偿：被征收房屋的价值－150元/平方米罚款－3倍公告基准地价</td></tr>
</table>

续表

<table>
<tr><th>不符合“一户一栋”的原因</th><th>是否取得权属证书</th><th colspan="2">补偿方式</th></tr>
<tr><td rowspan="3">原村民“一户多栋”的多栋部分</td><td>经批准建设部分</td><td colspan="2">被征收房屋的价值－100%公告基准地价</td></tr>
<tr><td rowspan="2">未经批准或超过批准建设部分</td><td>符合“两规”处理条件</td><td>被征收房屋的价值－50元/平方米罚款－2倍公告基准地价</td></tr>
<tr><td>不符合“两规”但符合“三规”处理条件</td><td>被征收房屋的价值－100元/平方米罚款－2倍公告基准地价</td></tr>
</table>

虽然《深圳市房屋征收与补偿实施办法(试行)》看上去对“一户一栋”的补偿标准比较明确,但在实务中仍然存在诸多争议,下一章将予以详述。

十　协商谈判、签约

在补偿方案审批通过,确定补偿标准后,大兵团作战的项目会开展集中签约工作,在较短的时间内与被搬迁人签订搬迁补偿安置协议。由于补偿方案是依据《深圳市房屋征收与补偿实施办法(试行)》制定且经过区政府批准的,补偿标准是不会变的,所以所谓的“协商谈判”,就是说服被搬迁人接受搬迁标准。

(一)谈判方式

1. 先易后难,以点带面。按照先易后难的原则确定补偿协商开展顺序,从比较好谈的被搬迁人入手寻求突破口,打开局面,以点带面带动项目签约。

2. 加强宣传,正面引导。项目部各服务机构要相互配合,积极讲解政策,动之以情,晓之以理,传递先签约先选房,早搬迁早受益的理念。

3. 综合施策,形成合力。对于合理的诉求,在政策允许的范围内尽量予以满足,对于过分诉求要当场否决,同时预判“钉子户”类型,有针对性地施策。

(二)谈判注意事项

1. 不轻易允诺。尊重被搬迁人,认真倾听并理解当事人的意思,对于不确定的事项不能随意答复。

2. 讲究礼仪。谈判人员要时刻记住自己代表政府的形象,不可有高高在上的想法,树立正确的服务意识,打消当事人的抵触情绪。

3. 按规矩行事。在进行补偿谈判时,严格按照先期制定的谈判方案执行,谈判过程中严格按照项目既定的补偿细则开展。

(三)谈判技巧

1. 谈判铺垫。先拉近关系,尽量获取信任,在适当时机切入主题;确定业主存在的顾虑;确认业主没有新的顾虑;打消业主顾虑。

2. 抓住谈判时机。对于很抗拒的被搬迁人,不要急于开展谈判,以拉近关系为主;对于支持征拆的被搬迁人,在了解业主诉求后快速切入谈判主题;对于大多数观望的被搬迁人,多传递项目签约进度,让业主产生紧迫感,并加强沟通,适时谈判。

3. 判断谈判分歧。摸清业主需求,若无法满足,则分步化解;分清可谈和不可谈的诉求,判断清楚,然后分析、提出对策;善于运用政策、规定,做好解释工作,切勿引发冲突。

4. 判断"话事人"。在谈判中要善于发现对方的主事之人,以明理之人作为谈判对象,可以少走弯路。在全家人对征拆补偿事宜意见不一的情况下,谈判人员可以要求对方派两名代表,代家庭成员签写授权书,谈判人员与代表谈判会顺利得多。

5. 因户施策。谈判人员必须提前熟知每一户的情况,了解每一户需求什么、担忧什么。该如何具体谈,如何抓住其要害,围绕核心问题是关键。谈判中要善于把对方的思路引向我方的思路,力争最大限度掌握谈判主动权。

6. 抓住关键,集中突破。一个项目地块范围内,住户之间往往存在复杂的社会关系。由于各家的情况不同,利益诉求不同,可抓住要害,重点突破。选择其中有话语权、影响力的关键户,适当满足其合理要求,促成签约,则可利用其以点带面,推动签约。

(四)无法协商一致的三大原因

1. 对补偿标准不满。由于补偿标准不能变更,必须严格执行,所以谈判人员要尽力做好政策解释工作,争取被搬迁人的理解和支持。

2. 技术规范处理问题。被搬迁人可能对房屋用途认定、临时建筑物认定、建成时间认定、"一户"和分户问题等存有争议。对此,项目部会协同专业机构现场查勘,综合分析,给出专业技术处置建议。部分疑难问题处理也将在下一章作出解析。

3. 突破政策和技术规范。虽然补偿方案制定前已经经过较为充分的摸底,但不排除在后续项目推进过程中发现补偿方案不能涵盖或者机械适用补偿方案会导致不公平等问题,此时就需要一事一议,形成疑难个案报告,上报指挥部研究处理。

十一 清租并腾空交房

(一)清租义务人的演变

2001 年颁布的《城市房屋拆迁管理条例》(已失效,下同)第 13 条规定,拆迁租赁房屋的,拆迁人应当与被拆迁人、房屋承租人订立拆迁补偿安置协议。第 27 条规定,被拆迁人与房屋承租人解除租赁关系的,或者被拆迁人对房屋承租人进行安置的,拆迁人对被拆迁人给予补偿。被拆迁人与房屋承租人对解除租赁关系达不成协议的,拆迁人应当对被拆迁人实行房屋产权调换。产权调换的房屋由原房屋承租人承租,被拆迁人应当与原房屋承租人重新订立房屋租赁合同。第 31 条规定,拆迁人应当对被拆迁人或者房屋承租人支付搬迁补助费。在过渡期限内,被拆迁人或者房屋承租人自行安排住处的,拆迁人应当支付临时安置补助费;被拆迁人或者房屋承租人使用拆迁人提供的周转房的,拆迁人不支付临时安置补助费。可见,按照《城市房屋拆迁管理条例》的规定,承租人属于被补偿对象,是搬迁关系的当事人,可以独立向搬迁人主张相关补偿权益。

2011 年 1 月 21 日,《国有土地上房屋征收与补偿条例》正式生效实施,《城市房屋拆迁管理条例》正式废止。《国有土地上房屋征收与补偿条例》第 2 条明确规定,为了公共利益的需要,征收国有土地上单位、个人的房屋,应当对被征收房屋所有权人给予公平补偿,也就是说,承租人不再是搬迁关系的一方当事人,不是搬迁补偿协议的签订主体,其损失只能通过租赁合同按照民法的相关规定向出租人主张权益,不能向搬迁人主张。在搬迁人与被搬迁人(所有权人)签订的搬迁补偿协议中,也会约定被搬迁人具有清租义务。

(二)清租补偿标准的确定

承租人被排除在搬迁补偿关系之外,则“清租”的本质就是出租方和承租方协商一致终止或解除租赁合同,清租补偿应由出租人和承租人协商确定。但实务中,为了加快项目推进,项目部会提供清租补偿的参考标准,甚至越过被搬迁人直接清租,清租费用在搬迁补偿款中扣除。一般来说,土地整备中项目部向出租人提供的清租参考标准是1～6个月的停产停业损失、装修补偿费、100%的搬迁补偿费。该清租参考标准的法律原理是，这三项是承租人因征拆而遭受的损失，具体而言：

1. 停产停业损失的分配

按照《深圳市房屋征收与补偿实施办法（试行）》的规定，房东有权获得6个月的停产停业损失补偿，该补偿是根据房屋被征收前的效益、停产停业期限等因素综合确定的，目前对于该部分补偿应如何分配存在较大争议。一种观点认为，承租人实际经营房屋，征收对其造成了无法生产经营的实际影响，确实对其造成了停产停业损失，故该部分补偿应归属于承租人；还有一种观点认为，所有权人将房屋对外出租，也是一种经营使用的方式，故房屋征收也对出租人造成了停产停业损失。

笔者认为，出租人对房屋的出租、承租人在房屋内的经营等行为都属于对房屋的一种使用，征收行为不仅影响了出租人对房屋完整所有权的行使，也影响了承租人对租赁物的使用与收益，故出租人和承租人均有权分得停产停业损失的补偿，具体分配方式应考虑其他因素综合确定。

2. 装饰装修补偿

装修补偿应包括对出租人及承租人的装饰装修损失的补偿。一般情况下出租人同意承租人对房屋进行装饰装修。如遇征收，根据最高人民法院《关于审理城镇房屋租赁合同纠纷案件具体应用法律若干问题的解释》的规定，合同解除或无效的，已经形成附合的装饰装修物，剩余租赁期内的装饰装修残值损失，由双方按照公平原则分担。

所谓“装饰装修残值损失”如何确定？按照最高人民法院《关于审理城镇房屋租赁合同纠纷案件具体应用法律若干问题的解释》的规定，租赁期间届满，承租人对房屋进行的装饰装修价值已经在租期内发挥殆尽，承租人无权就其主张补偿，如果租赁期限未届满，装饰装修损失应当按照租赁年限分摊。但实务中，评估单位对装饰装修价值进行评估时，折旧率并不是按照租赁年限分摊的，所以征拆中的装修补偿与非因征拆而导致的合同解除时的装修补偿标准不甚一致。

3. 搬迁费

要腾空被征拆物业，屋内物品的搬迁由承租人负责，承租人实际承担了搬迁费用，出租人在这个过程中反而不会产生实际损失，故承租人可以主张搬迁安置补偿。

4. 房屋价值不属于清租补偿范围

补偿评估计算的依据是房屋的区位、面积，故相关补偿应属于房屋产权人所有，与承租人的租赁活动无关。因此，房屋主体价值补偿不会分配给承租人。但如果承租人承租物业后，为了充分使用物业，自行搭建了部分临时建筑和构筑附属物，则对该部分临时建筑和构筑附属物的主体补偿，一般分配给承租人。

5. 擅改经营性用途补偿，通常不属于清租补偿范围

住宅被改成商业后，商业比住宅的价格高，所以另外给予业主补偿，即擅改商补偿。但按照《深圳市房屋征收与补偿实施办法（试行）》的规定，取得擅改商补偿，需要提供营业执照，而该营业执照通常是租户办理的，所以租户认为，业主是因为其办理的营业执照才能获得擅改商补偿的，因此应当分享该部分补偿。

在实务中，除非业主同意，否则擅改商补偿是不给租户的，理由在于：

其一，从正面来说，擅改商补偿的是主体，改成商业之后，即使不出租给任何一个租户，而是转让，价格也比纯住宅高，所以这部分差价通过擅改商补偿。

其二，从正面来说，住宅之所以能改成商业，首要原因不是装修成商业用途，而是因为周围有“商业环境”，是房屋所在的地理位置具备商业经营的条件，所以在设计之初，物业层高、结构就被设计成可以改造成商业的条件（如层高、地基深度），所以哪怕出租时是空房，经过租户的装修可以开展经营，擅改商也不分配给租户，因为租户的装修损失已经体现在“装饰装修补偿”中。

其三，从反面来说，并不是只有装修成商业才能获得擅改商补偿，也不是只有出租给租户才能有擅改商补偿，业主自己只要办理了营业执照，不用装修，不用实际经营，也可以获得擅改商补偿。

其四，从反面来说，租户所能获得的赔偿只来源于合同，只有合同对于补偿约定不明时，才可以适用项目部的指导标准；而指导标准之所以不与租户分割擅改商补偿，是因为政府在征收过程中，补偿的只是“损失”，为什么部分装修、停产停业、搬迁补偿可以给租户，因为这部分是租户的损失；但擅改商补偿的对象是“主体的商业价值升值的部分”的损失，这部分损失不是租户的，而是业主的，因为“主体商业价值是否升值”，本身与租户无关，那么租户也就不存在因征收而遭受损失，所以不能补偿。

（三）清租工作中的法律服务

1. 前期进行充分的资料收集和背景调查

对被搬迁房屋应全面收集每一手的租赁合同，研判合同约定，并了解租户的个

人信息。如为自然人，了解其是不是党员，家庭关系（如是否亲属系公职人员或其他社区股份公司股东，尤其针对二房东），社会关系（如是否有关系要好且说话有分量的朋友）；如为企业，了解企业规模、生产经营状况、企业员工情况、企业的法定代表人和股东是否在辖区内开办其他企业，此前是否有被安监、消防处罚的记录。

2. 与房东沟通，商定清租谈判空间，摸清房东底线

虽然根据《民法典》的规定，承租人应当依据合同和法律规定向上一手出租人请求赔偿。但从实践经验来看，承租人按照合同和法律规定可以取得的赔偿通常非常少，很多合同都有"政府征收不予赔偿"的约定，即完全按照合同赔偿很难与承租人达成一致。因此，建议提前与房东沟通，商定清租谈判空间。

3. 房东自行清租的，协助房东签订相关协议；房东无法清租的，搭建平台，开展清租谈判

对于房东自行完成清租的，法务可以提供解约协议范本，协助房东签订相关协议，并督促租户尽快搬迁。对于房东无法自行完成清租的，工作组应介入，搭建平台，开展清租谈判。

（四）清租谈判的技巧

1. 传导压力，了解诉求。在与租户沟通过程中，应向租户介绍项目大概情况，阐明项目的重要性和紧迫性，明确政府对土地移交时间的要求。同时了解对方诉求，初步判定诉求不合理的，建议租户提供支持其诉求的相关证据材料，尽可能降低租户预期。

2. 分类突破。在首轮接触租户过程中，可以通过聊天的方式获取租户信息，如公司的经营状况、企业规模、对搬迁的态度等。根据了解到的情况，进行难易分类，按照先易后难的程序开展清租谈判，签约租户越多，未签约的租户的心理压力越大。

3. 与二房东沟通。二房东是房东与租户的沟通桥梁，根据实践经验，二房东和租户的关系更为紧密，双方存在利益关系，租户的证件办理、装修备案等都需要二房东协助，租户与二房东之间形成利益链。从实践来看，如果二房东能够协助沟通清租，对清租效率的提高大有裨益。

4. 双方诉求差距不大的，建议房东减免租金，尽快达成一致。租户的请求与业主底线差距不大的，谈判组要一鼓作气、趁热打铁，协调双方敲定最终报价。在补偿标准范围内，可以建议房东或二房东减免一两个月租金，对于房东或二房东来说，仅

少收一两个月租金,不用额外支付补偿,心理上比较容易接受;同时租户也比较能够理解和支持。

5. 双方诉求差距很大的,要衡量双方报价的合理程度,对明显不合理的一方综合施策。对于明确表示拒绝补偿或只愿意支付极少补偿的房东,也可以考虑通过股份公司、政府部门、亲朋好友等协助与房东进行谈判。如果租户提出的诉求过高,则要求其提供支持诉讼请求的相关依据,如装修报价单、机械搬迁费用明细等,必要时可请评估机构现场清点解释。如承租人没有正当理由拒不让步的,工作组规劝租户先找厂房进行搬迁。如租户仍无明确表态,则由房东(二房东)发正式的解约通知函至租户,明确按照合同和法律规定补偿,而该补偿金额绝大多数情况下低于与房东商定的清租指导价;同时,股份公司、社区、消防、安监等政府部门可介入,综合施策。

6. 两人配合。一人主谈,一人附和。

7. 讲明利害。强调搭建谈判平台是为了协调租户和房东尽快达成一致意见,减少双方损失,理性看待得失。

8. 审时度势。如遇态度坚决、强硬的租户,及时寻求股份公司、社区等政府部门支援。

9. "情理法"并用。与租户谈判时,可以按照"谈感情"→"谈理据"→"谈利益"的方式进行,先对租户的难处表示理解,给租户展现项目部站在其立场以及为其争取利益的态度,引导租户紧跟项目部的节奏。然后谈理据,明确告知租户,有一些是无法让步的,尤其在房东愿意给全部装修补偿、停产停业补偿、搬迁补偿的情况下。最后谈利益,引导租户本着解决问题、实事求是的态度,在合法合规的情况下谈判利益。

10. 坚持不懈。谈判进入疲惫期时,联系其他组同事协助沟通。

(五)腾空交房

清租工作完成后,承租人按期搬迁腾空,将房屋移交给被搬迁人,由被搬迁人将钥匙移交给搬迁人,并办理交接手续。

十二 权属注销

(一)绿本房产证/房屋所有权证注销实务处理

1. 个人名下绿本房产证/房屋所有权证不涉及遗产继承的情形

(1)申请办理注销需提交的资料

①不动产注销登记申请表(注:双面打印);

②证载权利人身份证(注:验原件,收复印件);

③绿本房产证/房屋所有权证(注:收原件);

④放弃房地产权利声明书;

⑤搬迁补偿安置协议;

⑥项目启动文件;

⑦未拆除房屋的房地产权利证书注销登记说明。

(2)注销流程

证载权利人准备齐全申请资料→递交不动产登记中心并由证载权利人签署回执清单→不动产登记中心审查核准→审核通过的,由不动产登记中心注销登记。

2. 个人名下绿本房产证/房屋所有权证涉及遗产继承但已公证的情形

(1)申请办理注销需提交的资料

①不动产注销登记申请表(注:双面打印;基础信息可由他人代填,申请人承诺签字必须由公证后的遗产继承人现场签署并捺指印);

②公证后的遗产继承人身份证(注:验原件,收复印件);

③绿本房产证/房屋所有权证(注:收原件);

④放弃房地产权利声明书;

⑤搬迁补偿安置协议(注:验原件,收复印件);

⑥项目启动文件;

⑦未拆除房屋的房地产权利证书注销登记说明;

⑧公证后的遗产继承人本人携带身份证、公证书、房地产证(均需要原件),前往相关职能部门开具以下证明材料:变更清单、审批单、住建局变更批复、税务局免税证明。

(2)注销流程

公证后的遗产继承人准备齐全申请材料→递交不动产登记中心,并由公证后的遗产继承人签署回执清单→不动产登记中心审查核准→核准通过,不动产登记中心注销登记。

3. 企业名下的不动产登记证申请注销

(1)所需提交的资料

①不动产登记申请表(注:双面打印);

②放弃所有权承诺书;

③公司主体材料一套,包括社会统一信用代码证、授权委托书、法定代表人身份证明书、法定代表人身份证等;

④补偿安置主协议(注:验原件,收复印件);

⑤项目启动文件;

⑥项目实施单位出具的需注销房屋拆除的说明。

(2)注销程序

由项目实施单位(街道办事处)完成企业资产补偿,企业内部梳理注销事宜和内部审批流程,准备注销材料→由企业提交相关材料至不动产登记中心办理产权注销手续。

4. 个人名下绿本房产证遗失的处理

(1)处理办法

先由证载权利人登报(登报内容为房产证内的相关信息以及遗失声明),自登报之日起一天后,证载权利人便可携带本人身份证原件、所填写的具结书、登报报纸前往不动产登记中心申请补发新证,原则上当场即可拿到补发的房产证。

(2)注销流程

拿到补发的房产证后,证载权利人准备齐全相关资料即可申请产权注销。

上述流程中,不动产注销登记申请表和放弃房地产权利声明书的基础信息可由他人代填,但签字必须由证载权利人本人现场签署并捺指印。

(二)行政注销

土地整备项目中可能因为种种原因无法申请注销,比如,被搬迁人不配合注销,被搬迁人的房屋所有权证遗失且不能补办等,此时只能行政注销。行政注销,是产权注销中一个重要的理论难题,容后详述,在此仅说明行政注销的实务操作流程:

首先,由项目实施单位(街道办事处)对涉及遗产继承房屋的征收补偿安置协议、补偿实施情况以及房屋拆除情况的真实性进行说明;

其次,由项目实施单位(街道办事处)在深圳市公开发行的报刊及区政府的报刊或网站上公告将对涉及遗产继承的房产证进行注销的内容,公告期为10日;

再次,由区政府作出房地产证收回决定;

最后,由实施单位(街道办事处)提交相关材料至不动产登记中心,申请产权注销。

第三节 土地整备利益统筹基本理论

改革开放40多年来,深圳取得了经济社会发展的巨大成就。随着深圳经济体量的不断提高,可利用土地也越发紧张,土地危机比我们想象得更严重。为了解决发展空间的局限和经济发展的冲动之间的矛盾,深圳市人民政府先后推行城市更新、土地整备、棚户区改造等存量土地二次开发工作,但由于深圳违法建筑较多,不符合城市更新实施范围要求、土地整备补偿过低等多种原因,深圳土地开发难度大、成本高,一般的土地二次开发模式难以适应深圳现状。为缓解土地能效低的现状,优化城市功能结构和空间布局,解决历史遗留问题,提高政府工作效能,引领经济发展,推动经济社会可持续发展,土地整备利益统筹模式应运而生。

笔者通过在深圳房地产、土地开发及行政业务领域的浅薄经验,从土地整备利益统筹是什么、为什么要进行土地整备利益统筹、土地整备利益统筹与深圳其他土地二次开发模式的关系和土地整备利益统筹各方主体权利义务及法律关系四个方面剖析土地整备利益统筹基本理论。

一 土地整备利益统筹是什么

《土地整备利益统筹试点项目管理办法(试行)》首次提出土地整备利益统筹,实际上,我们对土地整备利益统筹的了解更多来自《深圳市土地整备利益统筹项目管理办法》[1]。但无论是《土地整备利益统筹试点项目管理办法(试行)》还是《深圳市土地整备利益统筹项目管理办法》都没有对"土地整备利益统筹"进行准确的定义,因此每个人都可以结合其理论知识、实务经验对"土地整备利益统筹"下定义,但探究清楚利益统筹的内在特征、法律逻辑并非易事,本章旨在从土地整备利益统筹的历史背景及发展启发读者对利益统筹进行认识。

(一)土地整备利益统筹的历史背景

土地整备利益统筹作为深圳存量土地二次开发模式的"特色",旨在"一揽子"解决历史遗留问题,但错综复杂的原因形成了种类繁多的土地历史遗留问题。要搞清楚何谓土地整备利益统筹,必然绕不开深圳违法建筑的历史。

1978年12月党的十一届三中全会后,中国开始实行对内改革、对外开放的政策,彼时,我国香港特别行政区正值产业转型升级,面临土地严重不足、人工费用不断上升、企业被迫迁移等诸多问题。1980年,广东省深圳经济特区成立,因背靠香港特别行政区,迎来了吸引香港特别行政区企业来深圳发展的大好时机。为加快深圳特区经济发展,原农村集体经济组织即村民委员会和村民小组充分利用土地资源丰富的优势,改"田"建"楼",大肆兴建厂房,吸引"三来一补"[2]企业。通过低价扩张物业租赁,承接劳动密集型产业的转移,最终深圳特区的经济发展和工业发展呈爆炸式增长。

而此时的深圳没有严格、详细的用地规划,法律法规也不尽完善,工业、商业用地供不应求,来深圳企业抱着先到先得、先占先用的态度,在深圳特区外疯狂抢购农村集体土地,抑或与原农村集体经济组织合作,通过租地建房及"以租代卖"[3]的方式抢建、加建,一时间工业区、商业区如雨后春笋般涌现。原深圳特区内居民看到"商机"后,通过与原农村集体经济组织"通力合作",大规模兴建私宅、对外出租工业厂房,现如今我们还能看见原农村集体经济组织"以租代卖"的合作建房协议、租

---

[1] 2023年8月9日深圳市规划和自然资源局《关于发布〈深圳市土地整备利益统筹项目管理办法〉续期的通知》。

[2] "三来一补"是指"来料加工"、"来件装配"、"来样加工"和"补偿贸易"。此种行为是我国在改革开放初期尝试性地创立的一种企业贸易形式,其主要的结构是:由外商提供设备(包括由外商投资建厂房)、原材料、来样,并负责全部产品的外销,由中国企业提供土地、厂房、劳力。中外双方对各自不作价以提供条件组成一个新的"三来一补"企业;中外双方不以"三来一补"企业名义核算,各自记账,以工缴费结算,对"三来一补"企业各负连带责任。

[3] 通常"以租代卖"协议的租赁期限为50年或70年,自《合同法》(已失效,下同)发布生效后,土地租赁期限不得超过20年,因此从法律效力上而言,该协议因违反法律强制性规定无效。

地协议等。笔者查阅相关部门公布的违法建筑数据后发现,2011 年 12 月,深圳违法建筑已达 37 万余栋,建筑面积达 4 亿多平方米,约占全市总建筑面积的 50%。至此,深圳已成为违法建筑的“重灾区”。

1980～2014 年,深圳共计发生五轮大规模的抢建潮,分别是 1993 年、1999 年、2004 年、2009 年和 2013 年。

第一轮抢建潮源于 1992 年 6 月 18 日中共深圳市委、深圳市人民政府发布的《关于深圳经济特区农村城市化的暂行规定》,实施农村城市化(实现农村转化为城市、村民转化为城市居民),将特区范围内 68 个村民委员会、沙河华侨农场中持特区常住农业户口的农民、渔民和蚝民全部转为城市户口,并对原农村集体土地进行征收。根据 1958 年的《国家建设征用土地办法》,征地意味着要为村民提供就业指标,当时的就业指标主要是安排农民进国有企业,而深圳采取了留地的做法,在原村子附近划一个新村子给原村民,不仅给予村民宅基地,还留下工业用地由当地村子开发,兴办企业,安排村民就业。这就为日后愈演愈烈的违法建筑埋下了伏笔。利益刺激了村民的建房热情,同时农村生产、生活用地规划和建设、政策法规的滞后,导致农村土地建设失控。1993 年宝安撤县建区,又于次年撤销镇政府土地规划报建审批权,也正是在此时,农村集体土地的规划使用因缺乏限制性规定,有了一段空档期,无论是原村民还是非原村民,都在抢建、加建,违法建筑数量不断增长。

第二轮抢建潮源于 1999 年 2 月 26 日深圳市人民代表大会常务委员会出台的《关于坚决查处违法建筑的决定》[1]。该决定对违法建筑及其范围进行界定,对坚决依法清理、拆除违法建筑及处罚违法行为作出相应规定。但这一文件仅是纲领性的,并没有提出具体的处理办法。村民并未完全接受法规的制约,相反在“法不责众”的共同心理基础上,引发了新一轮抢建热潮。

2002 年“两规”政策出台,将违法建筑合法化;2003 年 10 月发布的《关于加快宝安龙岗两区城市化进程的通告》将龙岗和宝安的村民全部转为居民,龙岗、宝安的集体土地统一转为国有土地,一方面是私房可合法化,另一方面是“统转”补偿标准过低,房地产升值远高于补偿标准,催生了第三次违建、抢建高潮。而 2009 年 6 月 2 日正式实施的深圳市人民代表大会常务委员会《关于农村城市化历史遗留违法建筑的

〔1〕 2019 年 8 月 29 日深圳市第六届人民代表大会常务委员会第三十五次会议发布《关于修改〈深圳经济特区人才工作条例〉等二十九项法规的决定》对其进行修正。

处理决定》(已被修改)再次将违法建筑合法化范围扩大,引发了第四次违建、抢建高潮,《关于农村城市化历史遗留违法建筑的处理决定》也成了深圳违建的“分水岭”,即2009年6月2日前建成的永久建筑物属于历史违建,反之,则属于普通的违法建筑。

从深圳违法建筑的历史来看,违法建筑层出不穷的根本原因是:第一,城市规划滞后,土地管制不严。原农村集体土地包括自留地、自留山、宅基地等,主要用途为农业用地和住宅,并不能作为商业用地和工业用地,但政府对集体土地缺乏严格的管控,导致村民等在集体土地上兴建私宅、工业厂房,造成违法建筑的失控。第二,官方对违法建筑的忍让、退步。20世纪80年代征地,政府给原村民划定宅基地,允许村民建设不超过三层、总面积小于240平方米的房子。但是村民受“在自家土地建房理所当然”心态的驱使,迅速突破这一标准,将私房建到五六层,有的甚至建到十几二十层,政府最终退让并承认了480平方米为合法建筑面积标准。2001年《深圳经济特区处理历史遗留违法私房若干规定》(已被修改)和2009年《关于农村城市化历史遗留违法建筑的处理决定》政策出台,允许2009年6月2日之前建成的历史遗留违法私房、厂房进行合法化确权。村民面对利益的驱动及政府的容忍,无限制地建设私房、厂房,导致深圳的违法建筑成为“特色”。我们在深圳存量土地二次开发业务中也会接触一些深圳独有的名词,如历史违建〔1〕、原村民〔2〕、“一户一栋”〔3〕等。

(二)土地整备利益统筹的探索

深圳的违法建筑严重阻碍了城市发展和城市规划,对深圳经济特区的发展和未

---

〔1〕 深圳市人民代表大会常务委员会《关于农村城市化历史遗留违法建筑的处理决定》首次提出并通过列举的方式明确农村城市化历史遗留违法建筑范围,2001年出台的“两规”,首次提出了历史遗留违法私房及历史遗留生产经营性违法建筑的概念。历史遗留违法私房是指深圳市人民代表大会常务委员会《关于坚决查处违法建筑的决定》(已被修改)公布实施以前,即1999年3月5日以前违反法律、法规所建的私房。历史遗留生产经营性违法建筑是指1999年3月5日以前违反规划、土地等有关法律、法规的规定,未经规划国土资源部门批准,未领取建设工程规划许可证,非法占用土地兴建的工业、交通、能源等项目的建筑物及生活配套设施。

〔2〕 “两规”中的原村民,是指特区内截至1993年1月1日公安机关登记在册并参加本村劳动分红的农村集体经济组织成员。深圳市人民代表大会常务委员会《关于农村城市化历史遗留违法建筑的处理决定》中的原村民,是指公安机关登记在册(特区内截至1993年1月1日、特区外截至2003年10月29日)并参加本村劳动分红的农村集体经济组织成员。

〔3〕 “一户一栋”原则中的“一户”,是指深圳特区内截至1993年1月1日公安机关登记在册并参加农村集体经济组织劳动分红的户籍单位;按照每户原村民划定原农村宅基地或者非农建设用地标准中的一户,是指原村民的户籍单位。原村民中年满30周岁未婚的(深圳特区内截至1993年1月1日、深圳特区外截至2004年3月31日)可认定为一户。

来工业转型形成了巨大的阻力。2012 年，经国务院、广东省联合批准，深圳启动了新一轮土地使用制度改革，创新了由政府主导的自下而上的土地整备模式，实践了城市更新、棚户区改造、土地整备利益统筹等土地二次开发模式。

2009 年 12 月，《深圳市城市更新办法》（已被修改）正式施行，明确了“政府引导、市场运作、规划统筹、节约集约、保障权益、公众参与”的原则，对城市更新工作进行系统性规范。2012 年 1 月，深圳市人民政府出台了《深圳市城市更新办法实施细则》，进一步完善了相关操作体系。据统计，截至 2022 年上半年，深圳已列入城市更新计划项目 986 个，拆除范围面积累计 8344.64 公顷；已通过城市更新专规批复项目 634 个，计容建筑面积累计 18,577.00 万平方米；实施主体公示项目 480 个，拆除范围面积累计 3552.44 公顷。2022 年上半年，已列入城市更新计划项目 4 个，已通过城市更新专规批复项目 12 个，实施主体公示项目 13 个。

2013 年国务院出台《关于加快棚户区改造工作的意见》，明确指出棚户区改造是重大的民生工程和发展工程，各项政策在提供支持的同时，鼓励民间资本参与。2014 年 2 月 7 日，广东省人民政府发布《关于加快棚户区改造工作的实施意见》，后续又制定并发布了《广东省棚户区改造规划（2014—2017）》等政策性文件。深圳市人民政府为加快棚户区改造，于 2018 年 5 月出台《关于加强棚户区改造工作的实施意见》，在此之后又出台了《深圳市棚户区改造项目专项规划审批操作规则（试行）》（已失效），进一步对棚户区改造项目规划审批操作进行了明确。据不完全统计，截至 2021 年 12 月 31 日，深圳棚户区改造项目累计 34 个，合计改造面积约 255.9 公顷。

2015 年，原深圳市规划国土委出台《土地整备利益统筹试点项目管理办法（试行）》，规定了整村统筹整备项目和片区统筹整备项目两类利益统筹项目，确立了区政府提出试点项目名单、市规划国土部门审核、市政府审批立项、政府与原农村集体经济组织继受单位签订框架协议书及补偿协议书、原农村集体经济组织继受单位理顺项目范围内土地经济利益关系的基本程序。按照“政府主导，社区主体、居民参与”的原则，通过“自上而下”和“自下而上”相结合的方式，综合运用规划、土地、产权等相关政策，“一揽子”解决土地历史遗留问题，优化城市空间，促成社区转型发展。

2018 年，原深圳市规划国土委在总结试点经验的基础上，出台了《深圳市土地整备利益统筹项目管理办法》，明确规定在利益统筹项目范围内，政府与原农村集体经济组织继受单位“算大账”，通过资金安排、土地确权、用地规划等手段，集约节约安排土地，保障城市建设与社区发展空间需求。《深圳市土地整备利益统筹项目管理办法》第2条第1款规定：“本办法适用于以原农村集体经济组织继受单位及其成员实际掌控用地为主要实施对象的土地整备利益统筹项目（以下简称利益统筹项目）。利益统筹项目以街道为界限（大鹏新区以新区为界限），项目范围内至少有一块3000平方米以上集中成片的未完善征（转）地补偿手续规划建设用地。利益统筹项目应纳入全市土地整备年度计划的利益统筹项目目录，并报市政府批准。”

（三）土地整备利益统筹的前世今生

1. 土地整备利益统筹前身——土地整备之土地收购

为了解决“统征”“统转”两次行动中的历史遗留、公共基础设施和重大产业项目用地难等问题，深圳创新土地二次开发利用模式，提出“土地整备”重要举措。2011年，深圳市人民政府《关于推进土地整备工作的若干意见》发布，明确土地整备工作立足于实现公共利益和城市整体利益的需要，综合运用收回土地使用权、房屋征收、土地收购、征转地历史遗留问题处理、填海（填江）造地等多种方式，对零散用地进行整合，并进行土地清理及土地前期开发，统一纳入全市土地储备。基于传统征收的固有局限，土地收购脱颖而出，并成为行政机关及其他组织解决土地问题的首选，相较于城市更新属于私企开展的土地收购，土地整备利益统筹系由原农村集体经济组织继受单位开展的土地收购。

2. 土地整备利益统筹源起——坪山区封闭试点之“整村统筹”

2011年2月，坪山区将金沙社区土地整备试点提升为金沙社区特区一体化转型发展试点，并纳入《深圳市2011年度土地整备计划》，成立了土地整备领导小组及其办公室。金沙社区是坪山区探索整村统筹土地整备模式中力推的试点，举全区之力集中在社区约7平方千米的范围内，明确了以“政府主导、社区主体、居民参与”的原则，通过综合运用规划、土地、产权等相关政策，致力于“一揽子”解决农村城市化土地历史遗留问题，统筹解决社区居民安置、就业、保障等民生问题，推动社区集体经济跨越式发展，促进社区转型。然而由于当时市场积极性不高、社会认知不足、社区利益期望过高以及政府试点的迫切性等原因，2年后，金沙社区试点项目暂时停止。2011年8月，坪山区在总结金沙社区试点经验和教训的基础上，经社区积极申请，南布、沙湖社区被列入整村统筹土地整备试点，其中南布社区整备范围土地29.49公顷，沙湖社区整备范围土地363公顷。

3. 土地整备利益统筹衍变——整村统筹与片区统筹

通过对南布、沙湖两个试点社区的探索研究和总结提炼，坪山区制定了一整套相关政策，促进原深圳市规划国土委颁布了面向全市的《土地整备利益统筹试点项目管理办法（试行）》。2015 年整村统筹土地整备模式被写入了深圳市第六次党代会报告，整村统筹土地整备得到了全面推广。2015 年，深圳出台《土地整备利益统筹试点项目管理办法（试行）》（试行期 2 年），开启了新的土地整备项目类型——利益统筹项目的试点实践。《土地整备利益统筹试点项目管理办法（试行）》以“利益共享”为核心理念，综合运用规划、土地、资金、产权手段平衡利益诉求，以提高留用土地比例上限、充分发挥社区主体作用、积极引入市场主体参与开发等，切实保障社区利益及社区成员的诉求，统筹解决社区历史遗留问题。根据《土地整备利益统筹试点项目管理办法（试行）》，纳入试点范围的项目均须经市政府批准，以 2016 年的《土地整备利益统筹试点项目目录》（已失效）为例，该年度试点项目共计 41 个，试点区域多分布在龙岗区、龙华新区、大鹏新区等地。

4. 土地整备利益统筹今生——土地整备利益统筹

2018 年 8 月，《土地整备利益统筹试点项目管理办法（试行）》两年试行期届满后，深圳正式颁布《深圳市土地整备利益统筹项目管理办法》，在全市范围内正式推广利益统筹政策。《深圳市土地整备利益统筹项目管理办法》在《土地整备利益统筹试点项目管理办法（试行）》的基础上进一步明确、优化相关规则及管理规程，整合统一实施模式，进一步提高留用土地比例上限，拓展留用土地安排方式。此阶段包括龙岗区五联社区、坪山区田头社区等在内的 102 个区域纳入全市土地整备利益统筹试点，总面积 4087 公顷。

（四）土地整备利益统筹的概念

何谓土地整备利益统筹？首先，根据《深圳市土地整备利益统筹项目管理办法》来理解。《深圳市土地整备利益统筹项目管理办法》第 1 条明确了利益统筹项目宏观上的实施目的是加快推进土地整备工作，保障城市基础设施、公共服务设施和重大产业项目土地供应，加强规划实施，推动土地集约节约利用，促进城市发展和社区转型。第 2 条明确利益统筹项目主要实施对象是原农村集体经济组织继受单位及其成员实际掌控用地，同时强调纳入违法建筑空间管控专项行动的未完善征转地手续未建设空地通过土地整备实施的，可按照该办法执行。第 3 条更是直接道出“一揽子”解决历史遗留问题这一目的。由此看来，“违法建筑”“历史遗留问题”必定是利益统筹项目的关键词。

其次,从《深圳市土地整备利益统筹项目管理办法》诞生的背景来看,2009～2018年深圳城市更新项目进行得如火如荼、声势浩大,彼时深圳违法建筑也堆积如山。2009年8月25日,以《广东省人民政府关于推进“三旧”改造促进节约集约用地的若干意见》的颁布为标志,深圳吹响了全面推进城市更新的号角,出台了《深圳市城市更新办法》(2019年,已被修改)、《深圳市城市更新历史用地处置暂行规定》(已失效)等规定,建立起一套有效推动土地二次开发的更新模式。但由于城市更新条件严格、门槛高、市场主导,又引发一系列乱象,许多项目陷入开发僵局。城市更新历经10年的高速发展,开始呈现出高立项低实施、更新项目快速下滑的特点。2015年,深圳市规划国土委发布《土地整备利益统筹试点项目管理办法(试行)》,在全市范围内首批启动40个项目,将约合34平方千米纳入土地整备利益统筹试点,并首次提出“土地+规划+资金+地价”的政策框架。经过两年多的试点,原深圳市规划国土委发布《深圳市土地整备利益统筹项目管理办法》,进一步明确了土地整备利益统筹的运作机制和实施细则等,全面推广土地整备利益统筹。至此,土地整备利益统筹作为存量用地二次开发政策制度已初步成形。为什么在2015年,即城市更新项目最火热的一段时间,深圳市规划国土委选择启动利益统筹试点项目?很显然是因为城市更新条件严格、门槛高,不适用集中成片的未完善征(转)地补偿手续规划建设用地,尤其是城市更新要求项目范围内合法土地面积占拆除范围面积的比例不低于60%,而利益统筹项目并无合法用地比例限制,因此更适应深圳大面积违法建筑的现状。

综上所述,我们可以得出利益统筹是一种为了实现特定目的的深圳特有的土地管理制度,而这一特定目的应从两个方面解读:第一,从宏观方面而言,利益统筹与城市更新、棚户区改造、一般土地整备共同作为深圳存量土地二次开发模式,都具有一个宏观目的。虽然每种模式的侧重点会有所差别,如利益统筹侧重于保障城市基础设施、公共服务设施和重大产业项目土地供应,加强规划实施,推动土地集约节约利用,促进城市发展和社区转型;城市更新侧重于规范城市更新活动,完善城市功能,提升城市品质,改善人居环境。但它们都有一个宏观的特定目标,即提高土地利用率,推动城市经济发展。第二,从微观方面而言,利益统筹要求“一揽子”解决历史遗留问题,这也意味着利益统筹另一特定目的是解决土地历史遗留问题,促进社区转型发展。

最后，我们结合利益统筹的操作模式，给利益统筹下一个定义：利益统筹是指为了提高土地利用率，在推动城市经济发展的同时解决土地历史遗留问题，促进社区转型发展，通过“政府主导、社区主体、社会参与”，由政府与原农村集体经济组织继受单位“算大账”，原农村集体经济组织继受单位与相关权益人“算细账”，实现整备范围内全面征转清拆的深圳特有的土地管理制度。

二 为什么要进行利益统筹

自 1980 年以来，深圳一方面通过加大供地力度以保障特区高速发展，另一方面通过改革创新土地管理、开发制度提高土地利用率，一共经历了三次变革：分别于 1987 年、1992 年和 2004 年在全国范围内率先推进国有土地有偿使用制度，进入国有土地有偿使用新时期；对原特区内的土地实施“统征”，对原特区外的土地实施“统转”，从而在法律上实现全市土地国有化。2009 年《深圳市城市更新办法》（已被修改）以及 2011 年《关于推进土地整备工作的若干意见》的相继出台意味着深圳市正式脱离土地扩张时代，开始走存量土地开发路线，并初步探索出城市更新与土地整备两种模式。利益统筹作为土地整备衍生的模式，是深圳盘活存量低效用地、实现国土空间提质增效的重要手段，通过利益统筹有效解决生存空间、发展空间受限，实体经济发展、产业转型与土地匮乏的矛盾以及历史违建导致的僵局无法破解等诸多问题，在提高土地利用率的同时，对土地管理制度改革、构建持续存量用地开发格局提出了新的挑战。

（一）政府出台一系列指导性政策鼓励盘活存量建设用地

2011 年，深圳市人民政府《关于推进土地整备工作的若干意见》正式出台，着力推进原农村集体使用土地、公共基础设施建设所需国有土地的整备工作，以解决“政府难以收回、土地权利人无法使用”造成的土地资源浪费问题。

2012 年，《深圳市土地管理制度改革总体方案》发布，提出加强土地节约集约利用，创新土地二次开发利用机制，赋予深圳深化土地管理制度改革先行先试的重大历史使命，深圳正式开启新一轮土地改革。同年，中共深圳市委办公厅、深圳市人民政府办公厅印发《〈深圳市土地管理制度改革总体方案〉近期实施方案（2012—2015 年）》，提出完善土地收益分配调节机制，建立健全存量土地循环利用机制和配套政策，统筹研究制定城市更新、土地整备、城市发展单元等土地二次开发利用机制和配套政策，重点在历史遗留问题处理、土地供应方式、征收补偿原则、安置标准和方式、土地收益分配调节方式等方面进行政策创新。

也是在 2012 年，深圳在坪山新区开展封闭试点，以综合试点为契机，以“产权明晰、市场配置、节约集约、科学调控”为原则，探索建立高度城市化地区土地利用管理的新模式。随着存量土地开发政策的推行及实施，存量土地供应逐渐成为深圳城市空间供给的重要途径，同年深圳存量用地供应首次超过新增用地，进入以存量用地为主的发展新阶段。

此后，深圳各区本着“政策先行”的原则就城市更新、土地整备、土地整备利益统筹、棚户区改造等盘活存量建设用地模式出台一系列政策。据统计，2022 年仅涉及深圳城市更新的相关政策就出台 70 个，其中市级政策 30 个，区级政策 40 个（龙岗区 9 个，罗湖区 8 个，龙华区 5 个，光明区 4 个，坪山区和福田区各 3 个，宝安区、南山区和大鹏新区各 2 个，盐田区及前海合作区各 1 个），平均每月六策。由此可见，政府对盘活存量建设用地非常重视。

（二）城市发展受到土地资源的制约

根据国务院《关于〈深圳市国土空间总体规划（2021—2035 年）〉的批复》，到 2035 年，深圳市永久基本农田保护面积不低于 3.40 万亩，生态保护红线面积不低于 872.02 平方千米，城镇开发边界面积控制在 1130.74 平方千米以内。深受土地资源“瓶颈”制约的深圳市，土地面积仅 1997 平方千米，在减去基本农田、生态保护用地、已建成区面积后，深圳能用的土地少之又少，未来可新增的土地可以说是所剩无几，发展空间的局限和经济发展的冲动之间始终紧绷。

在现有土地利用无法满足城市发展的要求时，深圳通过“统征”“统转”扩张原特区范围内用地，集体所有土地一夜之间变为国有土地，虽然政府支付了大量的转地成本，但此前违法建筑的泛滥及村民私自改变用地性质及用途，导致名义上集体土地转为国有土地，但实际上政府仍无法实际掌控该部分已征收但未完善补偿手续的用地，无法提高土地利用率。

对比国际大都市，深圳的城市面积不算小。以香港特别行政区为例，香港特别行政区和深圳均位于珠江三角洲，同属粤港澳大湾区城市，香港特别行政区是国际金融中心之一，是老牌的发达城市；而深圳是广东沿海城市、副省级市、计划单列市、全球城市，是粤港澳大湾区的中心城市之一和中国改革开放的窗口城市。深圳因改革开放而高速发展，由边陲农业县跃升为全国一线城市，创造了举世瞩目的“深圳速度”。高新技术产业、金融业、现代物流业、文化创意产业为深圳的四大支柱产业，深圳是腾讯、华为总部所在地，被誉为“中国硅谷”；同时深圳证券交易所是中国三大交易所之一，深圳是中国三大金融中心之一。首先从GDP来看，香港特别行政区2022年GDP总量为2.43万亿元，人均GDP为33万元；深圳2022年GDP总量为3.24万亿元，人均GDP为18.33万元。由此可见，虽然深圳的GDP总量高于香港特别行政区，但是人均GDP和香港特别行政区相距甚远。其次从土地开发强度来看，根据香港特别行政区规划署公布的土地用途数据，香港特别行政区已开发土地约为25%，不到300平方千米，而深圳早在2016年土地开发强度已高达47%，超过900千米。显然，深圳地均GDP[1]远低于香港特别行政区地均GDP，由此可见深圳存量土地开发的道路还很漫长。

（三）实体经济发展、产业转型与土地匮乏的矛盾日益加剧

习近平总书记强调，广东要始终坚持以制造业立省，更加重视发展实体经济，加快产业转型升级，推进产业基础高级化、产业链现代化，发展战略性新兴产业，建设更具国际竞争力的现代化产业体系。[2] 这让深圳企业家备受鼓舞，信心百倍。国务院总理李强也指出，我国正处于经济转型升级的关键期，要保持推动高质量发展的定力，在转方式、调结构、增动能上持续发力、久久为功；要大力推进科技创新，加大基础研究投入，发挥重大创新平台作用，着力培育创新型企业，加快制造业数字化转型；要坚定不移深化改革开放，在激发各类经营主体活力、加快建设全国统一大市场、营造一流营商环境等方面实施更多引领性改革措施，在稳步扩大制度型开放、稳定国际市场份额、更大力度吸引和利用外资等方面采取更多创造性举措，进一步增强发展动力活力。[3] 中共广东省委十三届二次全会提出，要突出制造业当家，高水平谋划推进现代化产业体系建设，坚持抓大产业、大平台、大项目、大企业、大环境，把制造业这份厚实家当做优做强，在新的高度挺起广东现代化建设的产业“脊梁”。

---

[1] 地均GDP，是每平方千米土地创造的GDP，反映土地的使用效率（可以部分反映此地的工业与商业密集程度）。地均GDP是一个反映产值密度及经济发达水平的极好指标，它比人均GDP更能反映一个区域的发展程度和经济集中程度。

[2] 《全面深化改革　扩大高水平对外开放　在推进中国式现代化建设中走在前列——习近平总书记广东考察重要讲话引发热烈反响》，载求是网，http://www.qstheory.cn/qshyjx/2023-04/15/c_1129525355.htm。

[3] 李强：《坚持改革开放锐意创新　塑造高质量发展新优势》，载中国政府网，https://www.gov.cn/yaowen/liebiao/202308/content_6899972.htm。

一直以来,深圳市委、市政府高度重视制造业发展,坚持工业立市、制造业强市战略。深圳也提交了一份满意的答卷,2022 年,深圳规模以上工业总产值超 4.5 万亿元、增加值超 1.1 万亿元,实现全国城市的“双第一”,连续 2 年位列先进制造业百强市榜首。20 个战略性新兴产业、8 个未来产业,比亚迪深汕二期、华润微电子等 6 个百亿元级重大工业项目落地开工,中芯国际 12 英寸线、华星光电 T7 二期、联想南方智能制造基地等重大项目建成投产,华为、比亚迪、大疆、迈瑞等一大批国际领军企业持续发展壮大,营商环境连续多年位列全国第一。深圳规模以上工业企业数、国家高新技术企业数、制造业单项冠军数、工业总产值、工业增加值、发明专利数、研发投入等持续位居全国前列。

尽管实体经济、制造业发展名列前茅,但深圳产业空间不足与制造业当家之间的矛盾愈演愈烈。因可利用土地严重不足,城市经济发展受到产业发展空间限制,深圳实际可用于各类建设的增量用地几乎耗尽。国内特大城市大部分以地级市为底子,而深圳是以多山的区域为基础,随着越来越逼近上限,深圳建设用地高度紧缺已成为深圳的特殊市情。土地空间不足正成为“木桶效应”中的最短板。面对新形势、新格局,将制造业的根基扎得更牢、更稳,持续增强工业发展后劲是深圳推动经济高质量发展的必经之路。对于寸土寸金的深圳而言,土地资源稀缺一直是城市快速发展的最大限制因素之一。近年来,无论是产业发展还是城市建设,深圳一直探索推动空间节约集约开发利用,开创全国提升经济密度的先河。2012 年,国内第一个土地整备局在深圳挂牌成立,其首要任务是统筹协调、指导深圳全市的土地整备、房屋征(收)地以及土地投融资等,为深圳未来的城市和产业升级腾出地方。深圳通过多种土地政策创新,实现多渠道供给及土地盘活双赢:创新实施土地整备利益统筹模式,充分调动社区集体用地入场积极性;试行存量土地“提容增效”、产业用地“异地腾挪置换”、降低城市更新中合法用地比例门槛等政策,着力解决土地低效、碎片等问题,打造平方千米级项目;试行优质产业空间供给和第二、第三产业混合用地供应新模式,保障优质经济厂房空间持续供应。

(四)深圳历史遗留问题引发诸多疑难杂症

1. 土地国有化带来的历史遗留违法建筑用地

在城市化高速发展阶段,乡村发展相对滞后,形成了城乡发展的二元结构。虽然 1993 年深圳出台《关于处理深圳经济特区房地产权属遗留问题的若干规定》(已失效,下同)[1],将关内的农村集体土地转变为国有用地,在法律意义上深圳的土地已经100%的国有化,但实际上原农村集体经济组织仍然掌控着大量原农村土地(超三成的城市建设用地),其中包括合法用地和未完善征(转)地补偿手续的用地,因产权模糊化、分布碎片化和形状不规则等问题,土地使用率较低。政府为了将农村土地顺利国有化,设立了"国有已出让用地""旧屋村用地""城中村用地""两规用地""三规用地"五类合法用地,符合要求的农村集体用地可以通过这些用地的相关细则将土地合法化,转为征转完善用地;而未征转完善用地则为"尚未合法化用地",即历史遗留违法建筑用地,简称"历史用地"。这些用地大部分位于城市的农村,也就是通常所说的"城中村",与城市发展形成鲜明的对比。在城中村,为了共享城市发展的便利,村民大肆搭建房屋,为城市流动人口提供廉价住房。城中村享受着城市发展的利好,不断违建、抢建,但由于缺乏建设标准以及统一规划,其建设存在建筑密集、质量低下、环境恶劣、形象差等诸多弊端。

2. 高额征收赔偿掀起违建浪潮

以2004年蔡屋围村股份公司与京基公司签订房地产开发协议收购全村近4.6万平方米土地(包括宅基地)为例,在征收过程中,蔡氏夫妇不满意赔偿方案,要求按当时市场价1.2万元/平方米进行现金补偿,却遭到了京基公司的拒绝,由此双方的谈判进入了长时间的僵局。2007年《物权法》(已失效,下同)的出台以及原国土资源部发布的禁止行政强拆的命令,给了蔡氏夫妇强有力的武器。鉴于周边房价已经涨至约2万元/平方米,蔡氏夫妇又要求按照1.8万元/平方米、总价1400万元进行赔偿,再次遭到京基公司的拒绝。经过罗湖区人民法院的多次调解,最终确定了1200万元的天价补偿。

这一消息传出后,已经快完成谈判的岗厦村发生了巨大的转变:认同原赔偿标准的村民从85%下降到50%,岗厦村的改造陷入僵局。经过2年多的谈判,岗厦村的开发主体突破政府480平方米的合法赔偿标准,所有建筑(含违法建筑)的面积按1:0.9赔偿。这个消息传出后,全市再次掀起了违建高潮,原农村集体所有390平方千米土地,占全市建设用地42%,但仅有95平方千米为合法用地。违法建筑37.3万栋,总建筑面积4.28亿平方米,占全市的43%。大冲村建筑面积3年时间从

[1] 《关于处理深圳经济特区房地产权属遗留问题的若干规定》第13条规定:"原农村私人建房用地,土地所有权转为国有,视为行政划拨用地,个人拥有土地使用权。"

87万平方米增长到106万平方米。

(五)常规土地整备和城市更新无法打破征收僵局

1. 常规土地整备立足公共利益,补偿过低,各方主体参与积极性不高,项目难以为继

虽然常规土地整备符合城市发展的目标,但并不能解决深圳违法建筑众多的土地问题,尤其是村民及实际掌控人对历史违建的补偿不予认可,导致征拆工作举步维艰。此外,常规土地整备限制性要求太多,实施过程难度太高,甚至项目启动都存在问题。以房屋征收为例,房屋征收是国家因公共利益需要强制取得房屋所有权的公权力行为。2011年实施的《国有土地上房屋征收与补偿条例》不仅在立法层面首次对何为"公共利益"作出明确界定,并且明确规定,非因公共利益需要不得进行征收,更不得强拆房屋,而且严格限制政府作为唯一主体以公共利益为依据进行房屋征收。对于是否因公共利益需要,应当以项目实际情况来确定,不能以"立法目的的表述"具有公益性,推导出所有利益统筹项目都具有公益性,这种解释很容易被诟病为肆意扩大"公益"的范围。有人认为所有列入土地整备计划的,都是符合征收条件的。大前提是"凡是列入房屋征收计划的,都是符合征收条件的",小前提是"土地整备计划等同于征收计划",推出结论"所有列入土地整备计划的,都是符合征收条件的"。但笔者认为,小前提是错误的,按照《深圳市房屋征收与补偿实施办法(试行)》的表述,或许解释为"确需征收房屋的土地整备项目",土地整备计划才等同于征收计划,并非所有的土地整备计划都等同于征收计划。其实质原因在于土地整备包括综合运用收回土地使用权、房屋征收、土地收购、征转地历史遗留问题处理、填海(填江)造地等多种方式,房屋征收仅是土地整备的一种类型,土地整备计划与征收计划是包含关系,而非被包含关系,更非全同关系。

2. 城市更新合法土地比例要求高,大部分用地无法满足要求,征收谈判难度大,项目难以有新的突破

根据《深圳市拆除重建类城市更新单元计划管理规定》,拆除范围内权属清晰的合法土地面积占拆除范围用地面积的比例(以下简称合法用地比例)应符合以下要求:坪山区中心区范围内的更新单元,其合法用地比例应当不低于50%;重点更新单元的合法用地比例应当不低于30%;其他更新单元的合法用地比例应当不低于60%。而城中村需要进行整备的土地,其合法用地比例往往无法满足城市更新政策要求,故无法采用城市更新模式。具体的内容已在前文城市更新部分专项讲解,此

处不再赘述。

（六）利益统筹或将成为未来存量土地开发主流模式

土地整备利益统筹政策诞生的意义在于，通过“政府主导、社区主体、社会参与”的方式充分盘活原农村集体土地资源，解决土地历史遗留问题，实现国有用地的收储，补足基础设施及公共配套的欠账，并以留用地方式一定程度上代替货币补偿，从而破解征地难题。同时该模式也是在不便于采用城市更新、房屋征收等传统模式的情况下，实现土地盘活与合作共赢的有效路径。

1. 从计划执行情况来看，根据《深圳市 2023 年度城市更新与土地整备计划》，2022 年全市通过城市更新和土地整备实现用地保障规模 1725 公顷，目标完成率为 173%。其中，通过征收重建类城市更新移交入库公共利益用地 89 公顷，通过土地整备完成 1636 公顷。通过城市更新和土地整备完成直接供应用地规模 166 公顷，目标完成率为 85%。其中完成居住用地直接供应规模 112 公顷，目标完成率为 93%。2022 年全市计划通过土地整备完成不少于 200 公顷的民生设施用地，实际完成民生设施用地整备 587 公顷，目标完成率为 293%。

超额完成规划统筹基础教育设施用地任务。2022 年全市通过城市更新和土地整备规划统筹实施基础教育设施用地面积 133 公顷，目标完成率为 249%；完成基础教育学位任务 140,048 座，目标完成率为 262%。超额完成居住潜力用地整备任务。2022 年全市计划通过土地整备完成不少于 250 公顷的居住潜力用地，实际完成居住潜力用地整备 255 公顷，目标完成率为 102%。超额完成公共住房和配套宿舍规划筹集任务。2022 年全市通过城市更新和土地整备完成规划筹集公共住房和配套宿舍 84,864 套，目标完成率为 250%。超额完成产业用地整备任务。2022 年全市计划通过土地整备完成不少于 450 公顷的产业用地，实际完成产业用地整备 470 公顷，目标完成率为 104%。

2. 从计划编制情况来看，根据《深圳市 2023 年度城市更新和土地整备计划》，2023 年度全市通过城市更新和土地整备实现用地保障规模 900 公顷，其中，通过拆除重建类城市更新移交入库公共利益用地不少于 100 公顷，通过土地整备完成不少于 800 公顷。为增加民生用地，将通过更新与整备实施基础教育设施用地 53.5 公顷，学位 53,500 座，填补教育、医疗、养老设施用地供应缺口。2023 年度全市通过土地整备完成不少于 200 公顷的民生设施用地；2023 年度全市通过城市更新和土地整备规划筹集保障性住房（含配套宿舍）34,000 套；2023 年度全市通过土地整备完成不少于400公顷的工业用地……

根据《深圳市2023年度城市更新与土地整备计划》,总计561个土地整备类项目列入计划,计划安排新建土地整备项目36个,续建土地整备项目281个,共317个;计划安排新建土地整备利益统筹项目35个,续建土地整备利益统筹项目189个,共224个(罗湖区2个、南山区3个、宝安区42个、龙岗区63个、龙华区60个、坪山区12个、光明区27个、大鹏新区10个、前海合作区5个);计划安排新建土地整备安置房建设项目5个,续建土地整备安置房建设项目15个,共20个;计划安排区级财政承担的房屋征收项目1333个,其中区级房屋征收新建项目263个,区级房屋征收续建项目1070个。

利益统筹模式实质上是对城市更新、常规土地整备模式无法覆盖区域的有效补充,通过政府主导合法化村集体的土地,政府收回部分土地,村集体获得留用地,从而实现土地盘活。结合上述数据分析,利益统筹或将赶超城市更新,成为未来存量土地开发主流模式。

(七)利益统筹4.0时代发展

自2021年起,土地整备利益统筹经历了四个阶段,也是四个时代。“整村统筹试点”阶段即土地整备利益统筹1.0时代:在坪山区南布社区、沙湖社区试点推进整村统筹土地整备;“试点政策”阶段即土地整备利益统筹2.0时代:2015年《土地整备利益统筹试点项目管理办法(试行)》出台,全市试点推进土地整备利益统筹;“全面推进”阶段即土地整备利益统筹3.0时代:2018年《深圳市土地整备利益统筹项目管理办法》出台,全面推进土地整备利益统筹,目前深圳市正在开展的土地整备项目基本上依据的是此阶段的政策规定;“新政推行”阶段即土地整备利益统筹4.0时代:2022年《深圳市土地整备利益统筹办法(征求意见稿)》(以下简称《征求意见稿》)征求公众的意见,建立以权益为核心、利益共享为原则,更公平、更可持续的土地整备利益统筹政策规则。虽然2023年8月9日,深圳市规划和自然资源局出台《关于发布〈深圳市土地整备利益统筹项目管理办法〉续期的通知》,但是面对复杂多变的市场环境、土地现状、城市规划,新政时代早晚都会来临。我们以《征求意见稿》作一个对比,预测利益统筹4.0时代的发展变化。

第一,未来可能扩大整备对象范围。

《深圳市土地整备利益统筹项目管理办法》第2条第1款规定:“本办法适用于以原农村集体经济组织继受单位及其成员实际掌控用地为主要实施对象……项目

范围内至少有一块3000平方米以上集中成片的未完善征(转)地补偿手续规划建设用地……”

《征求意见稿》第2条规定:“本办法适用于以未完善征(转)地补偿手续用地、已征未完善出让手续用地、国有已出让用地等存量低效用地为主要实施对象……”

显然,《征求意见稿》将整备对象范围进一步扩大,由“未完善征(转)地”转向“存量低效用地”,意味着整备范围空间上与内涵上的大幅转变。对比《深圳市土地整备利益统筹项目管理办法》的第7条“留用土地规模原则上不得超过项目规划建设用地面积的55%”的规定以及《征求意见稿》的“附表1:土地权益修正系数表”,可以明显发现,虽然历史用地的处置比例没有发生太多变化,但是《征求意见稿》并没有留用地总量的控制。这就意味着,在算好容积的情况下,土地整备(新政)在理论上可获得的留用地可能不止55%。

第二,未来市场主体介入时间节点可能提前。

《深圳市土地整备利益统筹项目管理办法》规定,留用地获得批复后,才可以引入市场主体;但《征求意见稿》将这一时间节点提前至项目实施方案及土地整备单元规划审批通过后,在法律上正式赋予市场主体征收谈判权,走向城市更新的市场化路径。

不过在这一点上,存在一个较大的隐患:市场主体在进行征收谈判时,所拥有的合法手段仅是经济手段,所以为了顺利推动项目,很可能用钱来解决一切问题,导致征收经济成本不断攀升。而对于政府而言,除了经济手段,拥有更多的政策工具可以左右征收的推进,在一定程度上能够降低村民的直接经济诉求。考虑到这一点,政策工具则以容积为核心,优先算好量,提前封住容量的“天花板”,市场的征收谈判只能在这个容量“天花板”底下进行,能够谈下来多少,全靠市场本事,避免了村民漫无天际地要价,而市场为了顺利推动项目,选择成全村民,然后向政府索取更高容积率。

第三,未来可能出现共有产权住房。

《征求意见稿》提到一个概念:“共有产权住房”,即政府与购房者共同承担住房建设资金,分配时在合同中明确共有双方的资金数额及将来退出过程中所承担的权利义务;退出时由政府回购,购房者只能将自己资产数额部分变现,从而实现保障住房的封闭运行。从其他城市来看,2007年江苏省淮安市率先在全国提出共有产权房;2009年年底上海市也开始实施共有产权房试点。2020年12月21日,时任住房和城乡建设部部长王蒙徽提出，要加快构建以保障性租赁住房和共有产权住房为主体的住房保障体系，2021 年国务院颁发的《关于加快发展保障性租赁住房的意见》中也要求各个城市、地区“加快完善以公租房、保障性租赁住房和共有产权住房为主体的住房保障体系”。深圳的“共有产权住房”可以说是这个政策的延伸，但是本书出版前相关管理规定尚未出台。

第四，未来留用地可能以居住功能为主导。

虽然不少开发商都对利用土地整备来调整用地性质抱有很大期望，但是在现行土地整备利益统筹的政策规定下，能够成功借此将留用地由工业用地改为居住用地的寥寥无几。《征求意见稿》提出“留用地原则上以居住为主导功能”，这是否意味着，工业用地转为居住用地不存在太大的阻碍呢？如果工业用地位于工业区块线范围内呢？这些都有待在实践中探索，让我们拭目以待。

三　土地整备利益统筹与深圳其他土地二次开发模式

2012 年以来，经国务院、广东省联合批准，深圳启动了新一轮土地使用制度改革，在既成的土地利用现状下，除创新了由政府主导的自下而上的土地整备模式外，还实践了城市更新、土地整备（房屋征收、整村统筹、利益统筹等）、棚户区改造等农村集体土地入市等多元化、多渠道的土地二次开发模式。利益统筹作为新生事物，与土地整备、房屋征收、城市更新之间有怎样的关系呢？

（一）土地整备利益统筹与土地整备

土地整备系通过房屋征收、土地收购、征转地历史遗留问题处理等多种方式，满足产业发展和工业建设需要并解决权属争议的一种新方式。“整村统筹”土地整备作为其中一种创新模式，打破了传统以政府为主导的模式，形成由政府政策支持和资金统筹，以原农村公司为运作主体的新模式，也是利益统筹的前身。

从利益统筹的发展历程来看，深圳以坪山区为试点，重点试行“整村统筹”土地整备，并在 2018 年正式推出土地整备利益统筹模式，以利益统筹为核心，将政府、集体和个人的土地增值收益进行合理分配，“一揽子”解决土地历史遗留问题，推动社区转型。

（二）土地整备利益统筹与房屋征收

房屋征收是指政府基于公共利益的需要，按照法定程序收回房屋及土地使用权,并对房屋的权利人进行补偿的行政行为。《国有土地上房屋征收与补偿条例》第2条规定,为了公共利益的需要,征收国有土地上单位、个人的房屋,应当对被征收房屋所有权人(以下简称被征收人)给予公平补偿。房屋征收主要有以下四大特征:

(1)公共利益属性强。房屋征收是一项保障性安居民生工程,充溢着公共利益色彩,体现以人为本,且可有效保障权利人回迁诉求。

(2)强制执行性。房屋征收是政府基于维护公共利益的目的而实施的一种强制执法行为。若在房屋征收决定生效前未与实施主体签订补偿协议,且征收决定发布后的法定期限内不申请行政复议或不提起行政诉讼,在补偿决定规定的期限内又不搬迁的,由作出房屋征收决定的市、区级人民政府依法申请人民法院强制执行,以此充分保障大部分业主的合法权益,保障项目的顺利推进。

(3)被征收人利益或受损。房屋征收决定生效后,相关补偿标准按《房屋征收补偿方案》执行,被征收人相关权益或将受损,主要集中在增购建筑面积将无法享受、选房次序将处于劣势和补偿类型及奖励或将受损等方面。另外,旧住宅区因建筑年限久远,居住人群类型较为集中,邻里关系相对密切,若因个人利益与整体利益发生冲突,或将对个人名誉造成一定影响。

(4)权利救济及权益保障。若房屋被征收,权利人可依法获得相应的权利救济,如申请行政复议或提起行政诉讼,且可享有获得合理补偿及奖励的权益,还可申请终止房屋征收。

基于上述特征,且现行法规政策并未明确土地整备利益统筹项目可否引入行政征收,按照行政行为"法无授权即禁止"的原则,在土地整备利益统筹项目推进过程中不可以直接引进房屋征收。

行政征收的适用前提是公共利益,而公共利益属于抽象的法律概念,在行政征收领域的个案中往往呈现出不同目的和表现形式。那么利益统筹项目是不是一定可以引入房屋征收呢?答案是不一定。有人认为利益统筹有法可依,是为了城市建设和经济发展,当然具有公共利益。然而是否具有公共利益,应当以实际项目情况来确定,现代法治国家原则上所有法律的"立法目的"都是公共利益,不可能制定一部为了"私利"的法律。因此不能以立法目的的表述具有公益性,推断出所有利益统筹项目都具有公益性,这种解释很容易被诟病肆意扩大"公益"的范围。也有人认为所有列入土地整备计划的,都是符合征收条件的。虽然"凡是列入房屋征收计划的,都是符合征收条件的"这一表述没有问题,但是土地整备计划不等同于征收计划,房屋征收是土地整备的一类,而利益统筹也是房屋征收的一种类型,二者与土地整备都是包含关系,房屋征收和利益统筹可能存在交叉,但不必然存在交叉或完全相同,因此推出"所有列入土地整备计划的,都是符合征收条件的"这一结论是不正确的。或许解释为"确需征收房屋的土地整备项目",土地整备计划才等同于征收计划,并非所有的土地整备计划都等同于征收计划。

在实务中,我们还会接触到"个别征收"的概念。《深圳经济特区城市更新条例》第36条规定,旧住宅区已签订搬迁补偿协议的专有部分面积和物业权利人人数占比均不低于95%,且经区人民政府调解未能达成一致的,为了维护和增进社会公共利益,推进城市规划的实施,区人民政府可以依照法律、行政法规及该条例相关规定对未签约部分房屋实施征收。

"个别征收"制度的确立为"住宅类物业",特别是旧住宅区解决"搬迁难"问题提供了有利的制度保障。"个别征收"这一最后一道保障措施或者争议解决手段的确立,对于城市更新参与各方的预期以及各主体的行为模式都将产生深远影响,因此无论相关项目最后是否适用,其在规范层面的威慑力恐怕都要比具体适用到项目上的震慑力高。从这个角度来讲,"个别征收"制度的立法意义要远高于规则具体适用的意义。

"个别征收"制度因其适用范围的有限性,以及能否充分发挥它的兜底功能还需要实践和时间的检验,因此,在当前阶段讨论城市更新以外的其他存量土地二次开发模式能否采用"个别征收"制度,其实并不是一个恰当的时机。但"个别征收"制度相较于一般征收制度进行的简化设置,引起城市更新以外的其他存量土地二次开发模式的重视是可以预料的。未来,"个别征收"制度可能会引入棚户区改造、利益统筹等二次开发模式中,在这种趋势下,如何有效落实"个别征收"制度,并不断深化和完善,从而为一般征收制度提供一个可借鉴的路径等思考虽然超出了城市更新范畴,但是是更加有益的可期待的努力和发展的方向。需要注意的是,无论是"个别征收"制度还是一般征收制度,都必须保障被征收人的相关权益,"个别征收"制度的引进,目前只能停留在城市更新领域,未来在落实保障被征收人权益及完善法律法规的前提下还需对"个别征收"制度进行完善和优化。

(三)土地整备利益统筹与城市更新

深圳市城市更新起步较早,20世纪90年代深圳进行旧村改造时,城市更新的雏形已初步形成。自2009年《深圳市城市更新办法》出台至2024年,城市更新快速发展，从城市更新的发展历程中能够看到，城市更新呈现出更新对象不断拓展、更新方式多样化、更新速度逐渐加快的趋势。

土地整备利益统筹起步相对较晚。2012 年坪山区开始了利益统筹的探索实践；2015 年年底《深圳市土地整备利益统筹试点项目管理办法（试行）》正式出台，利益统筹试点项目开始大规模展开；2018 年《深圳市土地整备利益统筹项目管理办法》正式印发，后续相关配套政策逐渐完善，已经成为深圳土地整备的一大重要支柱。

我们通过对比的方式区分土地整备利益统筹与城市更新（见表 3）。

表 3　土地整备利益统筹与城市更新的区别

	土地整备利益统筹	城市更新
总体思路	由政府引导，原村集体为主体，市场参与，以原农村集体实际使用的土地为整备对象，以公共利益为土地整备的切入点，优先保障公共基础设施、公共服务设施和重大产业项目供应，加强规划实施，推动土地集约利用，促进城市发展和社区转型	由政府引导、市场主导，以国有已出让用地、原村集体掌握的合法用地和历史用地等土地为对象，进一步完善城市功能，优化产业结构，改善人居环境，推进土地、能源、资源的节约利用，促进经济和社会可持续发展
土地（指标）适用类型	可纳入利益统筹项目的土地以原村集体掌握的土地为主，包括已取得房产证、土地使用权出让合同的土地，已取得城市化非农建设用地批复、征地返还用地批复的土地，已取得农村城市化历史遗留违法建筑确认决定书的土地，已取得旧屋村范围认定批复的土地，经区政府确认可落实非农建设用地指标或征地返还用地指标	纳入城市更新单元的土地以合法用地为主，包括国有已出让用地、原村集体掌握的合法用地和历史用地。原村集体掌握的合法用地包括已取得房产证的土地，已取得土地使用权出让合同的土地，已取得城市化非农建设用地批复、征地返还用地批复的土地，已取得农村城市化历史遗留违法建筑确认决定书的土地，已取得旧屋村范围认定批复的土地，经区政府确认可落实非农建设用地指标等；历史用地是指经批准纳入城市更新计划的城市更新区域内未签订征（转）地协议或已签订征（转）地协议但土地或者建筑物未作补偿，用地行为发生在 2007 年 6 月 30 日之前，用地手续不完善的建成区土地

续表

	土地整备利益统筹	城市更新
范围划定依据	以规划道路、自然山体与河流、社区界限等为边界,综合考虑片区功能完整性、系统性和项目可实施性	以相对成片的区域为主,在保证城市基础设施、公共服务设施相对完整的前提下,按照有关技术规范,综合考虑道路、河流等自然要素及产权边界等因素拟定
项目立项条件	(1)项目以街道为界线; (2)项目范围内至少有一块3000平方米以上集中成片的未完善征(转)地补偿手续的规划建设用地	(1)拆除范围的用地面积大于10,000平方米; (2)大于3000平方米的空地不能纳入更新范围; (3)拆除范围内权属清晰的合法土地面积占拆除范围用地面积的比例应当不低于60%,合法用地比例不足60%但不低于50%的,拆除范围内的历史违建可按规定申请简易处理,经简易处理的历史违建及其所在用地视为权属清晰的合法建筑物及土地; (4)旧住宅区建筑物建成时间原则上不少于20年,旧工业区和旧商业区建筑物建成时间原则上不少于15年; (5)项目为单一宗地的,需占建筑物总面积2/3以上且占总数量2/3以上的权利主体同意,项目为原农村建成区的,需经继受单位股东大会表决同意申请后方可申报,或经占建筑物总面积2/3以上且占总人数2/3以上的权利主体同意申请拆除重建,并经继受单位同意后,方可申报
移交政府土地	除社区留用土地外,其余土地全部移交政府管理,移交政府的土地原则上不少于项目规划建设用地面积的55%	无偿移交给政府大于3000平方米且不小于拆除用地面积15%的独立用地;就目前深圳市城市更新项目情况而言,建设用地贡献率达到30%

续表

	土地整备利益统筹	城市更新
规划建筑面积	留用土地规划建筑面积包括基础建筑面积、配套建筑面积和共享建筑面积(在规划允许条件下,可在基础建筑面积的基础上增加的建筑面积)三部分。 依据《深圳市土地整备利益统筹项目管理办法》核算的留用土地规划建筑面积应满足周边公共服务设施和城市基础设施承载力的要求,并符合生态保护、城市设计等相关控制要求和《深圳城市规划标准与准则》容积率上限规定	开发建设用地的规划建筑面积由基础建筑面积、转移建筑面积和奖励建筑面积三部分构成。基础建筑面积是指各开发建设用地按照《深圳城市规划标准与准则》核算确定的建筑面积;转移建筑面积是指城市更新项目实际土地移交率超出基准土地移交率核算出的用地面积与基础容积率的乘积;奖励建筑面积是指因公共利益需要,依据城市更新有关规定及《深圳城市规划标准与准则》给予的建筑面积奖励

四 土地整备利益统筹各方主体及法律关系

《深圳市土地整备利益统筹项目管理办法》第3条规定,利益统筹项目按照政府主导、社区主体、社会参与的原则,综合考虑项目范围内未完善征(转)地补偿手续用地和原农村集体经济组织继受单位合法用地,通过规划、土地、资金、产权等统筹手段,完成整备范围内土地确权,"一揽子"解决历史遗留问题,实现政府、原农村集体经济组织继受单位及相关权益人多方共赢,促进社区转型发展。那么通过利益统筹,各方主体能获得什么样的增益?又需要承担什么样的义务?

《深圳市土地整备利益统筹项目管理办法》第4条规定,在利益统筹项目范围内,政府与原农村集体经济组织继受单位"算大账",通过资金安排、土地确权、用地规划等手段,集约节约安排土地,保障城市建设与社区发展空间需求。原农村集体经济组织继受单位与相关权益人"算细账",通过货币、股权和实物安置等手段,确保权益人相关权益,实现整备范围内全面征转清拆。除留用土地外,其余土地全部移交政府管理。由此可知,利益统筹操作模式总共分两步,第一步是"算大账",涉及主体包括政府、原农村集体经济组织继受单位;第二步是"算细账",涉及主体包括农村集体经济组织继受单位、相关权益人(包括业主、二房东、实际房屋占有人),政府也会作为项目主导单位参与其中,尤其是清租阶段。在分析土地整备利益统筹中的法律关系之前,我们先介绍土地整备利益统筹中的各方主体。

(一)土地整备利益统筹各方主体

在本章,我们将对土地整备利益统筹中的政府、原农村集体经济组织继受单位、市场主体及土地实际控制人等各方主体进行简单介绍,并在第四节"土地整备利益统筹操作流程"中详细介绍各方主体在利益统筹中扮演什么角色,承担什么义务,如何推进项目进程。

1. 政府

政府在利益统筹项目中具有主导地位,把控利益统筹项目的全流程,"自上而下"解决土地历史遗留问题。这里所指的"政府"并非某个行政机关,也并非我们常见的人民政府,而是指在土地整备利益统筹项目中具有权责的行政机关,包括市规划和自然资源局、区人民政府、区城市更新和土地整备局、区土地整备事务机构、街道办事处等。利益统筹项目的操作流程可分为项目立项、实施方案编制与审批及项目组织实施三个阶段,政府各部门在各个阶段履行职责,各司其职。政府在利益统筹项目中的角色主要体现在"算大账"流程上,将在后续利益统筹操作流程部分详细说明。

2. 原农村集体经济组织继受单位

原农村集体经济组织继受单位即现在的股份合作公司,其来源于1994年的《深圳经济特区股份合作公司条例》(已被修改)。但是股份合作公司并不等同于公司法上的有限责任公司或股份有限公司,其设立形式及其内部构成与股份有限公司相似。股份合作公司在20世纪90年代已开始摸索转型,2019年之后逐渐稳定发展,一共经历了以下四个阶段。

第一阶段:20世纪70年代至80年代末。1980年,深圳经济特区正式设立,在特区建设的同时,深圳各区农村撤销了人民公社,并以行政村为单位,选举产生村民委员会作为管理集体经济的农村基层组织,在行政村下设合作社,同时自然村下设经济合作社,作为农村集体合作经济组织。在这一时期,出现了不同形式的村办企业,如在关内,罗湖区向西村设办了向西企业公司;在关外,龙岗区坂田村设办了坂田经济发展公司。

第二阶段:1992 年至 2003 年。1992 年,深圳农村城市化进程进一步加快,深圳市人民政府出台《深圳经济特区农村城市化的暂行规定》,要求对深圳特区范围内 68 个村民委员会、沙河华侨农场和所属持特区内常住农业户口的农民、渔民和蚝民进行农村城市化,将原村民委员会发展集体经济和组织村民自治的两大职能分开,分别由新的集体经济组织、居民委员会和街道办事处承担。1994 年 4 月,深圳市人民政府首次通过了《深圳经济特区股份合作公司条例》(已被修改),为村股份合作公司的设立、经营提供了法律依据。在该阶段,罗湖、福区、南山和盐田四个区陆续完成了农村城市化,撤销村民委员会建制,建立社区居民委员会,农民转为居民,农村集体经济组织陆续改制为股份合作公司。

第三阶段:2003 年至 2019 年。2003 年 10 月 29 日,中共深圳市委、深圳市人民政府《关于加快宝安龙岗两区城市化进程的意见》出台,决定加快宝安、龙岗两区的农村城市化进程。一方面,土地由集体转为国有;另一方面,村民委员会及村民小组改制,新增社区居民委员会和社区股份公司代替原村民委员会及村民小组的功能。深圳已不存在村民委员会和村民小组,只有社区股份公司和社区居民委员会,深圳原农村集体经济组织改制已彻底完成。

第四阶段:2019 年至今。随着市场经济体制改革逐步深化和深圳经济社会不断发展,《深圳经济特区股份合作公司条例》中的部分制度规范和具体条文已不适应村股份合作公司的改革发展需要。在维持股份合作公司现有管理体制和管理格局的前提下,为重点解决公司发展中面临的主要问题,深圳市人民政府在探索完善股权设置、强化新时代党的领导和党的建设、引导和规范股份合作公司通过章程实现自主管理、完善监管体制机制四个方面进行了修改,并于 2019 年 9 月发布了修正后的《深圳经济特区股份合作公司条例》,为股份合作公司的改革转型提供指导。

从农村集体经济组织到社区股份合作公司,不仅职能被分离,存续形式也发生了变化。通过 1992 年、2003 年两次农村城市化进程,原村民委员会发展集体经济和组织村民自治的两大职能被分开,村民委员会建制撤销,其发展集体经济的职能由新的集体经济组织(股份合作公司等继受主体)承担,其基层民主自治职能由居民委员会承担,其他职能则由街道办事处承担。目前,股份合作公司存在三种形式:其一,以村民小组集体资产为基础设立公司,村民小组村民为股东;其二,以行政村集体资产为基础设立公司,村民小组为股东;其三,经村民会议特别会议决议,以行政村集体资产和村民小组集体资产为基础设立公司,村民为股东。

上述我们了解了股份合作公司的前身及发展历史,那么股份合作公司在土地整备利益统筹中又扮演什么样的角色呢?项目立项阶段,股份合作公司划定意向地块范围,形成意向方案并向街道办事处申请立项;项目组织实施阶段,股份合作公司先与政府“算大账”,再与相关权益人“算小账”,最终可以获得留用土地的使用权、处置权及收益权。股份合作公司在签订利益统筹项目实施协议书后,应自行厘清项目范围内的经济关系,并负责建(构)筑物及青苗、附着物等的拆除、清理等工作。股份合作公司独自作为搬迁人的情况下,应与相关权益人就补偿金额、方式、回迁等问题进行协商,并组织相关权益人签订搬迁补偿安置协议。

3. 市场主体

根据《深圳市土地整备利益统筹项目管理办法》,无论是“算大账”还是“算细账”,对股份合作公司而言,大部分项目会引进市场主体,一方面可以解决资金不足的问题;另一方面股份合作公司可与市场主体合作,共同开发留用地,共享增益。而对市场主体而言,参与利益统筹项目的前期服务,主要是为了获取后期留用土地(留用土地的规划建筑面积包括基础建筑面积、配套建筑面积、共享建筑面积等)的合作开发权益,或是将项目孵化成熟后再寻求与第三方的商业合作。

事实上,在留用土地批复取得之前的立项申报、实施方案编制等环节,股份合作公司常因为缺乏相应的项目经验、专业能力,难以独自完成范围划定、现状研究及核查、项目可行性研究、规划研究及调整等一系列专业性要求极高的工作。基于上述特殊的政策背景和现实困境,以及在项目前期为村股份合作公司提供相关专业服务具有必要性、可行性,利益统筹项目“前期服务商”便应运而生,而“前期服务”也成为市场主体在前期介入利益统筹项目并对后续获取项目进行铺垫的重要路径。

基于留用地开发的商业目的,市场主体一般与社区股份合作公司合作或者作价入股,共同开发留用地。当然,社区股份合作公司也可以在项目实施阶段引入合作开发主体(市场主体应由原农村集体经济组织继受单位按照相关规定通过集体资产交易平台择优确定),助力项目搬迁补偿工作。

从市场主体扮演的角色来看,若市场主体在项目搬迁补偿阶段进入,一般将其视作搬迁人,与社区股份合作公司共同完成补偿方案制定、搬迁补偿协议签订、房屋拆除、用地移交等工作。其实施行为的权利来源于社区股份合作公司,而市场主体取得权利的前提是承担搬迁补偿费用及相应的工作内容,并负责后续土地清理、拆除等工作,以及在项目结束后完成留用地开发、回迁房移交等工作。

4. 土地实际控制人

因实际占有、使用土地房屋的不一定是被搬迁人,也可能是承租人、二房东,为避免歧义,本章统一表述为土地实际控制人。就土地实际控制人在土地整备利益统筹中可能涉及的搬迁补偿权益而言,土地实际控制人可以选择货币补偿、回迁安置或者货币补偿和回迁安置相结合的方式。因被搬迁房屋功能类型(住宅类和非住宅类)、被搬迁房屋类型和结构(砖混钢架结构、祖屋、碉楼、单元式住宅、工业房屋)、实际掌控人身份(村民、非村民)、是否办理产权登记等差异,土地实际控制人可以获得的搬迁补偿存在差异,此为搬迁补偿权益的主体补偿。而其他补偿主要是构筑(附属)物补偿,包括临时建筑物、构筑物、其他附着物、不计入建筑面积的阳台、擅改商、庭院地的补偿以及室内装修费、搬迁费、临时安置费等。就土地实际控制人在土地整备利益统筹项目中可能承担的义务而言,如果土地实际控制人将房屋出租给私人作为住宅或出租给企业生产经营,会涉及清租事宜,土地实际控制人有义务完成承租人包括二房东的搬迁工作。

从整个利益统筹来看,政府与社区"算大账",社区与土地实际控制人"算细账",土地实际控制人与租户厘清民事租赁关系,具体以双方协议约定完成搬迁补偿。实际占有、使用人搬迁完成后,土地实际控制人还需要前往不动产登记中心完成权属注销登记和水电注销登记,未办理产权登记也需要办理水电注销登记,为后续房屋拆除、土地移交入库做好准备工作。

(二)土地整备利益统筹中的法律关系

利益统筹整体分为两个阶段:政府与社区"算大账",涉及的主要法律关系是土地征收与补偿关系;社区与相关权益人"算细账",涉及的法律关系为常见的民事法律关系,包括合作建房关系、租赁关系、原集体土地上合法的流转关系、拆除与安置关系等。

1. 政府与原农村集体经济组织继受单位的土地征收与补偿关系

政府与村集体之间的土地征收与补偿关系与《土地管理法》的相关规定在实践中存在一定差异,主要体现在实施主体不同、补偿程序不同、补偿对象不同。

根据《土地管理法》的相关规定,国家征收土地的实施主体必须为县级以上地方人民政府,且应当经过省级以上人民政府批准。而土地整备利益统筹项目实施主体往往是当地的土地整备机构,属于当地政府的职能部门或直属机构,一旦就具体行政行为提起行政诉讼的，前者的管辖机构为中级人民法院，后者一般为基层人民法院。

程序方面，国家征收土地需要遵循以下程序：县级以上地方人民政府应当开展拟征收土地现状调查和社会稳定风险评估，并将征收范围、土地现状、征收目的、补偿标准、安置方式和社会保障等在拟征收土地所在的乡（镇）和村、村民小组范围内公告至少 30 日，听取被征地的农村集体经济组织及其成员、村民委员会和其他利害关系人的意见；多数被征地的农村集体经济组织成员认为征地补偿安置方案不符合法律、法规规定的，县级以上地方人民政府应当组织召开听证会，并根据法律、法规的规定和听证会情况修改方案。以上程序遵循先“民”后“村”的原则。而土地整备利益统筹项目的程序，根据“算大账”的做法，往往由整备机构发出征地公告、公布补偿方案，与村集体达成补偿协议，再由村集体捋顺与其他民事主体之间的民事关系，整体程序表现为先“村”再“民”。

在补偿对象及补偿的内容方面两者差异不大，能够获得补偿的对象一般包括土地所有权人及地上物的所有权人。土地所有权人一般是指村集体；地上物大范围可划分为地上建筑物和青苗等，其所有权人一般是指村民或其他民事主体。两者的补偿款项应当区分土地补偿款、地上附着物的补偿款，都以体现各方补偿利益为宜。

2. 原农村集体经济组织继受单位与其他主体的民事法律关系

根据《深圳市土地整备利益统筹项目管理办法》第 4 条，“算细账”旨在厘清利益统筹项目范围内全部权益人的经济利益关系，顺利拆除地上附着物、清理土地，使毛地转为净地，具备移交入库及出让的前提条件。“算细账”一方面可以调整转变原来的征收补偿关系，由原来的行政主体与被征收人之间的征收补偿关系，转变为民事主体之间的征收补偿关系。法律关系性质的改变，降低了作为行政主体的街道办事处及土地整备部门的涉诉风险。另一方面允许引进市场主体作为搬迁人，负责对相关权益人的补偿安置工作，借助市场力量，按照市场逻辑确定补偿标准，基本能满足被征收人的补偿诉求，有利于征收补偿工作的推进。

根据笔者检索到的司法判例，“算细账”在特殊情况下，亦可以突破合作建房关系、租赁关系、原集体土地上合法的流转关系、拆除与安置关系等民事法律关系，即通过转征收程序将“算细账”中的搬迁人转为“算大账”中的行政征收补偿关系中的补偿对象。

3. 关于留用土地的商业开发

由于深圳土地制度发展历史的特殊性，土地整备利益统筹项目实施之后的土地并非完全用于收储，而是根据该片区中原用地属性、原征地补偿的进展程度等，最后划分为四部分：收储土地、原合法国有用地、调入的合法用地指标土地、利益共享用地，后三者加总就是留用土地。《深圳市土地整备利益统筹项目管理办法》第 4 条第 3 款规定，除留用土地之外，其余土地全部移交政府管理。市场主体参与土地整备利益统筹项目，项目的商业价值是由留用土地的价值决定的。根据《深圳市土地整备利益统筹项目管理办法》第 7 条第 2 款的规定，在利益统筹项目范围内安排的留用土地规模原则上不得超过项目规划建设用地面积的 55%，可理解为，项目经过实施之后，收储土地至少为规划建设用地面积的 45%。留用土地中的利益共享用地，就其性质而言，与“非农建设用地指标”“征地返还”非常相似，均是为了照顾、平衡原村集体利益。利益共享用地面积可按照以下公式计算：（原未办妥征转手续用地 - 调入的合法用地指标土地）× 百分比（20% ~50%），该百分比依据土地现状容积率具体确定。

经过土地整备利益统筹项目实施整备之后，土地分为收储土地和留用土地。一般情况下，在取得留用土地后，社区股份合作公司会通过集体资产交易平台选定合作开发商，共同在留用土地上合作开发，由合作主体承担项目建设成本，建成房屋一部分用于回迁安置，剩余商品房用于保障社区及合作主体的经济效益。当然市场主体也可以提前介入土地整备利益统筹项目，提供前期服务，锁定留用地开发资格。

第四节　土地整备利益统筹操作流程

一　项目立项申报

深圳市各区基本细化了《深圳市土地整备利益统筹项目管理办法》的规定并制定了土地整备利益统筹操作流程，发布了土地整备利益统筹的操作规程或是计划申报指引等文件，对项目的操作流程作了更加细致的规定，同时各区在实际操作中也存在差异。在本节笔者主要结合宝安区、龙华区、光明区的实务经验，详细介绍深圳市土地整备利益统筹操作流程。

（一）利益统筹项目范围划定

按照《深圳市土地整备利益统筹项目管理办法》的规定，利益统筹项目的主要实施对象为原农村集体经济组织继受单位及其成员的实际掌控用地，以街道为界线（大鹏新区以新区为界线），项目范围内至少有一块3000平方米以上集中成片的未完善征（转）地补偿手续的规划建设用地。《龙华区土地整备利益统筹项目计划申报指引（试行）》（已失效，下同）在《深圳市土地整备利益统筹项目管理办法》的基础上，对项目范围划定的要求加以细化：

（1）实施对象原则上是继受单位及其成员的实际掌控用地。

（2）原则上以街道为界线，项目范围内至少有一块3000平方米以上的集中成片的未完善征（转）地补偿手续的规划建设用地。

（3）原则上应包含集中成片、相对规整的公共服务设施用地及产业、居住、商业等经营性用地，移交政府用地的规模及空间位置应符合规划建设的标准。

（4）范围边界原则上需综合考虑片区功能完整性、系统性和项目可实施性，依据规划用地情况、自然地理要素和土地权属情况划定。其中，项目范围原则上应包含完整的产权边界或规划用地边界；涉及道路的，边界原则上以现状道路或规划道路为界；涉及山体、河流等自然地理实体的，边界原则上以自然地理实体边界为界。

上述四个要求中，前两个虽然也存在争议，但相对来说比较好界定，后两个要求在认定上则弹性更大。何为“集中成片、相对规整”？如何界定“片区功能完整性、系统性和项目可实施性”？虽然这些问题可以通过项目可行性研究报告予以解释，但不可否认的是，政府主管部门在这两个要求的认定上享有较大的自由裁量权。这意味着在利益统筹项目申报条件上，存在与政府主管部门沟通和博弈的空间。

（二）利益统筹项目申报要求

包括《深圳市土地整备利益统筹项目管理办法》在内的市级政策文件未对利益统筹项目申报情形作出规定，以龙华区土地整备利益统筹项目为例，《龙华区土地整备利益统筹项目计划申报指引（试行）》结合《深圳市土地整备利益统筹项目管理办法》的制定目的，将可纳入利益统筹项目范围的土地区分为一般情形和优先、鼓励纳入情形两种。

1. 可纳入利益统筹项目范围的土地的一般情形

（1）为保障公共利益，规划独立占地的教育设施、医疗卫生设施、文体设施、道路交通等城市公共配套设施、城市基础设施或其他城市公共利益项目亟须落实的；

(2)为促进产业发展，深入挖掘产业空间潜力，确保重大项目供地，需要提前进行成片土地开发的；

(3)为推进规划实施，现有土地用途、建筑物使用功能明显不符合社会经济发展要求，用地零散、效率低下或不利于城市空间和功能的战略性优化的；

(4)经市(区)人民政府批准应当进行利益统筹的其他情形。

2. 可优先、鼓励纳入利益统筹项目范围的土地的情形

(1)违法建筑空间管控专项行动中未完善征(转)地补偿手续的未建设空地应优先纳入利益统筹项目。鼓励原农村集体经济组织继受单位将管辖范围内违法建筑空间管控专项行动中未完善征(转)地补偿手续的未建设空地一并纳入利益统筹项目申报范围。

(2)位于一级工业区块线、《深圳市土地整备专项规划(2016—2020)》(已失效)重点整备片区以及规划产业用地相对集中等区域的项目，范围划定时原则上应包含不小于50,000平方米的集中成片区域，此类用地应优先纳入利益统筹项目。

(3)对于积极配合政府开展房屋征收与补偿工作的，该原农村集体经济组织继受单位申报的利益统筹项目可优先纳入计划。

(4)鼓励原农村集体经济组织继受单位将管辖范围内未完善征(转)地补偿手续用地全部纳入利益统筹项目，"一揽子"解决土地历史遗留问题。

(5)鼓励集中成片大面积的建成区纳入利益统筹项目范围。

(6)鼓励将基本生态控制线范围内现状为建成区的非规划建设用地纳入利益统筹项目范围统筹协调解决。

(三)利益统筹项目申报主体

根据《深圳市人民政府关于推进土地整备工作的若干意见》的规定，由各区土地整备部门组织相关部门初步确定区土地整备年度计划草案后报区政府审议通过，然后报市规划和自然资源部门审议，最终由市政府批准。可见，常规的土地整备项目是由政府部门依职权、单方决定申报纳入土地整备年度计划的。深圳市规划和自然资源局在《关于〈深圳市土地整备利益统筹办法〉(征求意见稿)公开征求意见反馈表》中，回应关于"明确项目的申请主体(启动主体)，增加不动产权益人意愿征集、项目立项条件条款"的公众意见，也认为根据深圳市人民政府《关于推进土地整备工作的若干意见》，土地整备的实施主体是区政府，由区政府作为土地整备项目的申请

主体,即认为利益统筹项目是由政府依职权、单方决定申报纳入土地整备年度计划,无须考虑权益人的意愿问题。

在实务操作中,利益统筹项目申报立项的做法与常规土地整备项目有着明显的、性质上的区别。由于利益统筹项目以继受单位及其成员的实际掌控用地为主要实施对象,故实务中一般是由拟纳入利益统筹项目的土地涉及的继受单位作为申报主体,向辖区街道办事处申请纳入土地整备年度计划。比如《龙华区土地整备利益统筹项目计划申报指引(试行)》规定继受单位召开股份合作公司董事会发起立项,协商项目范围,经股份合作公司董事会、监事会、集体资产管理委员会(以下简称"三会")同意后,向辖区街道办事处提出申报利益统筹项目计划的申请。《光明区土地整备利益统筹项目计划申报指引(试行)》(已失效,下同)规定,社区股份合作公司确定项目申报范围、编制意向方案,并经股份合作公司"三会"表决同意后,向辖区街道办事处提出利益统筹项目立项的申请。

可见,利益统筹项目是由政府依申请进行审批并纳入土地整备年度计划的,以申报主体具有整备意愿为前提。并且,根据涉及的继受单位是否单一,《龙华区土地整备利益统筹项目计划申报指引(试行)》及《光明区土地整备利益统筹项目计划申报指引(试行)》将申报方式分为单独申报与联合申报。申报范围涉及多个社区的,可联合申报,但须提供多个"三会"的决议证明。

(四)项目申报程序

1. 原农村集体经济组织继受单位申请

原农村集体经济组织继受单位召开股份合作公司董事会发起立项,协商项目范围,经股份合作公司"三会"同意后,向辖区街道办事处提出申报利益统筹项目计划的申请,将项目计划申请书(含"三会"决议证明)、项目范围图、建筑物信息图和现状建筑物整体情况的近期照片等材料提交至辖区街道办事处。申报范围涉及多个社区的,可联合申报,但须提供多个"三会"的决议证明。

2. 街道办事处预审

项目所在辖区街道办事处对项目情况是否满足申报要求和材料是否真实进行初核,组织开展项目可行性研究工作,并于30个工作日内编制完成利益统筹项目可行性研究报告,连同其他申报材料报送区更新整备部门。

3. 区更新整备部门核查、汇总、筛选

区更新整备部门需于10个工作日内完成申报材料的核查工作,核查内容包括核查项目申报材料的完整性、合理性，是否符合本申报指引要求。同时应结合上位规划综合考虑项目对完善片区城市基础设施和公共服务设施、拓展产业发展空间以及确保原农村集体经济组织继受单位发展诉求的作用与意义，汇总、筛选符合要求的申报项目。

4. 征求相关单位意见

核查通过后，区更新整备部门就该项目对完善片区城市基础设施和公共服务设施、拓展产业发展空间的作用及意义，是否与城市更新等项目冲突，是否对正在实施的征地或土地整备项目产生影响，以及项目重要性、紧迫性、可实施性等方面的内容，征求区土地整备领导小组（以下简称区领导小组）成员单位意见，成员单位于5个工作日内给予意见反馈。

5. 项目申报计划报审

区更新整备部门须于10个工作日内完成征求意见处理工作（征求意见时间不计入内），拟定下一年度区利益统筹项目计划草案，报区领导小组办公室初审。区领导小组办公室初审后报区领导小组审议。区领导小组审议通过后，区更新整备部门以区政府的名义按程序报市更新整备部门。

6. 街道办事处开展影像记录工作

项目申报成功后，街道办事处开展项目范围内的影像记录工作并做好存档，原农村集体予以协助。

附：申报材料

1. 申请书。应包含以下内容：

（1）项目基本情况，包含区社会经济发展情况、用地及建筑物产权情况、意愿说明等；

（2）申报理由及实施范围划定合理性说明。

2. 项目范围图。应包括项目范围的空间位置及坐标、未完善征（转）地补偿手续的用地范围、规划地块边界等信息。

3. 建筑物信息图。应包含项目范围内所有建筑物平面位置、结构、建筑量等信息。

4. 现状建设情况的近期照片3～5张。

5. 项目可行性研究报告。报告应说明：

（1）项目范围内及项目所在社区整村土地权属情况及现状建设情况；

(2)对本项目开展的必要性、可行性进行分析评估；

(3)预判项目范围划定的合理性；

(4)对范围内现有规模以上企业的安置(如存在规模以上企业的情况)、正在实施房屋征收或土地整备项目的影响等方面进行说明；

(5)提出项目对完善片区城市基础设施和公共服务设施或拓展产业发展空间的作用与意义,与周边其他更新项目的关系及统筹建议；

(6)就存在的问题提出相关建议；

(7)其他认为必要的情况说明。

所有申报材料均应加盖申报单位公章(印章)；证明材料较多且汇集成册的,需加盖骑缝章。具体要求如下：

(1)所有申报材料须提供纸质和电子文件；

(2)其中,《土地整备利益统筹项目计划申请书》《项目可行性研究报告》电子文件为DOC格式；《项目范围图》《建筑物信息图》提供的纸质图幅不小于A3,比例尺不低于1∶1000,电子文件应为JPG和DWG两种格式,并使用深圳标准坐标系,电子文件以光盘形式提供。

(五)立项初审、审核、审批

社区股份公司通过单独申报或联合申报,向辖区街道办事处申请立项,由街道办事处初审(预审)、土地整备部门审查、区领导小组审议、市规划和自然资源部门审议及市政府批准,纳入土地整备年度计划后正式启动利益统筹征拆工作。

1. 立项初审：街道办事处对意向地块范围内的土地、房屋情况进行核查并提出明确意见,符合要求的项目经街道办事处审议通过后,报区城市更新和土地整备局审核。

2. 立项审核：区城市更新和土地整备局对项目立项申请及街道办事处初审意见审核通过后,提请区领导小组办公室会议审议。

3. 立项审批：区领导小组会议审议通过后,报市整备部门,市整备部门报市政府批准,区城市更新和土地整备局以区政府名义报市规划和自然资源局纳入全市土地整备年度计划。

二 实施方案编制与审批阶段

1. 土地信息核查及容积率核算：街道办事处组织开展测绘、评估，并根据测绘查丈数据开展土地信息核查及现状容积率核算。

2. 实施方案编制：街道办事处编制实施方案（含土地整备规划研究）。

3. 实施方案征求意见：区城市更新和土地整备局征求市规划和自然资源局辖区管理局等相关部门意见并指导街道办事处修改完善实施方案。

4. 实施方案审议：修改后的实施方案经街道办事处会议审议通过后，由区城市更新和土地整备局审核并报区领导小组办公室会议审议。

5. 土地整备规划公示：留用土地不占或占用国有储备土地总面积不超过 3000 平方米的，由区城市更新和土地整备局开展规划公示及意见初步处理；留用土地占用国有储备土地总面积超过 3000 平方米的，由区城市更新和土地整备局以区政府的名义报市规划和自然资源局业务会审议，审议通过后，由区城市更新和土地整备局开展规划公示及意见初步处理。

6. 实施方案审批：区领导小组审批实施方案，审议土地整备规划研究——留用土地不占用国有储备土地或占用国有储备土地总面积不超过 3000 平方米的，区城市更新和土地整备局以区政府名义提请法定图则委员会审批土地整备规划研究；留用土地占用国有储备土地总面积超过 3000 平方米的，区城市更新和土地整备局以区政府名义报市规划和自然资源局业务会审议通过后，提请法定图则委员会审批土地整备规划。

7. 实施方案公告：实施方案经区领导小组会议审批通过后，由区城市更新和土地整备局组织公告。

三 项目组织实施阶段

1. 签订实施协议：区城市更新和土地整备局、市规划和自然资源局辖区管理局、街道办事处和原农村集体经济组织继受单位签订土地整备利益统筹项目实施协议书。

2. 签订资金拨付协议：区城市更新和土地整备局与市规划和自然资源局辖区管

理局签订土地整备资金拨付协议书。

3. 资金拨付和土地移交：街道办事处申请拨付项目资金，原农村集体经济组织继受单位优先理顺项目范围内需移交政府地块的经济利益关系。

4. 供地方案审批：经区城市更新和土地整备局申请，市规划和自然资源局辖区管理局拟定供地方案——留用土地不占用国有储备土地的，市规划和自然资源局辖区管理局报请区政府审批留用土地供地方案并提请下达用地批复；留用土地占用国有储备土地的，市规划和自然资源局辖区管理局提请市规划和自然资源局审议，市规划和自然资源局按程序将经审议的留用土地供地方案报请市政府审批并提请下达用地批复。

5. 项目实施监管协议：街道办事处会同区城市更新和土地整备局与搬迁人签订项目实施监管协议。

6. 留用土地手续办理：审批通过后，股份合作公司可自主开发或引入合作开发主体（引入开发主体的时间并非固定在留用地审批通过后）。此前股份合作公司完成地块清理、土壤污染状况调查，补偿安置协议公示、备案、监管等工作，完成验收移交入库，最终办理留用土地规划许可、出让等手续。

7. 台账管理：市规划和自然资源局辖区管理局应建立留用土地（含指标）和规划指标的台账。

四 “算大账”与“算细账”

就利益统筹的操作流程而言，项目立项、审批、实施主要涉及政府方权利义务，但实际上，土地整备利益统筹不仅涉及政府方、社区、相关权益人等，还存在大量的第三方机构协助处理项目推进事宜，仅从操作流程分析过于简单。笔者遵从《深圳市土地整备利益统筹项目管理办法》的表述，从“算大账”与“算细账”的法律关系方面进一步阐述土地整备利益统筹的操作流程。

利益统筹整体分为两个阶段：政府与社区“算大账”、社区与相关权益人“算细账”。通过与政府“算大账”，社区获得留用土地和土地整备资金，用于前期的拆赔工作；在“算细账”的过程中，社区一般引入留用地合作主体（开发商）协助厘清经济关系。通过这两个阶段，搭建政府、社区、相关权益人的多方协商平台，充分调动各主体参与土地整备的积极性和主动性。

根据《深圳市土地整备利益统筹项目管理办法》,土地整备利益统筹范围划分为“两个层次、三种用地”,第一层次是公共基础设施用地,属于刚性管控,划定底线,优先保障公共利益;第二层次包括留用土地(使用权归原农村社区)和发展用地(使用权归政府),可以弹性调节,划定基准线,按规则合理分配,充分保障社区利益(见图2)。

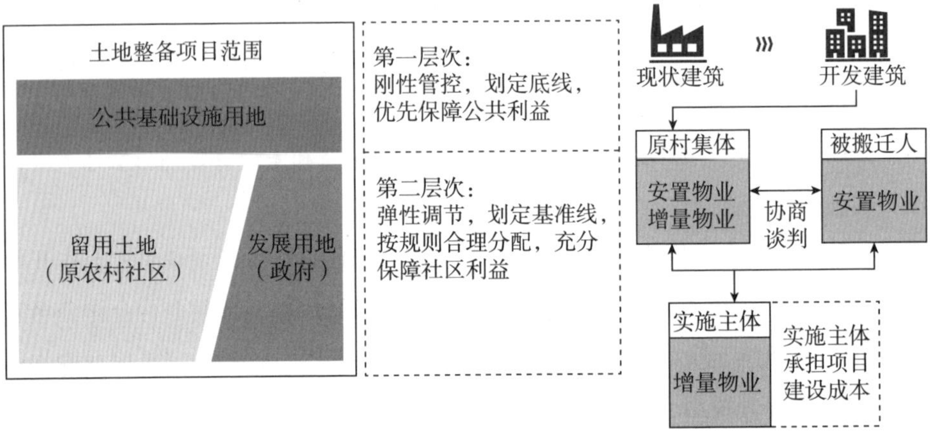

图2　土地整备项目范围及开发流程

土地整备利益统筹项目实施之后,该土地一分为二:收储土地及留用土地。留用土地的大小及用途,决定项目商业价值的大小。市场主体参与项目的时间与深度,也可能影响留用土地的价值及开发价值。一般情况下,在取得留用土地后,社区会通过集体资产交易平台选定合作开发商,共同在留用土地上合作开发,由合作主体承担项目建设成本,建成房屋一部分用于回迁安置,剩余商品房用于保障社区及合作主体的经济效益(见图3)。

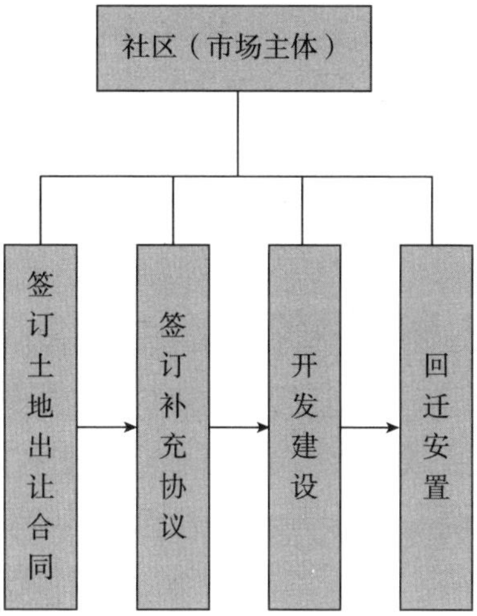

图 3 留用土地开发流程

但市场主体无法单独实施利益统筹项目，需要在审批并核发留用土地批复后，通过合作开发或作价入股等方式参与利益统筹项目，并与原农村集体经济组织继受单位共同实施。根据《宝安区土地整备利益统筹操作规程》（已失效）第 23 条，利益统筹项目的搬迁人为原农村集体经济组织继受单位，或原农村集体经济组织继受单位及按照相关规定确定的开发主体。搬迁人负责与相关权益人签订补偿安置协议，同时辖区街道办事处应当对搬迁人提供的土地、建筑物权属情况等进行审核，市场主体可以搬迁人身份参与利益统筹项目的前期服务。市场主体参与利益统筹项目的前期服务一般采用以下方式：（1）市场主体推动项目立项；（2）市场主体与村股份合作公司签署前期服务协议；（3）市场主体成为项目的意向合作方；（4）市场主体提前收购并实际控制部分物业。

（一）"算大账"阶段

"算大账"对利益统筹项目实施和可获得利益具有奠基性的影响。第一，直接影响物业权益人核实工作，必须以"算大账"阶段的测绘报告、评估报告为基础，完成所有土地、建（构）筑物、青苗等的权益人核实工作。第二，直接影响后续"算细账"阶段的搬迁补偿安置工作。后续"算细账"阶段的搬迁补偿安置工作必须以"算大账"阶段的测绘报告、评估报告为基础，确保"算细账"的补偿标的能涵盖"算大账"阶段测绘报告、评估报告所涉及的标的。第三，直接关系到继受单位可以获得的利益，包括土地整备资金（直接补偿费）及留用土地的价值，直接影响留用土地的选址、规划用途、开发强度等。

政府和社区“算大账”，是指政府在利益统筹项目列入年度土地整备计划后，按照规定程序，由社区后续负责补偿、安置相关权益人及清理、移交土地，通过资金安排、土地确权、用地规划、留用土地等方式，平衡政府与继受单位之间的利益，保障城市建设与社区发展空间需求（见图4）。

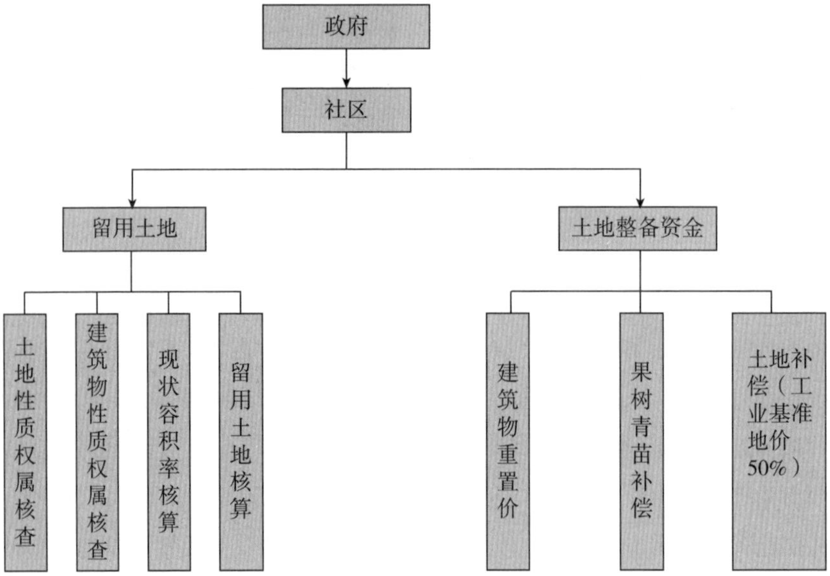

图4　政府与社区“算大账”流程

（二）“算细账”阶段

社区和相关权益人“算细账”，通过货币补偿、回迁安置、货币补偿和回迁安置相结合的手段，确保利益人相关权益，实现整备范围内全面征转清拆。同时由继受单位和相关权益人“算细账”，提高了继受单位的积极性，建立多方共享的土地增值分配机制，有利于将“蛋糕”分得更好（见图5）。

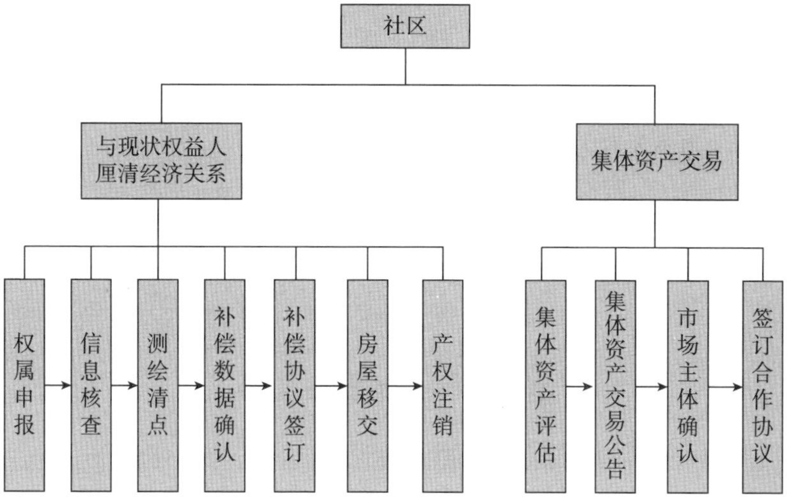

图5　社区与相关权益人“算细账”流程

在项目实施过程中，相关权益人可能将其房屋、土地出租给第三人，进而会增加“清租”这一流程。对于已经出租的房屋，需要先清租才能腾空交房，虽然这既不属于“算大账”也不属于“算细账”的法律关系，但是是项目推进过程中经常会遇见到情形。因此，这一阶段也应属于土地整备利益统筹项目操作流程中的内容。

土地整备利益统筹的操作流程会因为各区的政策而存在差异，如实施主体的引进时间，面对不同的利益统筹项目时要结合所在区的政策文件操作，不能完全复刻。

第四章 典型问题实务案例分析

第一节　土地整备纠纷

一、土地整备计划是否可诉

根据深圳市人民政府《关于推进土地整备工作的若干意见》的规定，纳入土地整备计划范围的，不再受理城市更新项目的申报，即土地整备项目相较于城市更新项目具有优先性。一般土地整备项目具有很强的公益性，所以赋予其优先性争议不大，难点在于，土地整备利益统筹项目也列入土地整备计划，从而获得了相较于城市更新项目的优先性，这在实务中就引起了较大争议。因为在土地整备利益统筹项目中，原农村集体经济组织继受单位（社区股份合作公司）获得了20%～30%的留用土地，因此，利益统筹项目的公益属性不像一般土地整备项目那样获得广泛认可，相应地，若利益统筹项目也同样可以取得比城市更新项目优先的地位，那么在实务中就会引起被搬迁人的质疑。如在宝安塘下涌土地整备利益统筹项目中，某红本物业的权利人享有5万平方米合法用地，从合法用地指标和土地面积来看，符合开展城市更新的条件，被搬迁人有意与投资方合作开展城市更新，故其对红本物业被纳入土地整备计划非常抵触，认为纳入土地整备计划侵犯其合法权益，其是否可以就土地整备计划起诉相关政府部门（如街道办事处和区城市更新局）？

【典型案例】

〔**案情简介**〕在被搬迁人诉Z市人民政府行政行为案[（2017）最高法行申3276号行政裁定书]中，被搬迁人请求确认Z市人民政府将其房屋所在小区认定为棚户区的行为违法，认为其房屋所在小区被认定为棚户区后造成其房屋被出于公共利益征收改造，征收补偿标准显著低于周边房地产的市场价格，对其产生了实际影响。

最高人民法院认为,行政机关将行政相对人房屋所在的小区认定为棚户区的行为,没有对相对人的权益产生实质性影响,也未造成相对人实际的损害,不属于行政诉讼受案范围。

〔**判决理由**〕一审法院查明,2011年6月3日Z市人民政府作出《关于下达2011年度第一批棚户区改造计划的通知》,通知所辖各区人民政府及相关部门决定将包括案涉小区在内的9个项目纳入棚户区改造计划,内容中未涉及具体征收及补偿标准,亦未向被搬迁人送达。案涉小区被认定为棚户区后,被搬迁人依然在其房屋中正常居住和生活,并没有因房屋所在小区被认定为棚户区而改变对房屋的占有和使用状态。可见,Z市人民政府将被搬迁人的房屋所在小区认定为棚户区的行为,没有对被搬迁人的权利产生实质性影响或造成其实际的损害。2013年11月22日,Z市H区人民政府作出《关于对国有土地上房屋征收决定的通知》,并据此对被搬迁人的房屋进行征收。因此,对外发生法律效力的应是Z市H区人民政府《关于对国有土地上房屋征收决定的通知》,而非《关于下达2011年度第一批棚户区改造计划的通知》;对被搬迁人的权利产生实质性影响的是Z市H区人民政府的征收行为,而非Z市人民政府将被搬迁人房屋所在小区认定为棚户区的行为。被搬迁人主张其所在小区被认定为棚户区的行为是Z市H区人民政府作出征收决定的依据,直接导致其房屋被征收,缺乏事实依据。

被搬迁人提出其房屋所在小区被认定为棚户区导致其房屋价值被人为降低,对此最高人民法院认为,首先,Z市人民政府虽将被搬迁人房屋所在小区认定为棚户区,但并没有实际对其房屋进行征收,不存在人为降低房屋价值的情形。其次,被搬迁人已就Z市H区人民政府《关于对国有土地上房屋征收决定的通知》提起了行政诉讼,如果就涉案房屋的拆除及补偿问题有争议,可依法寻求救济途径。

〔**评析**〕最高人民法院的案例体现的是棚户区改造计划是否可诉的问题,案例中的棚户区改造计划可以类比于土地整备计划,都是进行下一步"收地"工作的前提,可以想见,如果当事人在深圳起诉土地整备计划侵犯其合法权益,政府部门大概率会以该案例抗辩,法院将该案作为类案参考的可能性也很大。笔者认为,如果对补偿标准等问题有异议的,棚户区改造计划或土地整备计划不可诉,因为在项目实施过程中,有关拆除及补偿问题的争议可另行起诉。但如果是对纳入土地整备计划的合理性及其优先性有异议,认为政府纳入土地整备计划妨碍被搬迁人开展城市更新,则该土地整备计划应可诉,理由有二:

第一，从个案中相对人权益保护的角度来说，搬迁人与被搬迁人争议的不是“土地整备补偿”是否合理的问题，而是路径问题。该问题通过起诉项目实施过程中的具体行政行为是无法实现的，只能通过起诉“列入土地整备计划”的合法性来实现。当然，之所以对路径有争议，本质上还是利益之争，在土地整备项目中，被搬迁人可获得的补偿比城市更新低很多，所以虽然按照土地整备的路径补偿标准无可非议，但因路径不同，被搬迁人所获得的利益客观上的确是不一样的。

第二，从司法权对行政权的监督的角度来说，笔者认为，之所以赋予土地整备计划以优先性，是因为土地整备项目有很强的公益属性，而定义“公益性”的权力不应当只归属于行政机关，为了防止行政权的恣意，土地整备项目是否具有公益性，应当接受司法审查。

此外，笔者认为，因为土地整备计划具有优先性，在列入计划时应当充分征求范围内权利人的意见，然而征求意见在目前土地整备利益统筹政策中是缺失的，这也在一定程度上增加了后续项目实施的阻力。

二 信息核查确认纠纷

(一)经转让的违法建筑，如果最后一手购房人不配合，能否认定建房人为被搬迁人

在城市更新项目如火如荼的时候，“一朝被拆迁，几代花不完”的新闻屡见不鲜，所以很多人怀揣凭借征收一夜暴富的梦，购买了很多违法建筑，房屋破败不堪，根本不具备使用价值，但购买价格偏高，买方完全是为了“博拆迁”。由于买方的买入价很高，而土地整备补偿款很多都不能覆盖购房款，更遑论赚取差价，因此，很多买家不配合征收。

为了推动项目，项目部明知道被搬迁房屋已经经过转让，但还与建房人沟通，由建房人主张对该房屋的权益，并与搬迁人签订搬迁补偿协议。对于这种搬迁补偿协议，法院是否认可其效力呢？

【典型案例】

〔**案情简介**〕2019 年，在凤凰牛场周边地块土地整备项目中，很多人听说该地块被纳入城市更新，便高价购买了项目范围内破败不堪的违法建筑，由于土地整备补偿无法弥补买家投入，故买家坚决不配合搬迁工作。

为了推动项目，项目部与建房人沟通，由建房人提出权属异议，经过异议处理程序后，将建房人确认为被搬迁人并签订了搬迁补偿协议，购房人与街道办事处从确权争议到搬迁补偿协议争议，前后经历了8次复议诉讼程序，时间从2019年到2023年，最后深圳市中级人民法院判决撤销街道办事处与建房人签订的搬迁补偿协议，案件终于尘埃落定。

1. 凤凰牛场项目“外卖房”的基本情况

(1)整体情况

2019年凤凰牛场项目中，共有153份房屋转让协议，涉及买方107人、“黑中介”和中间转手倒卖人员72人、中介公司数家；共涉及房屋66栋，永久性房屋面积约16,306.44平方米。转让价款分布情况见表4。

表4　转让价款分布情况

“0962前”			“0962后”		
<8000元	8000~15,000元	>15,000元	<8000元	8000~15,000元	>15,000元
17宗	15宗	10宗	10宗	23宗	15宗
11栋	13栋	7栋	12栋	22栋	6栋

共有35名买房人先后以G区人民政府、G区城市更新和土地整备局、G区H街道办事处为被告，向深圳市盐田区人民法院、深圳市中级人民法院提起行政诉讼，案由分别为针对确权行为的复议决定不服、针对信息公开答复不服、针对查封行为不服、针对房屋补偿协议不服、请求确认补偿安置协议无效，总共58宗行政诉讼案件。除本次6宗案件外，其他诉讼案件法院均以原告不是本案法律上利害关系人，不具有提起行政诉讼主体资格为由，作出驳回起诉或维持原判的生效判决，大部分购房人经过街道办事处多渠道沟通协调，也已息诉罢访。

(2)6 单败诉案件的房屋及转让情况(见表 5)

表 5 6 单败诉案件的房屋及转让情况

序号	原告(申报人)	临建/永建	建筑面积/投影面积	建成时间	“两规”申报人	交易链条	是否有社区更名	转让单价
1	李某民	临建	33.62 平方米	—	深圳市凤侨实业发展有限公司	深圳市凤侨实业发展有限公司→敖某女→李某民	有	19,333 元/平方米
2	杨某娃	临建	33.62 平方米	—	深圳市凤侨实业发展有限公司	深圳市凤侨实业发展有限公司→敖某女→杨某娃	有	19,777 元/平方米
3	赵某	临建	33.62 平方米	—	深圳市凤侨实业发展有限公司	深圳市凤侨实业发展有限公司→敖某女→赵某	有	19,807 元/平方米
4	刘某	永建	311 平方米	“0962 后”	—	廖某君→黄某→刘某	有	6000 元/平方米
5	许某燕	永建	61.26 平方米	“0962 前”	陆某	陆某→许某燕	无(真正的转让)	14,142 元/平方米
6	梁某	永建	57 平方米	“0962 后”	—	本地人→李某芳→梁某	有	14,912 元/平方米

上述购房人不满意项目补偿方案的补偿标准,在诉讼中要求凤凰街道办事处赔偿因涉案房屋补偿安置协议违法被撤销而造成的几百万元至上千万元不等的经济损失。

2. 涉案房屋交易及确权过程

(1)房屋交易过程

上述案件的原告提供的房屋转让合同证明交易过程;提供的公安局南凤派出所、街道计生办、网格管理中心盖章的《出租屋流动人口综合管理责任书》,表明政府部门认可购房人是房屋的出租人和实际管理人;提供的租赁合同证明购房人实际使用房屋。最重要的是,相较于一般的违建转让,中介在收购了物业之后,凤凰街道办事处居民委员会出具了证明，证明中介是业主，中介再次转让物业后，受让人向凤凰街道办事处居民委员会申请更改房屋信息资料，且凤凰街道办事处居民委员会也向最后一手购房人出具了证明，证明购房人是“业主”。而本项目在权属核查中也需要居民委员会出具证明，居民委员会却出具了内容相反的证明。

(2)权属核查及确认过程

2019年5月24日，街道办事处对权属申报进行初步公示，公示申报权益人为购房人；2019年10月4日，建房人(深圳市凤侨实业发展有限公司，以下简称凤侨公司)提出权属异议；2019年10月10日，街道办事处作出《申报公示信息异议处理的提示性通告》，将申报人改为建房人；2019年10月12日，购房人提交了《补偿安置方案异议书》，主张其为补偿对象，同日，指挥部作出《权属申请结果公示》，对异议不予受理；2019年10月19日，街道办事处作出《确权公示》，认定建房人为被搬迁人(见图6)。

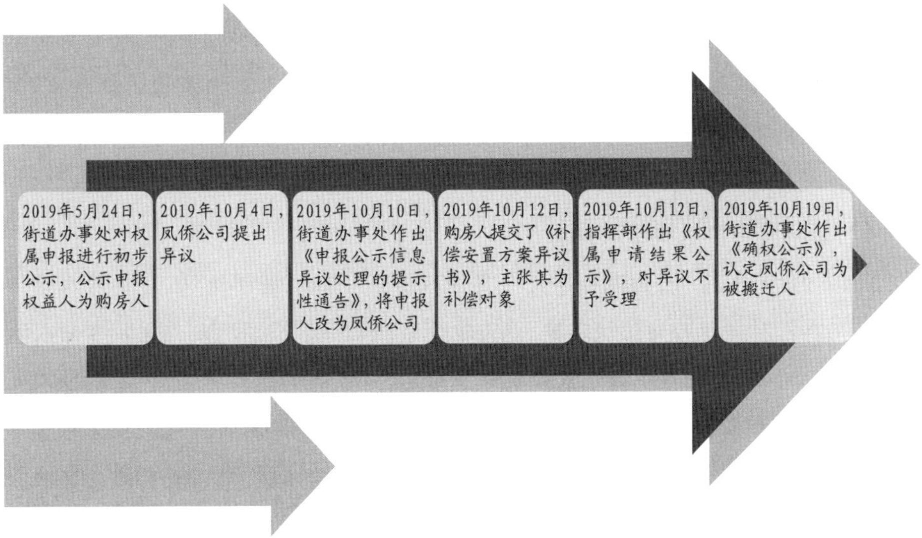

图6 权属核查及确认过程

对于公示期内的信息异议的处理，《信息核查工作指引》第22条规定，公示期间，异议申请人提出异议的，对异议申请人提交的异议申请事项明确、证明材料齐全的，予以受理；对异议申请事项描述不清晰、证明材料不齐全的，不予受理并现场解释清楚不予受理的原因及理由。工作人员将受理的信息异议进行整理、汇总并移交信息核查组；信息核查组接收信息异议相关资料后，结合原权益申报人提交的有关资料、异议申请人的异议申请及相关证明材料，会同协商谈判小组组织开展调查取证工作,并形成处理意见或建议,必要时提交政策法规组(信息异议及疑难个案处理组)进行研究处理。

但本案的购房人提供了相应证明材料后,指挥部当日就作出结果公示,对异议不予受理。按常理推断,指挥部很可能没有进行实质性的权属核查工作,也没有完全遵循《信息核查工作指引》规定的程序。

3. 复议诉讼过程

(1)确权公示行为的复议诉讼

2019 年 10 月 12 日,指挥部作出《权属申请结果公示》,不予受理购房人提出的异议。2019 年 10 月 19 日,街道办事处作出《确权公示》,确定建房人为被搬迁人。2019 年 10 月 17 日,购房人向区政府提出行政复议,请求撤销确权公示行为;区政府作出复议决定,以购房人的转让协议不能证明其拥有合法权利,且确权公示行为未影响其权利义务,与其不存在利害关系为由驳回复议申请。购房人就确权公示行为的行政复议决定提起行政诉讼;2020 年 6 月 1 日,深圳市中级人民法院就确权公示行为作出判决,以区政府与确权公示之间没有利害关系为由驳回原告诉讼请求;购房人对该判决不服提出上诉;广东省高级人民法院对确权公示行为作出终审判决,驳回购房人的上诉,维持原判。

(2)搬迁补偿协议的复议诉讼

2019 年 10 月 27 日,街道办事处与建房人签订了搬迁补偿协议,对建房人予以补偿。购房人对搬迁补偿协议不服,以街道办事处、区政府为被告,向深圳市中级人民法院提起诉讼,深圳市中级人民法院作出裁定,以被告不适格为由,要求购房人变更被告为街道办事处,由基层法院管辖,购房人拒绝变更,深圳市中级人民法院遂裁定驳回起诉。购房人对深圳市中级人民法院作出的裁定不服,上诉至广东省高级人民法院,广东省高级人民法院作出裁定,驳回上诉。

购房人又以街道办事处为被告提起诉讼,认为搬迁补偿协议不合法;一审法院认为,历史违建未办理权属登记,不存在依法公示的产权人,凤侨公司作为房屋的建设人,且申报了“三规”,可以与其签订搬迁补偿协议。原告的转让合同等均不能证明其为房屋的合法权利人。购房人不服一审判决,上诉至深圳市中级人民法院,深圳市中级人民法院于 2023 年 6 月 30 日就搬迁补偿协议作出判决,撤销街道办事处与建房人签订的搬迁补偿协议,并要求街道办事处于 2 个月内就涉案房屋针对购房人作出处理决定。

至此,案件终于尘埃落定,具体过程见图 7。

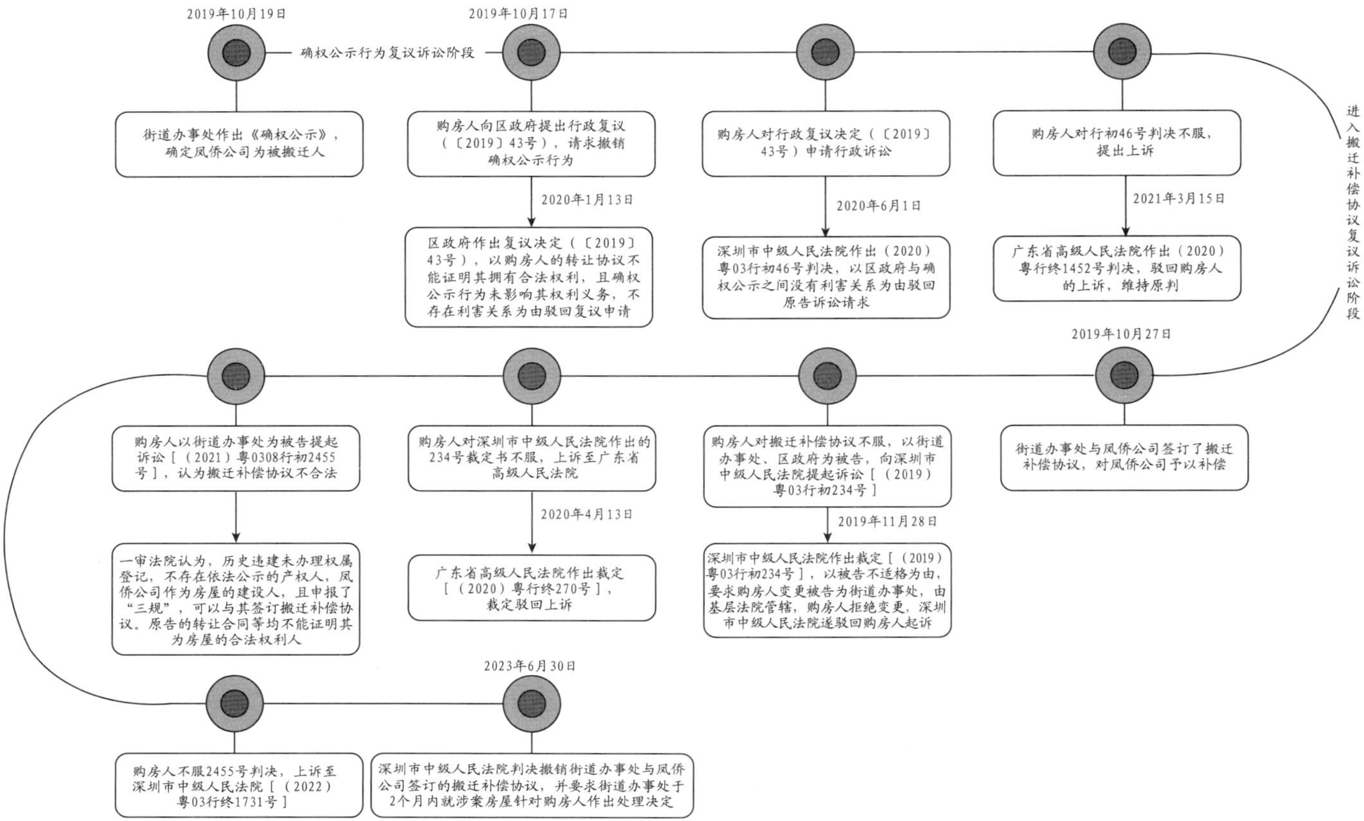

图7 各行为复议诉讼过程

〔**判决结果**〕从上述复议诉讼过程来看，购房人对确权公示行为的复议诉讼均失败，核心理由是确权行为不影响相对人的权利义务；但对搬迁补偿协议的诉讼，深圳市中级人民法院最终判决撤销街道办事处与建房人签订的搬迁补偿协议，并要求街道办事处于2个月内对涉案房屋针对购房人作出处理决定。

〔**判决理由1**〕在政策性征收项目中，所谓的“确权”是最重要的一环，通常理解为是对被搬迁房屋“物权归属”的核查和确认，被搬迁人对房屋享有“物权”或“物权权能”是核心和出发点，因“享有物权”而享有“搬迁补偿权益”，进而可以签订搬迁补偿协议，搬迁补偿协议的签订人是“物权人”。在该逻辑下，当被搬迁人不配合的时候，搬迁人会以该房屋未经权属登记为由，不认可购房人享有物权，转而认可建房人的物权。

而本案中，法院承认，购房人因未办理权属转移登记而不享有物权，但却不再将“享有物权”作为前提，切断了“享有物权”与“享有补偿权益”之间的因果关系，而是将“对违法建筑的占有、使用、收益”作为“享有补偿权益”的原因。

按照这种逻辑，就不能简单粗暴地以未办理权属转移登记故未取得物权为由，排除购房人为被搬迁人。如果认定其他人为被搬迁人，则最后一手购房人有权提起诉讼，因为其存在利害关系。

〔**评析**〕判决中对上述因果关系认定给出的理由是，《补偿方案》规定“被搬迁人是指在本项目范围内‘拥有’被搬迁房屋，并经核查认定的人”，而“被搬迁房屋包括未取得产权登记的房屋”，所以“并未排除违建实际权益人的补偿安置资格”。

严格来说，法院的论证逻辑少了一环：补偿方案对被搬迁人的认定确实是“拥有”被搬迁房屋（包括违法建筑），确实没有排除“违建拥有人”的搬迁补偿资格，但问题是，如何认定“拥有”呢？为什么这种“拥有”可以不基于法律上的物权，而可以基于“对违法建筑的占有、使用、收益而产生的事实上的权益”呢？对此，判决没有进一步论证。

我们认为，背后还是基于诚实信用原则、公平原则以及维护法律关系的稳定性的考虑。其一，房屋从建房人经几手转让到原告，每一步转让都经过了居民委员会的明确认可，在本项目权属核查中也需要居民委员会的确认，而居民委员会却在项目权属核查时否认，有违诚信原则；其二，购房人有证据证明其支付了相应款项，如果认定最初的建房人享有搬迁补偿权益，不符合公平原则；其三，部分购房人甚至有证据证明其对房屋间接占用、使用、收益，不认可其“事实上的权益”，不利于法律关系的稳定性。

〔**判决理由**2〕与建房人签订搬迁补偿协议是否正确，本来涉及实体问题，但实体问题很复杂，所以法院采取了一个巧妙的方式回避了实体问题，即直接以《信息核查工作指引》的规定来认定。

街道办事处认定建房人是搬迁补偿对象的依据仅是“三规”申报、居民委员会出具的自建房证明以及建房人承诺自行厘清经济关系的承诺书，而《信息核查工作指引》规定“权属证明类材料包括房屋所有权证、不动产权证、原宝安县两证一书、租赁合同、建设报建资料、房屋转让协议等，其他相关证明材料包括理顺经济关系协议、承诺书等。无相关权属证明材料，或提供的权属证明材料未通过核查的，依据权益申报人申报信息、社区居民委员会核查意见、公示结果等资料，综合分析后认定权属”。

法院认为：(1)在购房人有房屋转让协议、租赁合同、居民委员会出具的证明的情况下，被搬迁人选择性地认定了部分权属证明材料；(2)该权属证明材料产生的时间早于购房人提供的证明材料，即该材料无法反映之后的房屋权益变更情况；(3)两份居民委员会出具的证明本身存在矛盾(一份证明房屋系建房人自建，另一份证明房屋业主变更为购房人)。据此，街道办事处确认搬迁补偿对象所依据的主要材料与《信息核查工作指引》不完全相符，不足以认定搬迁补偿对象，所以街道办事处未充分履行权属核查职责。

街道办事处为了能把补偿款最终给到购房人，所以委托第三人收款，建房人与购房人厘清经济关系后，第三人可以直接支付补偿款给购房人。该操作模式本意是保障购房人的利益，但基于法院的倾向性，反而将该操作模式认定为“街道办事处认可购房人享有搬迁补偿权益”的证明。

法院先认定街道办事处未充分履行权属核查职责，进而认定街道办事处以建房人为补偿对象并签订了搬迁补偿协议，主要证据不足，欠缺事实依据，予以撤销。

〔**评析**〕按照判决的逻辑，应该跟谁签订搬迁补偿协议，取决于谁“拥有”被搬迁房屋，而如何判断“拥有”呢？判决始终没有证明论证。事实上，即使不考虑物权归属，就为了判断“对违法建筑的占有、使用、收益的权益”归属，也可能涉及转让合同是否有效的问题：如果转让合同都无效，还能否认定购房人享有“占有、使用、收益权益”呢？这是个很复杂的问题。

判决回避了实体判断，采用迂回的方式，以不符合《信息核查工作指引》程序要

求为由,认定街道办事处未履行职责。但该判决会产生两个新问题:

其一,并没有法律规定必须制定《信息核查工作指引》,这本是街道办事处自己给自己设置的程序要求,按照该判决,如果街道办事处因为自己制定的《信息核查工作指引》被认定为未充分履职,则以后的政策性征收项目,搬迁人只要不再制定《信息核查工作指引》,就可以随意认定搬补对象,从而可以轻易地规避法院判决的本意——诚信、公平原则。

其二,法院撤销搬迁补偿协议的理由是,街道办事处没有充分履行权属核查职责。在行政诉讼中,这样判决是可以的,但这一逻辑可能无法类推适用到民事诉讼中,而在利益统筹项目中,签约双方都是民事主体,如果股份公司作出与本案街道办事处同样的行为,法院是否仍然会判决撤销搬迁补偿协议?以何种理由撤销?从本案来看,尚未可知。

〔**判决理由**3〕在政策性征收项目中,按照惯例,“两规”“三规”几乎是仅次于不动产登记的权属证明,但是在本案中,法院明确:“三规”解决的是历史遗留违法建筑后续的确认产权、依法拆除或临时使用的处理问题,本案所涉的则是对被搬迁人的确定及补偿安置问题,涉案房屋也并未经确认产权。同时,《补偿方案》和《信息核查工作指引》规定,被搬迁人为在项目范围内拥有被搬迁房屋并经信息核查认定权益的自然人和组织,并非固定为历史遗留违法建筑的申报人,租赁合同、房屋转让协议等亦为《信息核查工作指引》规定的权属证明类材料。因此,历史遗留违法建筑申报人、被搬迁人并不能简单等同,被上诉人需要依据相关权属申报材料予以实事求是地综合判断。

〔**评析**〕在正面论证“‘三规’申报不能作为唯一确权依据”的问题时,判决的逻辑是有问题的:法律适用本身就应该是综合的,不能因为深圳市人民代表大会常务委员会《关于农村城市化历史遗留违法建筑的处理决定》针对的不是征拆补偿问题,就认为其不适用于征拆。

从反面论证,搬补对象不限于“三规”申报人;依据《信息核查工作指引》,要结合申报材料,“实事求是地综合判断”。法院核心的理由还是依据《补偿方案》,否则按照该判决,以后的征拆项目都不应该制定《信息核查工作指引》。

〔**判决理由**4〕购房人主张,赔偿金额是“相同地块上同面积商品房市场价－违建罚款－补交地价＋临时安置费＋过渡安置费＋违建强拆的室内物品损失”。

法院认为,因涉案房屋未取得产权登记,也不存在缴纳罚款、补交地价即可取得产权的情形，所以不支持该主张。本项目制定的《补偿方案》没有明显不合法或失衡之处，但是法院无法直接适用《补偿方案》判决补偿金额，所以判决街道办事处对购房人的赔偿请求先行作出处理，购房人对赔偿不服的，可以再行提起诉讼。

〔**评析**〕从上述判决可知，法院还是倾向于按照本项目的《补偿方案》补偿，购房人的超额赔偿诉求是不会得到支持的，后续购房人即使再就赔偿起诉，最终的国家赔偿金额应该也不会远高于《补偿方案》。

【工作建议】

1. 尽可能将最后一手购房人作为被搬迁人

如前所述，法院基于公平、诚信、实事求是原则，认为违法建筑的搬迁补偿权益应归于实际购房人，因此，在日后的政策性征收项目中，应尽可能将最后一手购房人作为被搬迁人。

2. 因工作推进需要不得不认定建房人为被搬迁人的，被搬迁人需先向购房人主张转让合同无效或解除转让合同

本案中，建房人没有向购房人主张合同无效或解除转让合同，而是直接向搬迁人提出异议，申报权属，搬迁人选择性地认定部分证据，并主动认定被搬迁人。法院认为搬迁人没有"对权属申报材料予以实事求是地综合判断"，因此未充分履职。我们认为这是一种回避转让合同效力，从程序角度作出的认定。

鉴于此，如果在工作推进中不得不认定建房人为被搬迁人的，建议由建房人先向购房人发出合同无效通知或合同解除通知，甚至向法院起诉主张合同无效或解除合同，而后再向搬迁人主张权属。一方面是为了让搬迁人认定权属时多一点理据，即房屋买卖产生了新情况，而不是明显的"个人主观选择"；另一方面，如果涉诉，也可以迫使法院审查转让合同的效力，进入实体审查。

特别提示：(1) 如果多手转让，直接确权给建房人风险较大；(2) 如果确权材料里面存在互相矛盾的书证，对于确权结果会非常不利，本案就是因为居民委员会出具了前后矛盾的证明。

3. 如无明确政策规定，可以不制定《信息核查工作指引》或内容不要过细

本案认定街道办事处未履行权属核查职责的主要理由是其对权属材料的审查不符合《信息核查工作指引》，所以如果没有明确政策规定，可以不制定《信息核查工作指引》，或者《信息核查工作指引》内容要规定得粗放一些，更有技术性一些，以便事急从权。

4. 对当事人的权属异议要在形式上进行实体审查，至少应妥善执行《信息核查工作指引》规定的程序

如果购房人和建房人都主张权利，搬迁人在形式上应当进行实体审查，具体方式如以居中裁判者的身份组织“听证”，充分听取双方意见，制作“听证笔录”等，向社区、股份公司相关人员收集证据，对权属进行法律论证等。

如果《信息核查工作指引》中规定了相应的异议处理程序，则至少应当将工作程序做到位，并将相关材料存档备查。

（二）夫妻共同共有的物业，夫妻一方签订搬迁补偿协议，另一方能否以对方无权处分为由主张搬迁补偿协议无效

在民事诉讼中，对于夫妻婚内共同财产，如果夫妻只有一方签订搬迁补偿协议，另一方无法以无权处分为由主张协议无效，如果第三人是善意的，甚至可能构成善意取得。但在行政诉讼中，没有签订搬迁补偿协议的一方能否以对方无权处分为由主张搬迁补偿协议无效呢？

【典型案例】

〔**案情简介**〕光明区新湖街道某土地整备项目中某夫妻共同共有的物业，一方认可补偿标准并同意签订《搬迁补偿协议》，另一方认为补偿太低不同意签订《搬迁补偿协议》。按照项目推进计划，在签约期限内签约的，有签约奖励，超越签约期未签约的，则没有签约奖励。街道办事处为了让被搬迁人的利益最大化，允许夫妻一方在没有取得另一方授权的情况下签订《搬迁补偿协议》，并按照《搬迁补偿协议》约定支付了补偿款项。后来，未签字的一方提起诉讼，以物业为夫妻共有，签字一方未取得其授权而私自处分夫妻共有财产，构成无权处分为由，要求判决《搬迁补偿协议》无效。

〔**判决结果**〕法院判决，《搬迁补偿协议》无效。

〔**评析**〕从民事的角度，只要没有《民法典》第143条规定的情形，即使是无权处分的协议也是有效的。但在行政协议中，处分人无处分权，是否影响协议效力，行政法律规范中并无明确规定，实务中对协议效力的认定存在分歧。

行政协议兼具“行政性”与“协议性”，其效力要依照行政法律规范中关于行政行为效力的规定，参照民事法律规范关于合同效力的规定加以确定。虽然民事法律规范中认可无权处分合同的效力，但不能简单套用到行政协议中。这是行政协议的性质和特点所决定的，具体而言：

首先，民事法律规范中关于无权处分规定的目的是保护善意第三人，在买卖合同中即为买受人。在行政协议中，虽然行政机关是类似“买受人”的角色，但《行政诉讼法》侧重于保护行政相对人的利益。行政协议具有实现公共服务或者行政管理目标的“行政性”，行政机关必须确保“依法”行政，才符合法律法规对行政行为的基本要求。若行政机关在签订协议的过程中，有损害他人合法权益的情形，则有悖于依法行政的目标，不符合有效行政行为的要求。

其次，行政机关在签订协议前往往具有调查核实等职责，对于所签协议的标的物情况、签订协议的相对方是否是实际权利人、有无其他利害关系人等情况应当进行调查核实，以确保所签协议符合客观实际和法律法规的规定。在土地整备项目中，街道办事处需要对建筑物权属进行信息核查，就本案而言，街道办事处以政府公函的方式去函各个部门，完全可以查明夫妻双方的婚姻关系存续期限、房屋建成时间等相关信息，可以确知该物业为夫妻共同财产。但行政机关明知实际权利人而基于各种目的故意与无权处分人签订行政协议，有悖于依法行政及诚实信用原则，哪怕行政机关的初衷是锁定签约奖励，实现搬迁人的利益最大化。

最后，行政协议签订后，后续的物权变动往往不受行政协议相对方的控制，更别说是案外人。在土地整备项目中，如果不需要权属注销，行政机关可以直接拆除物业；即使需要权属注销，区政府也可以通过作出房屋收回决定的方式注销权属证书；而在行政征收领域，房屋、土地等不动产的物权根据法律规定在征收决定发布后即发生转移，此时无权处分人若已与行政机关签订补偿协议，因行政机关已经对被征收财产进行了补偿，如果认定该补偿协议有效，该财产的实际权利人就无法通过申请撤销该协议再行要求行政机关进行补偿，对实际权利人而言显失公平。

【实务建议】

如果是婚内夫妻共同财产，尽可能要求夫妻双方共同签订搬迁补偿协议，如果因其中一方不同意而无法签订的，建议延缓签约进度，不可为了固化奖励、增加当事人利益而贸然与其中一方签订协议。如果项目推进情况要求必须签订搬迁补偿协议，建议由同意签订的一方同时签署双方的名字，并且以书面和录像双重方式要求签字方承诺，已获得另一方的授权，并自行与另一方厘清经济关系。

三 测绘、评估纠纷

(一)如何认定房屋是临时建筑还是永久性建筑

临时建筑无法计算土地价值,且建筑本身也比永久性建筑的估价低得多,房屋被认定为临时建筑还是永久性建筑,对于补偿金额的影响极大,房屋性质是由测绘机构认定的,而这可能是测绘机构在土地整备项目中最难回答的问题。

《深圳市临时用地和临时建筑管理规定》第2条规定,临时建筑是指单位和个人因生产、生活需要搭建的结构简易并在规定期限内必须拆除的建筑物、构筑物或其他设施。第14条规定,临时建筑的设计、施工、招投标活动应遵守相关法律、法规、规章及技术标准的规定。临时建筑不得采用现浇钢筋混凝土等永久性结构形式。该条虽然规定如果是临时建筑,则不能采用现浇钢筋混凝土形式,但根据形式逻辑规则,否定结论可以否定条件,但肯定结论不能肯定条件,所以从该条可以推出"如果采用现浇钢筋混凝土形式,则不是临时建筑"。《施工现场临时建筑物技术规范》(JGJ/T 188—2009)第3.0.7条规定,临时建筑不宜采用钢筋混凝土楼面、屋面结构,严禁采用钢管、毛竹、三合板、石棉瓦等搭设简易的临时建筑物,从该规定也可以看出,即使不使用钢筋混凝土,也有很多其他的选择,并非都可以认定为临时建筑。什么才是临时建筑所应采取的结构形式,虽然《深圳市临时用地和临时建筑管理规定》第2条笼统地规定了"结构简易并在规定期限内必须拆除",但何谓"结构简易"又成为一个需要界定的问题,而目前尚未找到证明规定临时建筑结构的政策和规范。

除了结构方面,使用年限、层数等方面也存在争议。参照《施工现场临时建筑物技术规范》(JGJ/T 188—2009)的规定,临时建筑层数不宜超过2层,设计使用年限应为5年;深圳市规划和自然资源局《关于印发〈深圳市临时用地管理办法〉的通知》第9条规定,临时用地使用期限一般不超过2年,按照形式逻辑规则对该规定进行解释,可以得出"超过2层,或设计使用年限超过5年,或使用年限超过2年,则不是临时建筑"的结论,但是该结论又与事实不相容,因为这三种情形本身就是违法或违规的。一个违法行为反而使临时建筑变成永久性建筑,这显然是不符合立法目的的,纯粹形式逻辑上叠加了其他的人为因素,使该条也不具备界定临时建筑的功能。

在土地整备项目中，被搬迁人就经常提出，其房屋虽然不是现浇钢筋混凝土结构，但是使用年限远超过5年，已经使用10年仍然坚固，为什么不能认定为永久性建筑？对此，从规范的角度的确很难给出完美的解释。

实务中，一般将砖墙铁皮顶房屋认定为临时建筑，但在宝安和龙华某项目中，对于采用大型工字钢的钢架厂房，经过多方开会论证，测绘机构根据《房屋建筑面积测绘技术规范》，也将其认定为永久性建筑。

（二）当建成时间存疑时应如何处理

很多项目中，可能因卫星影像图、航拍图、地形图等模糊或信息缺失等原因，即使经区土地规划监察局核查后仍难以确定具体建成时间，导致建成时间存疑，而建成时间又直接影响补偿问题。

对于上述问题，通常采用以下核查方法（以石岩轨道交通13号线、石清大道一期、赣深客运专线三大征收项目为例）：

1. 现场指挥部办公室去函街道执法队，调查违法建筑存量台账、规划土地监察平台（天地网）信息以及查违记录；去函街道城建办，调查建筑物是否存在“一户一栋”施工申报、审批记录及建筑物复工通知书办理记录。

2. 协商谈判工作小组协调权益人提供建成时间认定相关佐证材料，主要包括：建筑物建房合同、建筑材料购买凭证；建筑物居民生活或商业经营用水开户记录、交费记录；建筑物居民生活或商业经营用电开户记录、交费记录；建筑物租赁登记信息、租赁税纳税凭证；营业执照。

3. 街道执法队就现场指挥部来函所列建筑物，核查查违记录并明确回复；就建筑物建成时间对权益人进行调查询问，并制作调查询问笔录。建筑物建设过程疑似跨越“三规”出台前后或存在拆除重建、加改扩建情形的，对权益人、社区股份公司、两名以上房屋周边无利害关系的证人进行调查，并制作询问笔录。

4. 按照上述工作方法穷尽手段核查后，对建成时间判断仍有困难的，按照有利于当事人的原则提出初步核查意见。

（三）房屋在“0962前”建设并封顶，但钢筋柱未锯断，能否认定为“0962前”建成

在凤凰牛场项目中有一栋物业，2008年12月建设了6层并封顶，但为便于日后加建，业主没有将楼梯口封闭，屋顶的钢筋柱也没有锯断。在项目推进过程中，起初规划土地监察部门认为，钢筋没锯断不属于封顶，应属于“0962后”建设，建房人对此提出异议。该案件被作为疑难个案组织讨论，我们的意见是，可以认定为6层是

"0962 前"建成的。

首先,从规定的角度,《深圳市房屋征收与补偿实施办法(试行)》第 33 条规定:"房屋征收范围内未经产权登记的建筑,属于《决定》第二条规定范围,尚未进行处理的,按照下列规定进行补偿:(一)原村民所建的住宅类建筑……(三)非原村民所建住宅类建筑……"也就是说,涉及建成时间的被搬迁房屋,《深圳市房屋征收与补偿实施办法(试行)》的表述是"所建建筑",而非"建成建筑",而"所建建筑"是否包括在建建筑,是否必须是已完工(竣工)的建筑,并非无可争议。

其次,从建筑行业惯例角度,即使"所建建筑"是指"已完工建筑",建设工程也存在"全部完工"和"部分完工"之分(如《江苏省高级人民法院建设工程施工合同案件审理指南》规定,在工程没有全部完工的情况下,有两种不同的方式来确认工程款:一是根据实际完成的工程量,以建设行政管理部门颁发的定额取费,核定工程价款,并参照合同约定最终确定工程价款;二是确定所完成工程的工程量占全部工程量的比例,按所完成工程量的比例乘以合同约定的固定价款得出工程价款),即使"0962 前"所建的第 6 层因为没有锯断钢筋和未封闭楼梯口而认定为未完工,对于已完工的部分(5 层)仍可以认定为"0962 前"建成。

最后,从有助于项目推进的角度,钢筋柱是否锯断、楼梯口是否封闭,并不影响主体结构和使用功能,也不会产生大范围的示范效应,从有利于项目推进和保障当事人权利的角度,认定为"0962 前"建成并予以补偿,风险可控。

四 补偿纠纷

(一)截至 2004 年 3 月 31 日年满 18 岁但未满 30 岁的原村民,能否给予"一户一栋"补偿

根据《深圳市原村民非商品住宅建设暂行办法》,截至 2004 年 3 月 31 日年满 18 岁但未满 30 岁的原村民,无法依据《深圳市房屋征收与补偿实施办法(试行)》获得产权调换补偿,只能获得货币补偿,从而导致该类原村民比非原村民的补偿标准还低(非原村民 150 平方米以内的房屋可以进行产权调换),导致征收工作阻力巨大。

对这一问题,有观点认为,截至 2004 年 3 月 31 日时已满 18 岁的原村民,由于其已经成年,故不应与未成年的原村民一样对待,视为和家庭共同享受了"一户一栋"

政策,而应理解为,当时已成年的原村民,因城市化的特定历史原因,丧失了建设非商品住宅的机会,故当该类原村民逐渐符合分户条件时,其住宅房屋若在征收中不能进行产权置换,居住权利难以得到保障,影响其生活需要。且该类原村民的数量只减不增,故不必担心形成大规模的示范效应。

对此,笔者认为,房屋征收时之所以要进行补偿,本质上是因为将被征收人原有的不动产被拆除了,即补偿的对象本质上是房屋,只不过给予了原村民额外的身份利益,但除非法律有明确规定,否则该身份利益必须附属于不动产,在没有不动产的情况下,身份利益本身不是补偿的对象。因此,不存在该类原村民与非原村民相比不公平的问题,因为类比的条件不同:一个条件是"原村民 + 无房产",另一个条件是"非原村民 + 有房产",故在补偿对象本质上是房产的情况下,非原村民的利益当然应当获得补偿。因此,对于此类情形,笔者仍然倾向于严格按照《深圳市房屋征收与补偿实施办法(试行)》的规定执行。

(二)外迁户应如何补偿

《深圳市房屋征收与补偿实施办法(试行)》未规定原村民外迁户的征收补偿标准,龙岗区一直沿用的标准是:2003 年 10 月 29 日前迁出的原村民,只要享受了政策性住房就只给予货币补偿,不予产权调换;只对截至 2004 年 3 月 31 日符合"一户一栋"标准,且未享受任何政策性住房的外迁户,给予 480 平方米以内"拆一补一"的产权置换。但这一政策会导致 2003 年 10 月 29 日前迁出且享受政策性住房的原村民,与 2003 年 10 月 29 日之后才迁出的原村民所获得的补偿差距较大(前者只能获得货币补偿,后者则可以享受 480 平方米产权调换),不利于征收工作的推进。

对该问题,结合深圳市规划国土委回复坪山区整备局的《关于已享受政策性住房政策的非原村民其住宅房屋不超过建筑面积 150 平方米的部分能否给予产权调换的复函》中关于"是否已享受了政策性住房,不是给予 150 平方米产权调换的前置条件,不应影响其在房屋征收中按规定应获得的补偿"这一结论,笔者认为,应当赋予被征收人选择权,具体而言:

原村民外迁(出)户已将户籍迁出,身份本质上属于非原村民,如按非原村民给予 150 平方米产权调换,不应再审查其是否已享受政策性住房;若选择货币补偿,所建房屋均参照非原村民的标准予以补偿,置业补助也按非原村民的标准计算。

外迁户要享受 480 平方米以内"拆一补一"政策的,仍需以未享受政策性住房为前提条件,同时审查其迁出前是否符合原村民"一户一栋"的资格。若选择货币补偿,所建房屋480平方米以内部分参照原村民“一户一栋”的货币补偿政策,置业补助按原村民的标准计算;超过480平方米及其他多栋部分参照非原村民的标准执行。

(三)关于原籍华侨及港澳台同胞应如何补偿

原村民获得华侨或港澳台同胞身份,实质上与原村民外迁是一样的,故我们建议可以参照原村民外迁户的补偿标准进行补偿:对于符合“一户一栋”条件,被征收房屋不超过480平方米的,可以进行产权调换;超过480平方米以及其他多栋的房屋,给予货币补偿。

至于超过480平方米以及其他多栋部分是否应扣减地价和罚款,《深圳市房屋征收与补偿实施办法(试行)》未明确规定。笔者认为,既然补偿时按照原村民的标准补偿,则地价和罚款也应按照原村民的标准缴纳,以保持一致性。

(四)原村民480平方米的产权调换指标可否落实在不同项目中

根据《深圳市房屋征收与补偿实施办法(试行)》,对于原村民适用“一户一栋”政策,不足480平方米的差额部分,可以以货币方式购足。但对于有多栋房屋但项目内的房屋不足480平方米的原村民,既想获得480平方米产权调换,又不想承担购买指标的成本,在这种情况下,我们倾向于认为,为了有利于项目推进,可以变通适用货币方式购足指标的做法,具体而言,对于项目中不足480平方米的房屋按照1:1产权调换,不足480平方米的差额部分计入台账,在其他项目中调换,而用于支付购足480平方米指标的这部分的成本,直接以多栋房屋的货币补偿支付。该做法一方面并未在根本上突破《深圳市房屋征收与补偿实施方法(试行)》的补偿标准,另一方面减轻了被征收人的资金支付压力。

(五)被征收人仅有一处“两规”前取得房地产权利证书的非商品性质住宅(以下简称经“两规”处理后的住宅),征收补偿中是否对未建足部分指标予以产权调换或货币补偿

《深圳市房屋征收与补偿实施办法(试行)》第25条第3款规定,经“两规”或“三规”政策处理后取得非商品性质房地产权利证书的住宅房屋(原来没有产权证的房屋),未建足部分指标可以予以产权调换或货币补偿;而对于“两规”前取得房地产权利证书的非商品性质住宅,根据深圳市规划国土委《关于房屋征收中涉及非商品性住宅事宜的函》的相关意见,该类房屋属于通常意义上的已取得房地产权利证书的住宅房屋,应适用《深圳市房屋征收与补偿实施办法(试行)》第25条第1款、第2款的规定，即以证载面积为基数进行产权调换，而不能就原村民所建房屋不足480平方米的部分、非原村民所建房屋不足150平方米的部分给予产权调换。

但是，完全按照深圳市规划国土委复函处理，当权利人只有一处"两规"前取得房地产权利证书的非商品性质住宅，且证载面积小于480平方米（或150平方米）时，相较于经"两规"处理后的住宅，所获得的物业补偿更少，导致经过合法化的违建比自始合法的建筑获得补偿更多，在一定程度上变相损害了遵纪守法人的权益，再次造就了"老实人吃亏"的现状。

（六）被征收人有多栋建筑，既有"两规"前取得房地产权证的非商品性质住宅，也有经"两规"处理后的住宅，经"两规"处理后的住宅未建足指标，对建足部分能否给予产权调换

经"两规"处理后的住宅的补偿之所以高于实际面积，本质上是因为其中包含了"原村民"这一身份利益，因此，该问题的核心在于身份利益是否被重复使用，而该问题又涉及"一户一栋"政策的嬗变过程。

深圳的"一户一栋"政策其实源于《土地管理法》（1998修订）第62条第1款关于"一户一宅"的规定，因此，如果"两规"前取得房地产权利证书是因为利用了该身份利益，则严格来说，虽然"两规"尚未出台所谓的"一户一栋"政策，但其实质上的"一户一栋"的身份利益已经用尽，即不再符合按照"一户一栋"进行补偿的条件。

但为了房屋征收项目的推进，笔者认为，如果希望适用"一户一栋"政策，可以不将"一户一栋"政策与"一户一宅"联系起来，而直接对该政策作以下解释：所谓的"一户一栋"，是"两规"出台后确立的概念，在"两规"出台前，不存在对原村民与非原村民的身份划分和利益差别的规定，只要符合建设条件，依法依规报建的，便可以取得合法产权。因此，"两规"前取得房地产权利证书的房屋不属于依托"原村民"或"非原村民"的身份利益取得，不影响同时对经"两规"或"三规"政策处理后取得非商品性质房地产权利证书的住宅房屋按照《深圳市房屋征收与补偿实施办法（试行）》第25条第3款的规定进行补偿。

（七）被征收人有多栋经"两规"处理后的住宅，部分已按《深圳市房屋征收与补偿实施办法（试行）》的规定，就未建足指标进行了产权调换，其他经"两规"处理后的住宅，能否继续就未建足部分指标进行产权调换

根据《深圳市房屋征收与补偿实施办法（试行）》第25条第3款、第33条第1款第3项可知，经"两规"处理后的住宅，之所以可以对未建足指标进行产权调换，是基于“一户一栋”政策赋予原村民这一身份的合法权益。而该政策对任何符合身份条件的原村民来说只能享受一次，如被征收人已享受“一户一栋”政策赋予的权益，实际上享受了480平方米或150平方米的产权调换补偿权益，该身份权益就已经消耗了，不能再次基于“一户一栋”政策享有该身份利益，故不存在未建足指标的问题，更不能就所谓不足480平方米或150平方米的建筑面积给予产权调换。

（八）在城镇享受过福利分房的“原籍村民”能否享有补偿安置权利

最高人民法院（2020）最高法行再426号判决对“在城镇享受过福利分房的原村民能否享有补偿安置权利”的问题，是这样分析的：（1）当事人在原审中提交了证据证明其户籍在涉案村集体，在该村拥有土地承包经营权，案涉房屋系其在该村的唯一住房。村民委员会亦出具证明，证实当事人系该村原籍村民。（2）《补偿安置方案》第4条系对安置对象的规定。根据该条的规定，安置对象有6类，包括原籍村民、转户村民、上门女婿和入嫁媳妇、外嫁女、外出工作人员、其他情形人员。其中第6款即对“其他情形人员”的规定。很明显，“其他情形人员”并不包括“原籍村民”。根据前述认定，当事人属于“原籍村民”，而不属于“其他情形人员”。（3）第6条系对“征收补偿安置”的规定。该条规定的补偿方式包括货币补偿、回迁安置、货币补偿和回迁安置相结合3种方式。根据该条规定，原籍村民享有人均一定面积的安置房或货币补偿，另享有对现有房屋、附着物和青苗等的补偿。该条第5款仅是对“现有房屋、附着物和青苗等补偿（补助）”的规定，不涉及补偿安置资格问题，也不涉及被征收人应享有的其他补偿权利问题。（4）根据上述规定，不能得出享受过福利分房的“原籍村民”，便不再享有《补偿安置方案》规定的货币补偿、回迁安置等补偿安置权利的结论。

从上述判决分析可以看出，对于享受过福利分房的原村民能否享有原村民搬迁补偿待遇的问题，法院的判决依据就是补偿方案。法院通过对补偿方案的解释和适用来作出认定，而不是创造新规则或新原则。因此，该问题是在制定补偿方案之前就应当研究确定的，且补偿方案制定的严谨性非常重要。

目前，在深圳土地整备项目的实践中，一般认为，原村民“一户一栋”以及职工的政策性住房本质上是国家为了保障居住权这一人的基本需求及基本权利，构建的两套并行的居住保障体系，针对农村是给予每户一处宅基地，在深圳具体表现为原村民“一户一栋”政策；针对职工提供政策性住房包括准成本房、全成本房、全成本微利房、社会微利房、经济适用住房、安居型商品房及限价商品房等。因这两种路径的目的是一样的，都是为了保障居住权，因此两者只能择一，不能同时享受。

（九）安置房“绿转红”问题

被搬迁房屋为非商品性质住宅房屋的，产权调换后的房屋的产权仍受相应限制。根据深圳市人民政府《关于进一步完善房屋征收补偿机制的若干意见》，征收非商品性质房地产以及未经产权登记的建筑，在依法给予产权调换并办理安置房的初始登记后，符合以下条件的，可申请安置房转为商品性质房地产：

（1）原村民按照非商品住宅建设用地标准给予产权调换的安置房以及对原农村集体经济组织统建住宅给予产权调换的安置房，按照签订征收补偿协议时的公告基准地价的10%补缴地价。

（2）非原村民给予产权调换的安置房，在初始登记满10年后，按照签订征收补偿协议时的公告基准地价的50%补缴地价。

（3）原农村集体经济组织继受单位所建商业、办公类和生产经营性历史遗留违法建筑，位于非农建设用地红线内并给予土地置换的，按照申请转为商品性质时的市政府有关非农建设用地和征地返还用地土地使用权交易的有关规定补缴地价。

在实务中，因政策衔接不流畅等原因，征收安置房通过补缴地价转商品房事宜（俗称“绿转红”）一直未能落实，导致部分被征收户未能办理房产证，在一定程度上妨碍了公共项目的征收工作。

截至本书出版时，笔者了解到，成功将征收安置房“绿转红”的是龙岗区的新翠雅苑小区，有此第一单，相信之后征收房“绿转红”会越来越顺畅。

五 设置围挡纠纷

土地整备项目的实施过程通常根据市、区下达的交地任务安排房屋拆除的进度，除非面积很小，否则很少在整个项目签约达到100%时才整体拆除，而一边谈判签约，一边进行拆除，对于未签约业主而言，就有以施工“逼迁”的嫌疑，尚未签约的被搬迁人对设置围挡的行为极为敏感。因此，如何合法合规地设置施工围挡，避免被搬迁人投诉信访、提起行政复议或行政诉讼，是律师为政府提供的土地整备法律服务的重要内容之一。笔者通过梳理相关法律规定，重点查找相关司法判例，厘清在土地整备项目中设置围挡行为的法律性质，从风险防范以及指导实操的角度，对设置围挡行为的法律性质、设置主体、应遵循的原则、操作风险提示等进行全方面梳理，供有志于从事土地整备法律服务的律师参考。

1. 设置围挡行为的法律性质

有法院判决认为，设置围挡行为系过程性的事实行为，并不具有独立的法律地位，不属于行政诉讼受案范围；另有部分法院判决认为，必须贯彻“先补偿、后搬迁”原则，杜绝以不符合法律规定的方式方法强迫搬迁。

（1）设置围挡行为属于过程性的事实行为

最高人民法院及部分地方人民法院在司法实践中认为，设置围挡行为系征收搬迁过程中实施的事实行为，而不是成熟的行政行为，该阶段性行为所产生的效果应当涵盖在最终的行政行为中［如（2019）最高法行申 5500 号崔某、S 市 H 区人民政府行政管理纠纷再审案］。在深圳审判实践中，如深圳市某餐饮公司与深圳市某局交通运输行政赔偿案［（2020）粤 0308 行赔初 22 号］，法院认为设置围挡行为系保障工程顺利实施的临时性、过程性和程序性行为，并不具有独立的法律地位。根据最高人民法院《关于适用〈中华人民共和国行政诉讼法〉的解释》第 1 条第 6 项的规定，行政机关为作出行政行为而实施的准备、论证、研究、层报、咨询等过程性行为，不属于行政诉讼的受案范围。

除此之外，在北京某饺子馆与北京市 H 区教育委员会确认行政行为违法一案［（2021）京 0108 行初 149 号］中，法院认为，北京市 H 区教育委员会作为土地使用权及房屋权益主体，对经营户经营场所设置围挡，系其作为平等民事主体与起诉人之间发生的民事纠纷，不属于某区教育委员会履行教育行政管理职责的行为，故不属于行政诉讼受案范围。

综上，在司法实践中，部分法院认为，设置围挡行为系过程性的事实行为，并不具有独立的法律地位，不属于行政诉讼受案范围，其合法与否、法律效果如何，以其所服务的最终行政行为为准。

（2）强调“先补偿、后搬迁”，杜绝以不符合法律规定的方式方法强迫搬迁

青海省高级人民法院在 X 市 C 区人民政府与李某、何某等其他行政行为一案［（2019）青行终 94 号］中认定：根据行政行为权责统一原则，在法律赋予房屋征收部门开展房屋征迁工作的同时，其应当对包括拆除房屋在内的履职行为承担相应法律责任。这就要求其在合理范围内按照规定对被拆除房屋设置围挡以保障周边居民

的生命财产安全。至于如何确定拟被拆除建筑物是否具备“征收”条件，根据《国有土地上房屋征收与补偿条例》第 27 条第 1 款、第 2 款的规定，实施房屋征收应当先补偿、后搬迁。作出房屋征收决定的市级、县级人民政府对被征收人给予补偿后，被征收人应当在补偿协议约定或者补偿决定确定的搬迁期限内完成搬迁。可见只有当征收部门与被征收人的补偿安置问题已然得到解决的情况下，方可实施拆除行为。另外，《国有土地上房屋征收与补偿条例》第 27 条第 3 款规定，任何单位和个人不得采取暴力、威胁或者违反规定中断供水、供热、供气、供电和道路通行等非法方式迫使被征收人搬迁。由上述规定可知，征收部门理应重视对被征收人的人身权和财产权的保护，严格遵守“先补偿、后搬迁”的原则，杜绝以不符合法律规定的方式方法强迫搬迁造成侵害被征收人合法权益的后果。

对于设置围挡是否构成强迫搬迁，司法实践中主要从设置围挡的基础依据、设置范围、产生的实际影响以及是否履行法定程序等方面进行判断。如在 G 区住房和城乡建设局与马某、G 区人民政府等行政强制二审行政案[（2017）苏行终 637 号]中，法院认为作为设置围挡基础的《房屋征收决定》已经被 G 区人民政府撤销，G 区住房和城乡建设局虽主张其依据相关法律规定设置围挡却未能提供证据证明其履行了法定程序，扩大围挡范围，不符合比例原则，滥用行政自由裁量权，采取中断道路通行的非法方式迫使被征收人搬迁，因此认定 G 区住房和城乡建设局设置围挡的行为违法。在 J 市 C 区住房和建设局、孟某城乡建设行政管理二审案[（2019）鲁 08 行终 63 号]、N 市 C 街道办事处与王某行政强制二审案[（2020）苏 06 行终 685 号]中，法院则将在尚未签订搬迁补偿安置协议的居民房屋周边设置围挡、影响居民出行的行为认定为违法行为。

2. 设置围挡实施主体对比分析

（1）由行政主体设置围挡的法律后果分析

若设置围挡的实施主体为行政机关，由此引发的纠纷以行政诉讼的方式解决。行政相对人在行政诉讼中通常会主张设置围挡的行为违法，并主张对其损失予以赔偿。结合前述对设置围挡行为的法律定性分析，法院通常会认定设置围挡行为属于过程性行为，从而以不属于行政诉讼受案范围为由，驳回行政相对人的起诉。从赔偿损失诉求的证明责任角度，行政相对人往往难以对设置围挡行为与其损失之间存在因果关系、具体经济损失数额等方面予以举证，法院也会以缺乏事实根据为由驳回起诉。

(2)由开发主体设置围挡的法律后果分析

若设置围挡的实施主体为开发主体,原告则通常以设置围挡行为侵犯其物权、相邻权或财产权为由提起民事诉讼。对此,在深圳市S集团公司与深圳市H公司等相邻关系纠纷案[(2020)粤03民终29366号]中,法院认为:①根据《建设工程安全生产管理条例》的规定,建筑工地设置围挡主要是为了公共安全,防止人员和车辆遭受伤害和损害。因此,在建筑工地利用市政道路设置围挡具备事实依据和法律依据。②工程建设产生的噪声、尘土等确实会对周围市民和商户的生活和经营造成不同程度的短暂影响,但在影响不可避免的情况下,作为社会成员与市场经营主体,均应保持必要的容忍。③一旦受围挡影响一方的诉请获法院支持,将成为之后法院审判的范例。更何况,原告还需证明设置围挡的行为与其所受损失之间的关联性,以及损失的具体数额。

综上,在设置围挡的实施主体选择上,如果由行政主体实施,则设置围挡行为会被视为过程性的事实行为,而不被纳入行政诉讼的受案范围,最终须结合整个行政机关实施的搬迁等行政行为予以综合评判;如果由开发主体实施,则作为民事诉讼审理,以是否存在侵权行为及相关损失为评判依据。故在实践操作中,建议结合行政机关履行有关行政职责的法律规定选择设置围挡的实施主体,如有充分的采取有关措施的依据,法律风险较小,则将实施围挡作为过程性、临时性的事实行为一并实施;反之,则建议由开发主体按照民事方式予以实施。

3. 设置围挡行为还需要考虑的因素

在土地整备推进过程中,时刻存在公共利益的实现与个人或组织合法权益的保障之间的博弈。在坚持依法治国、建设法治政府、优化营商环境的时代背景下,为实现公共利益目标而采取可能对个人或组织权益产生不利影响的措施时,应当将不利影响限制在尽可能小的范围内和限度内,而且要保持二者之间适度的比例。尽管设置围挡行为对于确保人身财产安全、施工安全和维护征拆现场秩序非常有必要,但也不能超出合理必要的限度,即应遵循行政法上的“比例原则”。具体而言:

(1)目的正当性原则

目的正当性原则,是指行使权利或享有权利需符合法律法规的明文规定以及行为的行使目的。一方面,《大气污染防治法》《建设工程安全生产管理条例》《深圳经济特区市容和环境卫生管理条例》等规范性法律文件均对施工现场应设置围挡予以规定,为施工现场设置围挡行为提供了合法性依据;另一方面,设置围挡行为是为了高效安全推进土地整备利益统筹项目，而土地整备利益统筹项目亦是为了高效利用土地、助推城市发展、优化市容市貌，从而改善居住环境、提高生活质量，就目的链的传导而言，设置围挡行为只要是为推进土地整备利益统筹而实施的，就具备目的正当性。

（2）手段必要性原则

手段必要性原则，是指在实施手段达到某种目的时，应采取对其他人造成损失最小的方式。行政行为比例原则亦要求行政机关在可以采用多种方式实现某一行政目的的情况下，应当采用对相对人权益损害最小的方式，正当行使行政自由裁量权。因此，无论是行政机关，还是民事主体在设置围挡前，都应对设置围挡行为的必要性予以考量。换言之，设置围挡行为应当是行政机关或民事主体采取协商、谈判等较为温和方式未取得良好效果后，采取的较为强硬的措施。

（3）损益均衡原则

损益均衡原则，是指实现目的所获得的收益应当高于对其他公民和社会整体合法权益的损害，将相对人的权益损害降到最低。这既需要行政机关或民事主体在实际操作过程中进行价值上的取舍，也需要予以经济上的考量，如通过事先评估对收益与损害进行定量比较。特别需要考虑的是，作出设置围挡行为时，应保障相对人合理必要的需求，如保留或另行设置基本的进出通道。在个案复议败诉案件中，复议机关即是以未保留基本的进出通道、未考虑相对人的基本权益为由，要求撤销围挡。在审查是否构成以非法方式强迫搬迁时，留有基本通行道路也是认定围挡合法性的重要依据。

4. 操作风险提示

（1）预留通行道路

鉴于司法实践中，因围挡的设置引发的争议点通常为行政相对人认为设置围挡对其正常生活与经营造成损害。对此，最高人民法院在万某与N市Y区人民政府行政管理纠纷案［（2018）最高法行申7422号］中认为，在Y区人民政府作出青府征字〔2016〕第（003）号征收决定后，万某诉称的房屋已被纳入征收范围内，Y区人民政府依据上述方案中征收工地实施围挡作业的要求对涉诉房屋设置围挡，在已经预留通行道路的情况下，其实施的围挡行为并不违反法律。可见，在设置围挡的过程中预留通行道路可有效抗辩非法性。更进一步，在可行的情况下设置多条道路通行，既可有效缓冲因客流量下降造成的围挡范围内经营主体的营业损失，也有利于围挡内外的通行便利。

(2)严控围挡范围

纵然设置围挡行为的正面考量是为了保障施工安全、控制扬尘污染,但不可否认的是,设置围挡行为会给围挡范围内的主体带来生活或者经营上的负面影响。对此,已有X市G区住房和城乡建设局与马某、G区人民政府等行政强制纠纷案[(2017)苏行终637号]为前车之鉴。在此案中,江苏省高级人民法院认为,G区住房和城乡建设局扩大围挡范围,构成行政自由裁量权的滥用,客观上构成采取中断道路通行的非法方式迫使被征收人搬迁。因此,在设置围挡时,首先,应当建立在正当考虑的基础之上,不得考虑不相关的因素,根据房屋拆除的范围合理确定围挡的范围;其次,在房屋拆除现场设置围挡应当符合"比例原则",尽量缩小围挡的范围,不得将不需要设置围挡的区域纳入围挡范围中。

(3)设置警示标识

以"设置围挡"为关键词,对因围挡设置引发的纠纷类型进行统计,约有1/5的纠纷与侵权责任有关。其中,绝大部分案件的原告以"未设置围挡""出入口无任何警示牌或人员管理""未设置安全标识"造成伤亡事故为由,要求施工主体对其损失予以赔偿。鉴于此,无论是行政机关,还是开发主体,在设置围挡的过程中,都应当恪守安全管理和风险提示义务,如在围挡上设置醒目标识、在预留的道路进出口设置警示牌或安排人员管理,以避免对他人的身体健康权益造成侵害。

六 权属证书注销纠纷

根据《不动产登记暂行条例》、《不动产登记暂行条例实施细则》、《深圳经济特区房地产登记条例》、深圳市规划国土委《关于规范土地整备涉及已拆除不动产权利注销登记工作的通知》,权属注销有以下几种方式。

(一)依申请注销

1. 一般的"依申请注销"

根据《不动产登记暂行条例》第14条第5项的规定,不动产灭失或者权利人放弃不动产权利,申请注销登记的,可以由当事人单方申请。

根据《不动产登记暂行条例实施细则》第28条第1款的规定,当事人申请注销的情形有五种:(1)不动产灭失的;(2)权利人放弃不动产权利的;(3)不动产被依法没收、征收或者收回的;(4)人民法院、仲裁委员会的生效法律文书导致不动产权利消灭的;(5)法律、行政法规规定的其他情形。

《深圳经济特区房地产登记条例》第46条第1款也规定,建筑物、附着物倒塌、拆除的,权利人应当自事实发生之日起30日内向登记机构申请变更登记。登记机构应当自收到权利人申请之日起,15日内办理变更登记。

2. 特殊的"依申请注销"

深圳市规划国土委《关于规范土地整备涉及已拆除不动产权利注销登记工作的通知》规定:不动产登记原权利人或其委托代理人在补偿实施主体完成补偿后30日内未提出申请的,可由补偿实施主体提交以下材料申请办理登记:(1)不动产登记申请表;(2)申请人组织机构代码证(复印件);(3)征收补偿安置协议书;(4)不动产权利证书或其他权利证书;(5)补偿实施主体对征收补偿安置协议书、补偿实施情况,以及房屋拆除情况的真实性进行确认,并由区土地整备机构出具同意申请不动产权利注销登记的意见。

(二)依职权注销

根据《不动产登记暂行条例实施细则》第19条第2款第3项的规定,人民政府依法作出征收或者收回不动产权利决定生效后,可要求不动产登记机构办理注销登记。

《深圳经济特区房地产登记条例》第14条、第20条也规定,市人民政府或者市规划和自然资源部门依法作出没收、收回、征用土地或者以其他形式限制房地产权利决定的,登记机构可根据决定径为登记。

根据《不动产登记暂行条例实施细则》第17条第1款第4项、第17条第2款及第18条的规定,对于依职权进行注销登记的,须先进行公告,公告应当在不动产登记机构门户网站以及不动产所在地等指定场所进行,公告期不少于15个工作日,公告内容包括不动产权利人的姓名或者名称,不动产坐落、面积、用途、权利类型,提出异议的期限、方式和受理机构等内容。

(三)行政注销

之所以签订了协议还要行政注销,是因为相对人各种不配合,比如:(1)涉及继承的,继承人内部有矛盾,继承人身在国外不愿回国也不愿放弃,不配合继承公证(注销要继承公证)等;(2)证载两个人,签名的只有一个人,或者签名有两个人,签完之后还没等注销，其中一个人过世等；（3）涉及买卖的，反而因为一开始就考虑了注销的问题，所以签订协议时就会联系证载权利人，如果证载权利人完全不配合，也不主张权利，也可能会采取这种方式注销。

根据《不动产登记暂行条例实施细则》第 19 条第 2 款第 3 项的规定，人民政府可以作出收回决定，但没有明确由哪一级政府作出。

《深圳经济特区房地产登记条例》第 20 条规定，除市人民政府或者市规划和自然资源部门依法作出没收、收回、征用土地或者以其他形式限制房地产权利决定外，任何组织和个人不得没收、查封已经依法登记的房地产或者以其他形式限制权利人的房地产权利。据此，似乎只有市政府或市规划和自然资源部门才能作出收回决定，区政府无权作出收回决定。

虽然深圳市已经有区政府发出收回决定以注销权属证书的先例，在土地整备项目中也具有必要性，但如果将《深圳经济特区房地产登记条例》理解为对《不动产登记暂行条例实施细则》中关于“人民政府”层级的细化，严格来说，区政府作出收回决定的合法性是有待斟酌的。勉强可以作出的解释是，区政府发布的收回决定并未“限制房地产权利”，因为行政注销的前提通常是房地价值已经补偿，房屋已经拆除，此时，区政府的收回决定只是为了权属注销，使登记簿记载的状态与实际状态保持一致，而未变更权属状态。截至本书出版前，区政府尚无因此而败诉的司法判例。

第二节　业主侵犯承租人生产经营权纠纷

清租是征拆项目推进过程中的一大难点问题，实践中，业主一般会将厂房打包给二房东，二房东再转租给实际承租人。但是在实际搬迁赔偿中，业主可能不会对二房东给予补偿，二房东未获得补偿不愿意配合搬迁，客观上也无须搬迁，此时业主可能越过二房东直接和实际承租人完成清租工作，亦可能主张解除合同、合同无效等强行要求二房东及实际承租人搬离。房东上述干扰二房东或实际承租人的生产经营的行为是否违法？本节就该问题进行案例检索，并分析如下。

一 相关案例

（一）刑事案例

1. 卢某、徐某等破坏生产经营案［（2020）浙01刑申68号］

〔**案件事实**〕为迫使D企业支付房租，2017年5月10日晚卢某指使被告人徐某切断电源，致使D企业在晚间营业高峰时段断电1次。2017年5月11日晚卢某指使被告人徐某、何某切断电源，致使D企业在晚间营业高峰时段断电2次。被告人卢某参与阻止向D企业恢复供电行为。后经被告人卢某建议，徐某、何某于2017年5月16日中午以电力检修名义带领电力检修人员欲对D企业实施断电，D企业出面予以制止，双方发生冲突，电力检修人员见状立即离开，徐某便指使何某强行断电。后D企业多次欲恢复供电均遭到卢某一方阻止，直至2017年5月21日凌晨在公安机关介入后才由F供电公司强行恢复供电。

〔**法院认为**〕一审法院认为：被告人卢某、徐某、何某为个人目的，结伙采用断电的方式破坏他人生产经营，造成公私财物损失5万元以上，情节严重，其行为已构成破坏生产经营罪。

二审法院认为：卢某及徐某、何某在原审中均当庭自愿认罪，称系受卢某指示参与断电行为，故原审认定卢某伙同徐某、何某为个人目的，采用断电的方式破坏他人生产经营，造成公私财物损失的行为已构成破坏生产经营罪，一审判决并无不当；现卢某申诉称其主观上没有破坏生产经营的故意，客观上没有实施破坏生产经营犯罪的行为，不构成破坏生产经营罪，经查其申诉与一审查明的事实和证据不符，卢某也未提交足以推翻原判决的新证据，故不予支持。本案起因是拖欠租金的民事纠纷，且该纠纷已经在法院审理过程中。卢某作为原告一方相关人员，既然已经向法院提起民事诉讼，就应该相信法院会依法审理，等待法院的判决结果，而不应采用断电等极端手段。另外，卢某在法院复查期间提交了相关民事案例，但因每个案件的具体情况不同，故并不能直接证明本案一审判决有误。

〔**判决结果**〕一审法院判决：被告人卢某犯破坏生产经营罪，判处有期徒刑1年6个月，缓刑2年；被告人徐某犯破坏生产经营罪，判处有期徒刑1年6个月，缓刑2年；被告人何某犯破坏生产经营罪，判处有期徒刑1年2个月，缓刑1年6个月；被告人卢某缴纳在法院的退赔款人民币64,988元发还被害单位D企业。

二审法院判决：本案不符合《刑事诉讼法》第253条规定的再审条件，予以驳回。

2. 范某破坏生产经营案[(2015)佛顺法刑初字第4841号]

〔**案件事实**〕2014年7月14日，由于多次追款未果及未能与相关管理人员达成协议，为迫使对方支付房租，华某、斯某带领被告人范某及穆某、义某、曹某(三人均另案处理)等人在2014年7月17日至23日，先后多次在某酒店公寓大厦，以堵塞电梯、驱赶消费者、张贴公告、抢走前台POS机及固定电话话筒等方式扰乱、破坏广东某酒店管理公司及佛山市某餐饮管理公司的正常经营秩序，导致酒店、餐厅的正常经营活动受到严重影响。

〔**法院认为**〕被告人范某无视国家法律，以其他个人目的，扰乱酒店、餐厅的生产经营，侵犯了酒店、餐厅的正常生产经营活动和财产权益，其行为已构成破坏生产经营罪。佛山市顺德区人民检察院指控被告人范某犯破坏生产经营罪，罪名成立。

〔**判决结果**〕法院判决：被告人范某犯破坏生产经营罪，判处拘役4个月10日。

3. 黄某、谭某破坏生产经营、寻衅滋事案[(2020)粤0106刑初296号]

〔**案件事实**〕2015年1月，被害人李某与某小区管理处签订协议承租一处场所用于经营药店，后因租赁问题与小区管理处发生纠纷，为收回该处商铺，被告人黄某多次指挥被告人谭某、陈某、郑某等人到该药店，通过恐吓、驱赶顾客、阻挠医生坐诊、断水断电等方式公然对药店生产经营进行破坏，并对药店内电脑、监控系统、扫码枪等设备以及药品进行打砸(经鉴定，除药品以外上述物品的价格合计为6245元)。2017年，李某迫于压力关门停业。

〔**法院认为**〕被告人黄某纠集多人多次公然破坏他人生产经营活动，其行为已构成破坏生产经营罪。

〔**判决结果**〕法院判决：被告人黄某犯破坏生产经营罪，判处有期徒刑2年；犯寻衅滋事罪，判处有期徒刑2年6个月。数罪并罚，决定执行有期徒刑4年。

4. 林某破坏生产经营案[(2020)浙0111刑初282号]

〔**案件事实**〕2015年7月至2019年4月，被告人林某实际控制的杭州某实业公司分别与杭州某洗涤公司、杭州某建材公司、杭州某家居公司存在工业厂房租赁关系。为达到涨房租，催讨房租、水电费以及土地税等各种名目的费用等个人目的，被告人林某先后7次采用断电、断水或关闭公司大门阻拦进出等方式破坏上述三家公司的正常生产经营活动，造成上述三家公司经济损失。

〔**法院认为**〕被告人林某由于个人目的，多次采用断电、断水和阻挡进出等方法破坏他人生产经营，其行为已构成破坏生产经营罪，依法应予以惩处。公诉机关指控的事实和罪名成立,适用法律正确。

〔**判决结果**〕法院判决:被告人林某犯破坏生产经营罪,判处有期徒刑2年,缓刑2年6个月。

5. 马某破坏生产经营案[(2021)陕0104刑初117号]

〔**案件事实**〕2019年6月15日,被告人马某将位于某小区门口西边的一处商铺转租给被害人安某,租赁期限为2019年6月15日至2027年5月14日,安某将此商铺用于经营"某生鲜便利店"。2020年5月15日至6月12日,被告人马某单方面认为安某违反房屋租赁合同,为达到逼迫安某终止合同的目的,多次私自关闭"某生鲜便利店"电源,致使便利店大门无法打开、便利店无法正常营业。安某多次报警,民警出警了解情况后,要求马某立即通电,并告知马某不得再随意断电,应采取合法途径解决。马某在明知断电会导致便利店内生鲜产品腐坏的情况下,仍然继续断电,导致安某店内大量生鲜商品腐坏。

〔**法院认为**〕被告人马某为达到个人目的,采取多次断电的方式破坏他人生产经营,造成财物损失21,024元,情节严重,其行为已触犯《刑法》第276条之规定,构成破坏生产经营罪。

〔**判决结果**〕法院判决:被告人马某犯破坏生产经营罪,判处有期徒刑3年,缓刑4年。

6. 于某破坏生产经营案[(2020)吉0192刑初134号]

〔**案件事实**〕因A公司向B公司借款后无力偿还,B公司提起诉讼并申请执行,通过拍卖购得A公司某土地使用权及地上物。该地上物院内有多家企业与原产权人依据租赁合同承租经营,因租赁合同未到期,C公司和D公司不同意与B公司重新签订租赁合同。为逼迫两家公司重新签订租赁合同,2017年7月末,于某带领多人来到现场,自称是B公司工作人员,将电表拆除,致使两家公司因断电被迫停产。同年8月初,于某又带领上述人员将车辆停放在两个出水口处,致使两家公司停产。于某还将考察部工作人员分为两组,轮流值班看守长达1个月,后又安装大门,禁止上述两家公司车辆出入,致使上述两家公司被迫停产停业长达4个月,直至2017年12月,两家公司被迫与B公司重新签订租赁协议并交纳租金。其中,C公司因停产停业造成损失人民币121,570.50元。

〔**法院认为**〕被告人于某公然破坏他人企业生产经营,其行为已构成破坏生产经营罪,依法应予惩处。

〔**判决结果**〕法院判决：被告人于某犯破坏生产经营罪，判处有期徒刑 2 年 1 个月。

7. 龚某等破坏生产经营、故意毁坏财物案[（2015）宁刑终字第 47 号]

〔**案件事实**〕被告人龚某为收回房屋，找到租赁会所负责人陈某，商谈拖欠房租事宜，因双方未能达成一致，被告人龚某要求沙某等 9 名被告人将正在该会所吃饭的客人予以清场。会所工作人员报警，民警出警后对双方进行调解后离开现场。2014 年 4 月 11 日 1 时许，被告人龚某授意被告人沙某、江某、毛某、周某、李某、姜某、姬某、韩某等人来会所打砸，让会所不能正常营业，并将停业牌子挂在门外。被告人张某、沙某、江某、周某、姬某、毛某、韩某、李某、姜某将会所二楼吧台及一楼大厅门厅大面积砸毁。

〔**法院认为**〕一审法院认为：被告人龚某、张某、沙某、江某、毛某、周某、李某、姬某、韩某、姜某为索要房租砸毁他人经营场所，强迫他人停业，其行为已构成破坏生产经营罪，应予惩处。

二审法院认为：上诉人龚某、张某及原审被告人沙某、江某、毛某、周某、李某、姬某、韩某、姜某为索要房租砸毁他人经营场所，强迫他人停业，其行为已构成破坏生产经营罪，应予惩处。

〔**判决结果**〕一审法院判决：被告人龚某犯破坏生产经营罪，判处有期徒刑 1 年 6 个月；被告人张某犯破坏生产经营罪，判处有期徒刑 1 年 6 个月；被告人沙某犯破坏生产经营罪，判处有期徒刑 1 年；被告人江某犯破坏生产经营罪，判处有期徒刑 1 年；被告人毛某犯破坏生产经营罪，判处有期徒刑 1 年；被告人周某犯破坏生产经营罪，判处有期徒刑 1 年；被告人李某犯破坏生产经营罪，判处有期徒刑 1 年；被告人姬某犯破坏生产经营罪，判处有期徒刑 1 年；被告人韩某犯破坏生产经营罪，判处有期徒刑 1 年；被告人姜某犯破坏生产经营罪，判处有期徒刑 1 年 6 个月，犯故意毁坏财物罪，判处有期徒刑 1 年，数罪并罚，决定执行有期徒刑 2 年。

二审法院判决：驳回上诉，维持原判。

8. 邵某故意毁坏财物案[（2021）辽 02 刑终 175 号]

〔**案件事实**〕被告人邵某要求 4 名被害人与其重新签订租赁合同，否则限期搬离；4 名被害人认为与原出租人徐某的合同未到期，拒绝重新签订合同和搬离。为达到控制经营 4 名被害人商铺的目的，2015 年 10 月 10 日，被告人邵某雇用他人将被害人简某商铺后墙砸漏。同年 10 月 14 日，被告人邵某又雇用多名人员强行将 4 名被害人商铺内的机器设备、生产工具等搬出，砸毁商铺装修装饰，阻止4名被害人商铺正常营业。强行搬离期间，被告人雇用的人员对被害人、围观群众进行辱骂、威胁，并阻止围观群众拍摄；市场管理工作人员徐某到场后欲制止，被多人强行拽走并殴打。被告人邵某等人将4名被害人店铺内被搬离的物品放置在露天平台，上述物品无人看管，后被清理。

〔**法院认为**〕一审法院认为：被告人邵某犯破坏生产经营罪。

二审法院认为：上诉人邵某为达到控制商铺经营的目的，纠集多人公然破坏生产经营，其行为侵犯了他人生产经营的正常活动和财产权益，已构成破坏生产经营罪。

〔**判决结果**〕一审法院判决：判处邵某有期徒刑1年5个月。

二审法院判决：驳回上诉，维持原判。

9. 艾某破坏生产经营案[（2017）皖0181刑初55号]

〔**案件事实**〕巢湖市某矿业公司租用被告人艾某的房屋作为办公室并存放化学试剂，到期结清房租搬离时，化学试剂仍留存在艾某的两间小屋内。此后，被告人艾某因存放化学试剂两间小屋的租金及化学试剂的看管费用问题与巢湖市某矿业公司产生纠纷。2012年5月6日至7日，被告人艾某指使他人将一台挖掘机停放在巢湖市某建材加工公司（系巢湖市某矿业公司控股子公司）通往港口运输石料的唯一通道桥湾村桥头，致使该建材加工公司停产2天。经巢湖市价格认证监测中心鉴定，该建材加工公司停产2天的经济损失为69，196元。2013年11月15日，巢湖市某矿业公司迫于压力与被告人艾某签订协议，支付被告人艾某22.5万元的房屋租金及物业管理费。

〔**法院认为**〕被告人艾某采取堵路的方式，破坏巢湖市某建材加工公司的正常生产，造成该公司经济损失6万余元，其行为已触犯《刑法》第276条之规定，构成破坏生产经营罪。

〔**判决结果**〕法院判决：被告人艾某犯破坏生产经营罪，判处有期徒刑2年零6个月，缓刑4年。

10. 张某等聚众斗殴案[（2014）市刑初字第150号]

〔**案件事实**〕2010年4月，A公司与郭某签订房屋租赁合同。2012年，A公司与郭某因租赁合同及租金问题发生矛盾。2012年12月1日0时44分许，有群众匿名报警称，有人在红太阳家具广场门口切割楼梯，公安人员赶到现场进行阻止，经调查发现,系A公司与红太阳家具广场之间存在合同纠纷,且已经起诉至人民法院,遂告知双方在人民法院处理期间,一切保持原样,现场人员后自行离开。2012年12月10日,A公司与被告人禚某签订施工协议,约定A公司委托禚某对红太阳家具广场的楼梯进行拆除,工程造价为2万元。合同签订后,张某、禚某分别联系了施工人员和工具车辆,同年12月12日凌晨3时许,禚某带领施工人员将红太阳家具广场南门外侧钢架楼梯锯断。后经鉴定,该楼梯修复费用为7000元。当日6时许,公安人员接群众报警后赶到现场,将相关人员带回公安机关接受调查。后郭某向公安机关控告A公司故意毁坏财物、破坏生产经营,公安机关于2013年5月以没有犯罪事实为由决定不予立案。

〔**法院认为**〕破坏生产经营罪,属侵犯财产类犯罪,是指以泄愤报复为目的或者其他个人目的,毁坏机器设备、残害耕畜或者以其他方法破坏生产经营的行为,该罪侵犯的客体是国家、集体或者个人生产经营的正常活动和公私财产利益。本案中,被锯断的楼梯是在原有房屋外增设的附属物,现有证据无法证明案发当时郭某对于该楼梯具有合法的所有权或使用、管理权。因此,现有证据尚不足以认定被告人庄某、张某、禚某锯断楼梯的行为构成破坏生产经营、故意毁坏财务罪。

〔**判决结果**〕法院判决:公诉机关指控三被告人犯破坏生产经营罪事实不清,证据不足,三被告人不构成破坏生产经营罪。

11. 樊某、张某故意伤害案[(2019)冀0802刑初397号]

〔**案件事实**〕被告人张某按照安监局的要求,与三家房屋租赁户签订安全协议,三家公司未按要求签订安全协议。2018年7月5日8时许,被告人张某指使本公司员工将其院内租赁方A公司车间、B公司二车间、C公司车间断电。A公司负责生产的经理樊某撬开配电室门,将电力恢复。张某得知情况后赶到配电室外遇到樊某,用脚将樊某踹倒,致樊某受伤。后其又指使本公司人员将A公司车间、B公司二车间、C公司车间(未生产)断电,时间约10个小时,造成A公司车间、B公司二车间部分工艺无法正常生产。

〔**法院认为**〕Z公司对于其租户有安全管理职责,被告人张某作为Z公司的法定代表人,要求各租户签订安全协议,各租户没有按通知要求签订安全协议。被告人张某采用强行断电的方式,欲促使各租户签订安全协议,其主观上不存在破坏各租户生产经营的故意,故其行为不构成犯罪。被告人张某的断电行为在客观上确实给各租户造成了一定的经济损失,是一种侵权行为,各租户可以通过民事诉讼的方式主张权益。故对于公诉机关关于张某犯破坏生产经营罪的指控不予支持。

〔**判决结果**〕法院判决：判决被告人张某犯故意伤害罪，判处拘役5个月。

（二）民事案例

1. 深圳某工业公司与深圳某科技公司房屋租赁合同纠纷案[（2020）粤0307民初7648号]

〔**案件事实**〕2017年11月16日，原告（出租方）与被告（承租方）签订《宿舍租赁协议书》，租赁期限为2017年11月1日至2018年10月31日。2018年6月27日，深圳市龙岗区坂田街道土地整备中心发布《征收公告》。2018年6月29日，原告向被告发出《关于清租的通知》。2019年3月6日，原告向被告发出《租赁合同期满物业收回的通知》。因被告未返还涉案房屋，故原告于2019年5月17日向被告发出《通知》。2019年8月9日，原告向被告发出律师函，确认涉案《宿舍租赁协议书》（合同号2017－宿059）已于2018年10月31日终止，要求被告收到律师函之日起3日内搬离，并向原告返还涉案房屋、办理相关移交手续。被告主张本案纠纷系由案外人龙岗区坂田街道办事处开展道路土地整备项目，违反法定征收程序，在被告承租的房屋张贴《征收公告》引起，在租赁合同尚未到期的情况下，原告在被告承租的房屋张贴《关于清租的通知》，要求与被告解除全部的租赁合同关系，并要求所有租户搬走，原告的清租行为系侵权的根本违约行为，该行为导致被告所有承租户全部流失，无法对外继续招租，并遭受巨大损失，无法继续向原告支付租金。

〔**法院认为**〕原、被告签订的《宿舍租赁协议书》系双方真实意思表示，内容未违反法律、法规的强制性规定，依法受法律保护，双方均应恪守诚实信用原则，全面履行合同义务。《合同法》第235条〔1〕规定，租赁期间届满，承租人应当返还租赁物。《宿舍租赁协议书》约定的租赁期限已于2018年10月31日届满，双方未再续约，且原告多次向被告表示要求终止协议并收回租赁房屋，故原告要求确认涉案《宿舍租赁协议书》到期终止、被告立即搬离并向原告返还涉案房屋，有事实及法律依据，法院予以支持。关于被告主张因合同终止造成的相关损失，可另循途径解决。

〔**判决结果**〕法院判决：（1）确认原告与被告于2017年11月16日签订的《宿舍租赁协议书》于2018年10月31日终止；（2）被告应于本判决生效后5日内搬离租赁房屋并将租赁房屋返还给原告深圳市某工业公司。

---

〔1〕 已失效，对应《民法典》第733条。

2. 吴某与A公司、B公司房屋租赁合同纠纷案[(2021)粤0307民初3179号]

〔**案件事实**〕2018年7月28日,被告A公司作为出租方(甲方)、原告作为承租方(乙方),双方签订《物业租赁合同》;2020年6月2日,深圳市龙岗区坂田街道土地整备中心向被告B公司及案外人×公司发出《搬迁通知》;2020年6月22日,被告A公司向原告发出《通知函》。原告诉讼请求:(1)两被告继续履行《物业租赁合同》,并恢复对深圳市龙岗区涉案物业的水电及网络设施供应;(2)判令两被告共同向原告赔偿因停水停电造成的经济损失,暂计人民币90,209元(其中燃油费67,699元,工人劳务费16,010元,发电机组租金以每月6500元为基数,从2020年10月21日起算至实际恢复供电之日止,暂算至2020年11月20日);(3)本案全部诉讼费用由两被告承担。原告主张其为履行4年租约已投入巨额资金和精力,且租赁期限仍有2年,被告A公司现无故单方解除合同并要求其搬离的行为已经严重损害了原告的合法权益,被告A公司未按照合同约定提前60天通知原告也严重违反合同的约定。2020年6月22日,被告B公司同样单方通知原告限期搬迁清场。原告认为,租赁合同仍未到期且未解除的情况下,两被告强行提前解除租赁合同的行为已经违反了诚实信用原则,也给原告造成了严重的经济损失。

〔**法院认为**〕根据《物业租赁合同》的约定,租赁期限为2019年4月1日至2020年6月30日,但是如果2020年7月以后该物业不旧改,则可以延续至2022年6月30日,因此租赁期限在2020年7月之后是否延续,是附条件的,条件为涉案物业在该时间不旧改。但是由于涉案物业在2020年6月已经纳入龙岗区重点民生工作建设项目即坂田北文体中心项目的旧改范围,且业主已签订了征收补偿协议,协议要求使用人限期搬离,故租赁合同中约定的租期延续条件未能成就,双方的租赁合同关系应认定已于2020年6月30日期满终止。原告应依约及时搬离涉案物业并将物业移交给A公司,故被告反诉请求原告搬离并移交物业,符合法律规定,法院予以支持。原告起诉要求继续履行合同及赔偿损失,依据不足,法院不予支持。

〔**判决结果**〕法院判决:驳回原告(反诉被告)吴某的诉讼请求;原告(反诉被告)吴某应于本判决生效后5日内搬离租赁房屋并将该物业移交给被告(反诉原告)A公司。

3. 尹某与翁某、黄某房屋租赁合同纠纷案[(2015)深中法房终字第621号]

〔**案件事实**〕2011年3月25日翁某、黄某与A公司签订一份《房屋租赁合同》;2012年9月21日尹某与A公司签订一份《房屋租赁合同》;原审庭审中,尹某主张其租赁的房屋共有70间,2014年5月4日翁某、黄某从尹某处接管尹某承租的房屋66间,剩余的4间房屋中2间由尹某自己使用,另外2间则由尹某出租;涉案房产未取得房屋所有权证,亦未取得建设工程规划许可证。原告一审诉讼请求:(1)翁某、黄某返还其抢占的涉案房屋;(2)翁某、黄某赔偿其抢占期间尹某的租金损失2.6万元/月(从2014年5月4日起计至判决生效之日止);(3)本案诉讼费由翁某、黄某承担。原告上诉请求:(1)撤销原审判决,改判支持尹某的全部诉讼请求;(2)判令翁某、黄某承担一、二审全部诉讼费用。原告主张:尹某与宋某控制的A公司于2012年9月签署有效期4年的《房屋租赁合同》,包租属于翁某、黄某建筑物的一部分。尹某完全是基于对翁某、黄某、宋某及其控制的A公司的信赖,为履行合同先期投入成本30余万元(包括租赁押金4.8万元、预付租金7.8万元、垫付电梯装修费10万元以及房屋装修费3.3万元)。其后,在宋某及其控制的A公司拖欠翁某、黄某租金并且下落不明的情况下,尹某征得翁某、黄某的同意后又代为支付了4个月的租金。自始至终尹某都是基于诚实信用原则和合同约定在行事,自身没有任何过错。然而,翁某、黄某于2014年5月强行收回涉案房产,导致尹某遭受巨额损失引发纠纷。

〔**法院认为**〕一审法院认为:在涉案房产上所成立的房屋租赁合同关系均属无效。故尹某即使与A公司之间存在租赁合同关系,或嗣后又与翁某、黄某之间成立直接的租赁合同关系,因所有的租赁合同关系均属无效,尹某继续占有涉案房产缺乏合同及法律依据,翁某、黄某收回涉案房产,符合法律规定的合同无效处理原则。尹某要求翁某、黄某返还所收回的涉案房产,理由不能成立,不予支持。因翁某、黄某收回涉案房产符合法律相关规定,故尹某无权要求翁某、黄某赔偿收回房屋后的租金损失,法院对尹某要求翁某、黄某赔偿收回房屋后的租金损失的请求不予支持。

二审法院认为:本案中,涉案房产尚未取得房屋所有权证,亦未取得建设工程规划许可证,尹某与A公司以及A公司与翁某、黄某之间签订的《房屋租赁合同》因违反国家法律的强制性规定,应属无效。现因尹某不享有法律保护的使用涉案房产的权利,故其要求翁某、黄某向其返还房屋并赔偿其租金收益损失缺乏充分的事实和法律依据,法院不予支持。

〔**判决结果**〕一审法院判决:驳回尹某的诉讼请求。

二审法院判决:驳回上诉,维持原判。

4. K公司与H公司租赁合同纠纷案[(2018)粤03民终1166号]

〔**案件事实**〕2001年8月29日,K公司(甲方)与H公司(乙方)签订了一份《场地租赁合同》;2004年7月21日,K公司与H公司签订了《场地租赁合同补充协议书》。上述合同签订后,K公司将租赁物交付给H公司使用。H公司在涉案土地上兴建了家具卖场和仓库用于经营家具展销城。后H公司将租赁物交由D公司经营家具卖场并对外招商,转租给约80家商户经营。2014年7月15日,K公司向H公司发出书面通知称:H公司承租的场地将于2015年3月15日到期,合同期满后,K公司将对该场地进行重新开发,不再与H公司续签租赁合同。H公司主张其基于可延长租赁期限的合理信赖,前期投入了大量资金兴建添附物,合同到期后K公司却拒绝与H公司协商延长租赁期限,也拒绝向H公司支付相应的添附物补偿金,在K公司向H公司支付添附物补偿金之前,K公司无权要求H公司在合同到期后每月按原合同约定的双倍支付租金。向一审法院反诉请求:(1)K公司向H公司支付场地内添附物的补偿款1500万元(暂定,待评估机构评估价值后最终确定);(2)K公司承担本案反诉费用。

〔**法院认为**〕一审法院认为:虽然涉案租赁合同系期满终止,但鉴于H公司对上述约定的信赖及对租赁期限的合理预期,投入了大量资金兴建家具卖场,结合双方约定了合同到期后地上建筑物的归属,根据公平原则,K公司应适当补偿H公司上述建筑物损失,具体数额考虑评估结论、使用期限、双方责任等因素,一审法院依法予以酌定为2,895,263元(14,476,313.83元×20%)。H公司诉请超出部分一审法院不予支持。

二审法院认为:关于一审判决对添附物的补偿处理是否适法妥当的问题,最高人民法院《关于贯彻执行〈中华人民共和国民法通则〉若干问题的意见(试行)》(已失效)第86条规定,非产权人在使用他人的财产上增添附属物,财产所有人同意增添,并就财产返还时附属物如何处理有约定的,按约定办理。案涉《场地租赁合同》约定在租赁场地内新建、改建的建筑物所有权归K公司,K公司在租期内收回场地自用的情形下方应向H公司补偿建筑物残值。按前述约定则可直接推知当事人就K公司在租期届满后不须负担H公司加建费用已达成合意,故H公司关于由K公司支付添附物补偿款的反诉请求,与双方合同约定内容相悖,法院不予支持。

〔**判决结果**〕一审法院判决:二房东H公司、实际承租人于判决生效之日起10日内向业主返还租赁物;K公司于判决生效之日起10日内向H公司补偿地上建筑物损失2,895,263元;驳回K公司的其他诉讼请求;驳回H公司的其他反诉请求。

二审法院判决:维持深圳市龙岗区人民法院(2015)深龙法民三初字第1201号

民事判决第 1 项、第 4 项；撤销深圳市龙岗区人民法院（2015）深龙法民三初字第 1201 号民事判决第 5 项、第 6 项、第 7 项；变更深圳市龙岗区人民法院（2015）深龙法民三初字第 1201 号民事判决第 2 项为：H 公司于本判决生效之日起 10 日内按每月 188,577.53 元的标准向 K 公司支付 2015 年 3 月 16 日至 2017 年 4 月的场地使用费 4,264,438.25 元；变更深圳市龙岗区人民法院（2015）深龙法民三初字第 1201 号民事判决第 3 项为：H 公司于本判决生效之日起 10 日内向 K 公司支付场地使用费（按每月 377,155.06 元的标准，自 2017 年 5 月起计至本判决确定的返还租赁物之日止），D 公司在每月 188,577.53 元的范围内，对本项费用承担连带清偿责任；驳回 K 公司的其他诉讼请求；驳回 H 公司的反诉请求。

5. 方某与李某房屋租赁合同纠纷案［（2012）深中法房终字第 3202 号］

〔**案件事实**〕方某与××商铺原业主金某签订租赁合同，该合同附页第 3 项约定“商铺按揭十年，中途如果业主产权发生变动，乙方（方某）仍需按租赁合同履行，租金转交于新业主所有，买卖不破租赁”，第 4 项约定“乙方（方某）有权转租”。后方某将商铺分别转租给陈某以及××驾校，××商铺原业主金某将商铺转让给李某，由李某直接向次承租人收取租金。方某一审诉讼请求：（1）李某继续履行方某与金某、张某等 6 人签订的《房屋租赁合同》，李某立即将位于深圳市宝安区××街道××社区商住楼 1 栋××商铺返还方某；（2）李某赔偿方某租金损失；（3）李某将涉案的××商铺的夹层返还方某；（4）李某赔偿方某关于案涉××商铺夹层租金损失；（5）李某承担本案一切诉讼费用。方某二审诉讼请求：（1）依法撤销深圳市宝安区人民法院作出的（2012）深宝法民三初字第 244 号民事判决书；（2）依法改判李某继续履行方某与金某、张某等 6 人签订的《房屋租赁合同》，李某立即将位于深圳市宝安区××街道××社区商住楼 1 栋××商铺及夹层使用权返还方某；（3）依法改判李某赔偿方某租金损失；（4）李某承担本案一、二审的一切诉讼费用。

〔**法院认为**〕一审法院认为：尽管方某取得了合法承租权，但其并没有使用××商铺，而是将该商铺分别出租给案外人陈某以及××驾校，直至××商铺被转让给李某时，仍是由陈某以及××驾校在实际占有并使用商铺。关于李某是否应当向方某返还××商铺。我国《合同法》第 229 条〔1〕规定，租赁物在租赁期间发生所有权变动的，不影响租赁合同的效力，这是“买卖不破租赁”原则的法律依据，但这一原则

〔1〕 已失效，对应《民法典》第 725 条，下同。

的法理依据是承租权的物权化,立法初衷是保护实际占有并使用房屋的承租人的合法利益,维护合法的租赁关系这一经济秩序的稳定性和连贯性。本案中,××商铺的实际合法占有使用人即陈某和××驾校的合法租赁权稳定性和连贯性是直接应当保护的,因此,尽管李某缺乏证据证实张某和金某在转让房产时,双方将转让的事实提前向方某履行了通知义务,但是房产转让后,××商铺的实际承租人仍在使用商铺,租金和租赁条件并未因商铺的转让而发生改变,只是租金不再向方某交纳而改为向李某交纳。也就是说,方某的实际使用权并未因李某受让××商铺而受到侵害,其受到侵害的是在转让前每月通过转租获取的利益。因此,一审法院认为,从"买卖不破租赁"的立法本意出发,结合本案中实际承租人即陈某和××驾校的合法承租权保持稳定的事实,不应当再判令李某将××商铺返还给方某,且在历时2年后,再判令继续履行方某和张某、金某的原租赁合同已经没有实际履行的基础,故对方某的该项请求,法院不予支持。

二审法院认为:方某转租涉案房产签订的租赁合同亦合法有效。李某受让租赁房产,应当依法按照"买卖不破租赁"的原则,在合同有效期限内同意方某继续租赁使用案涉房产。依据《合同法》第229条的规定,租赁物在租赁期间发生所有权变动的,不影响租赁合同的效力。本案的原所有权人系与方某签订租赁合同,方某作为承租人,转租行为亦取得了出租人同意,其要求继续履行租赁合同的诉讼请求,应当予以支持。一审法院以方某对案涉房产进行转租而非本人使用为由,不予支持方某的诉讼请求,没有法律依据,予以纠正。关于租金损失的问题,李某成为新的所有权人后,应当继续原所有权人与方某之间的租赁合同,然而李某与次承租人直接签订合同并收取租金,实质是终止了与方某之间的租赁关系,其行为已经损害了方某的合法权益,一审法院判令李某向方某支付相应的租金损失,予以认可。

〔**判决结果**〕一审法院判决:(1)李某应于本判决生效之日起3日内向方某支付租金损失人民币56,202元;(2)驳回方某的其他诉讼请求。如果未按本判决指定的期间履行给付金钱义务,应当依法加倍支付迟延履行期间的债务利息。本案受理费538元,由李某负担。

二审法院判决:(1)撤销深圳市宝安区人民法院(2012)深宝法民三初字第244号民事判决;(2)李某于本判决生效之日起10日内将位于深圳市宝安区××街道××社区商住楼1栋××商铺(房产证号:50004×××)交付方某使用;(3)李某于本判决生效之日起10日内按照每月3400元支付方某租金损失,自2010年7月1日起至本判决确定之日止;(4)驳回方某的其他诉讼请求;(5)驳回李某的上诉请求。

二 法律分析结论

(一)刑事案例分析结论

1. 法律依据

《刑法》第 14 条规定:明知自己的行为会发生危害社会的结果,并且希望或者放任这种结果发生,因而构成犯罪的,是故意犯罪。故意犯罪,应当负刑事责任。

《刑法》第 276 条规定:由于泄愤报复或者其他个人目的,毁坏机器设备、残害耕畜或者以其他方法破坏生产经营的,处 3 年以下有期徒刑、拘役或者管制;情节严重的,处 3 年以上 7 年以下有期徒刑。

笔者认为构成破坏生产经营罪需要满足以下条件:

(1)客体要件,本罪侵犯的客体是生产经营的正常活动;

(2)客观要件,本罪在客观方面表现为以毁坏机器设备、残害耕畜或其他方法破坏生产经营的行为;

(3)主体要件,本罪的主体为一般主体;

(4)主观要件,本罪在主观方面表现为故意。

2. 案例分析结论

(1)业主行为可能被认定为破坏生产经营罪的情形

行为人基于租赁关系,为了达到涨房租、催讨房租、终止租赁合同、重新签订合同、收回房屋等目的实施的破坏生产经营的行为。

①阻止正常生产经营的行为:营业时间段切断电源或拆除电表、强行拉变压器电闸,采用锁门、搁置大型车辆方式等限制出入或者运输货物。

②扰乱正常生产经营的行为:堵塞电梯、驱赶消费者、张贴公告、抢走前台 POS 机及固定电话话筒等。

③破坏正常生产经营的行为:恐吓顾客、阻挠药店医生坐诊、断水断电、打砸租户店内物品、殴打租户店员等。

(2)业主行为不被认定为破坏生产经营罪的情形

公诉机关认定应当以破坏生产经营罪追究被告人刑事责任,法院认定被告无罪或者以其他罪名定罪量刑。

①未侵犯国家、集体或者个人生产经营的正常活动和公私财产利益。如因被毁坏机器设备权属不明，或无证据认定租户对机器设备具有合法的所有权或使用、管理权，导致事实不清，则无法认定是否侵犯国家、集体或者个人生产经营的正常活动和公私财产利益，故不构成破坏生产经营罪。

②不存在破坏租户生产经营的主观故意。如为促使租户签订安全协议采用强行断电的方式虽然构成民事侵权，但因不存在破坏租户生产经营的主观故意，故不构成破坏生产经营罪。

（二）民事案例分析结论

1. 承租人诉求

（1）二房东主张因业主行为致使承租户全部流失，遭受巨大损失或无法赚取租金差价；或者要求业主承担经营性利润损失或合同解除所损失的经营成本。

（2）业主强行收回涉案房产，引发纠纷并导致二房东巨额损失。

（3）二房东要求业主支付租赁房屋内的添附物补偿款、装修费。

（4）业主直接向次承租人收取租金，事实上已经完全把二房东排除在租赁关系之外，直接侵犯了二房东对案涉商铺的实际占有使用或转租等相关合法权益。

2. 案例分析结论

第一，合同解除、终止后，二房东主张以上诉求，法院一般对此诉求不予支持。第二，合同未到期，仍在租赁期限内，且合同有效，业主与次承租人直接签订合同并收取租金，实质是终止了与二房东之间的租赁关系，其行为已经损害二房东的合法权益，业主应向二房东支付相应的租金损失。第三，合同无效，二房东主张租金损失时法院认为因所有的租赁合同关系均属无效，二房东继续占有案涉房产缺乏合同及法律依据，业主收回案涉房产，符合法律规定的合同无效处理原则，故二房东无权要求业主赔偿收回房屋后的租金损失。

三 操作风险提示

业主为了达到让承租人搬离的目的，可能会采取营业时间段切断电源或拆除电表、锁门、搁置大型车辆限制出入等阻碍承租人正常生产经营的行为；也可能会采取堵塞电梯、驱赶消费者、张贴公告、抢走前台POS机及固定电话话筒等扰乱正常生产经营的行为；甚至实施驱赶顾客、阻挠药店医生坐诊、断水断电、打砸租户店内物品、殴打租户店员等严重破坏生产经营的行为。上述行为可能构成破坏生产经营罪，也不能以提起诉讼为由，认为实施上述行为是合法的，因为即使获得生效判决也应由法院强制执行，建议杜绝该类情形出现。

第三节 宅基地使用权转让纠纷

相较于早先的“严格管理、严禁炒卖”，2013年党的十八届三中全会提出“改革完善农村宅基地制度”之后，“三权”分置模式下的宅基地使用权逐步放开流转。虽然现行法律及政策规定原则上仍限制或禁止宅基地和地上房屋的流转，但在现实中仍存在以转让农村宅基地使用权及其地上房屋为内容的买卖合同，而且随着房屋征收改造带来的土地升值，涉及宅基地使用权转让的纠纷屡见不鲜。下文将结合深圳市相关裁判案例对宅基地使用权转让问题进行分析。

一 相关案例

1. 刘某甲、黄某等确认合同无效纠纷案[(2020)粤03民终24947号]

〔**案件事实**〕2004年8月29日，刘某乙、罗某以及刘某甲作为甲方与黄某(乙方)签订《协议书》，主要内容为：经甲乙双方协商，甲方同意将现有某新村A区13号100平方米永久性建设用地使用权转让给黄某，转让费为现金319,800元。以后土地使用权及地上房屋所有权，均归乙方所有，与甲方无关。如政府文件需迁、拆、征收、办证等，甲方应协助乙方办理所需手续。罗某、刘某乙、刘某甲在甲方处签字，黄某在乙方处签名，深圳市某区某村某经济合作社在见证人处盖章。合同签订后，刘某甲向黄某交付了案涉土地，黄某向刘某甲支付了319,800元，并向深圳市某区某村某经济合作社缴纳了土地使用款100,000元。

刘某甲和XN股份合作公司、SM投资公司称案涉土地为宅基地，系刘某甲作为本村村民分配获得使用权;两公司称该地系综合刘某甲家庭人口等状况,测定刘某甲应分得的面积后由刘某甲购买获得使用权。刘某甲取得该地块使用权后,并未办理宅基地使用权证。应黄某调查取证申请,一审法院致函该市规划与国土资源委员会某管理局,询问案涉土地所在宗地情况并调取相关资料。2017 年 4 月 17 日,该局复函一审法院。该函主要内容为,G04220—0083 号宗地位于某街道新南社区,总面积 14,985.24 平方米,均属已转地。该宗地由某市某区某街道办事处和 XN 股份合作公司签订的《土地整备补偿协议》(某征收安置区)约定为某社区征收安置用地,并经双方签订的《某市某区城市化转地适当补偿协议》(零补偿)完善转地手续。随函附《土地整备补偿协议》《某市某区城市化转地适当补偿协议》。经深圳市人民政府五届一〇四次常务会议审议通过,G04220—0083 号宗地以返地形式批复给 XN 股份合作公司,容积率按图则确定的 3.8 执行,用于解决原某自然村历史遗留问题,土地用途为二类居住用地和商业用地。

〔**法院认为**〕一审法院认为:本案诉请为确认合同无效纠纷,案涉当事人对案涉土地所有权和使用权没有争议,即双方签订合同时案涉土地系 SM 合作社农村集体土地,现已转为国有土地,故本案属于一审法院审理的民事诉讼范围。刘某甲诉请合同无效的理由为,合同标的为农村集体土地,《土地管理法》(2004 修正)第 63 条规定,农民集体所有的土地的使用权不得出让、转让或者出租用于非农业建设。首先,2019 年 8 月 26 日,第十三届全国人民代表大会常务委员会第十二次会议通过了对《土地管理法》的修正,修正后的《土地管理法》已经删除了原第 63 条的规定。其次,虽然在签订合同时案涉土地性质为农村集体土地,但在刘某甲起诉前,案涉土地已经转为国有土地,土地用途亦变更为建设用地,不存在非农业建设的问题。最后,黄某提交的证据表明,在 XN 股份合作公司土地整备过程中,案外人进行土地使用权买卖后,经 SM 投资公司认可可以办理产权过户手续;XN 股份合作公司、SM 投资公司作为原农村集体土地权利人亦主张合同有效,均可以证明在案涉土地转为国有土地后,相关行政机关以及社区均不再对买卖合同效力持否定意见。综上,刘某甲诉请合同无效,一审法院不予支持。

二审法院认为:案涉合同标的所在宗地在刘某甲起诉前已转为国有土地,用途为二类居住用地和商业用地,因此,本案并不存在将农民集体所有土地的使用权出让、转让或者出租用于非农业建设的情形,刘某甲以此为由主张合同无效,理由不成立,法院不予支持。

〔**判决结果**〕一审法院判决：驳回起诉。

二审法院判决：维持原判。

2. 刘某、张某与苏某房屋买卖合同纠纷案[（2020）粤03民终7424号]

〔**案件事实**〕1999年11月15日，刘某、张某与苏某签订《协议书》，约定：刘某、张某拥有一栋位于布吉街道××号的房屋，该房屋设计为4层，每层79平方米；刘某、张某以25万元的价格将该栋房屋出售给苏某，苏某一次性付清购房款，款项付清的同时正式办理有关出售手续，并将房屋交给苏某管理，以后一切有关案涉房屋的问题均由苏某负责，与刘某、张某无关。《协议书》约定的附加条件：（1）由于上述楼宇的天台有半层不合法建筑物，该建筑物实为第5层，苏某亦承诺第5层由张某居住4年，4年以后即交回苏某拥有，其间苏某亦不能收取任何涉及第5层套房的租金，水电费除外；（2）由于该楼房第5层是不合法建筑物，张某居住期间有政府机关或有关部门提出要清拆该楼房第5层的时候，苏某承诺会把上述物业地址的第4层免费提供给张某居住，免费居住的期限由第5层清拆至张某移民成功为止，水电费除外；（3）在本协议承诺当中苏某不能以任何形式威逼张某提早交回第5层给苏某。在协议生效以后，双方不能有违反承诺之中任何一项条件的行为，如苏某有违反，则本协议无效。苏某于1999年向刘某、张某支付25万元房款，刘某、张某于1999年将案涉房产第1～4层交付苏某使用至今。

〔**法院认为**〕一审法院认为：首先，案涉房产虽系私宅，土地用途为村民住宅用地，房产证上注明“本证所记载的房地产，不得买卖。抵押（典当）、出租须按有关规定办理”，上述注明的内容非法律或行政法规的效力性强制性规定，因此，刘某、张某据此认为双方签订的《协议书》无效，一审法院不予支持。其次，2003年发布的中共深圳市委、深圳市人民政府《关于加快宝安龙岗两区城市化进程的意见》，决定从2003年10月29日起正式启动宝安、龙岗两区城市化的各项工作，将村集体经济组织全部成员转为城市居民，将原属于其成员集体所有的土地依法转为国家所有。而深圳市人民政府对案涉房产已核发房产证，且土地性质注明为国有，即案涉房产转让并不存在法律及行政法规禁止转让的情形，双方签订的《协议书》为有效合同。最后，刘某、张某与苏某签署《协议书》后，苏某向刘某、张某交付购房款，刘某、张某向苏某交付房产，刘某、张某近20年来均未要求返还，刘某、张某现主张苏某返还房产并退回苏某购房款，也违反诚实信用原则。因此，一审法院认为，双方就案涉房产第1～4层买卖签订的《协议书》是双方的真实意思表示，合法有效。

二审法院认为：根据《物权法》第15条[1]的规定，当事人之间订立有关设立、变更、转让和消灭不动产物权的合同，除法律另有规定或者合同另有约定外，自合同成立时生效；未办理物权登记的，不影响合同效力。案涉房产为国有土地上的自建私人住宅，在双方签订房屋转让协议时已具有合法产权登记，故刘某、张某以违反法律强制性规定为由主张合同无效的理由不成立。刘某、张某主张房地产证记载土地性质为国有属于错误登记，但未提交任何证据予以证明，法院不予采纳。案涉房产即使因政策原因无法办理转移登记，然而基于物权变动与其原因行为的区分原则，案涉房产的性质仅影响物权变动，不影响房屋转让协议效力的认定；刘某、张某自愿与苏某签订案涉房屋转让协议，且已实际向苏某交付使用近20年，现又起诉主张合同无效并要求苏某返还房产缺乏事实和法律依据。

〔**判决结果**〕一审法院判决：驳回全部诉讼请求。

二审法院判决：维持原判。

3. 周某、彭某、彭某乙与黄某房屋买卖合同纠纷案[（2019）粤03民终18116号]

〔**案件事实**〕周某及其丈夫彭某作为转让方（甲方）与黄某（乙方）于2002年11月12日、2005年1月8日分别签订了《房屋买卖合同》，两份合同内容一致，主要约定如下：(1)甲方将位于深圳市宝安区××村××房屋××栋转让给乙方，房屋基底面积97.28平方米，建筑面积150平方米，土地使用面积122平方米，房屋结构为混合2层，房屋所有权证“粤房字第××”，房屋所有权由周某占全部份额。(2)转让价款为人民币30万元，由乙方分3次支付给甲方：①于合同生效时支付10万元，同时甲方将原来的房屋所有权证书（正本）交给乙方；②甲方在合同生效后5日内将房屋腾出，乙方于房屋腾出当天支付10万元；③甲方在合同生效的15日内前往国土部门办理该房地产产权登记手续，并把该房屋所有权人变更为乙方，乙方确认国土部门已经受理该房地产权属变更登记后，付给甲方3万元，乙方获取房屋所有权证书当天支付余款7万元，即支付完结。双方还对资料交付、过户费用承担、违约责任等进行了约定。上述《房屋买卖合同》经广东深兴律师事务所见证，见证书中附有案涉房产原房屋所有权证书，注明的登记字号为“私2－××××号”。合同签订后，黄某向周某支付了全部购房款30万元。周某于2008年1月15日出具结算单，确认其与黄某《房屋买卖合同》的款项全部结清。

---

〔1〕 已失效，对应《民法典》第215条。

〔**法院认为**〕一审法院认为：首先，案涉房产虽系私宅，但从周某、彭某提交的不动产登记信息查询表可知，案涉房产所在土地性质已为国有，且宝安区农村集体经济组织全部成员转为城镇居民后，原属于其成员集体所有的土地属于国家所有；其次，该房产已以黄某名义申报历史遗留违法私房，并经规划审查准予通过，应当视为行政主管部门已对房屋建设的合法性予以确认；最后，周某、彭某与黄某虽对于《房屋买卖合同》的签署时间存在争议，但对于双方就案涉房产存在房屋买卖合同关系均不持异议。合同签订后，黄某已向周某、彭某付清了全部购房款30万元，房屋已交付黄某使用10余年，且周某在黄某就该房屋申报了历史遗留违法私房时，也配合办理了申报手续，说明双方已实际履行了《房屋买卖合同》中的义务。综上，黄某就案涉房产订立的《房屋买卖合同》为双方的真实意思表示，未违反法律、行政法规的强制性规定，不存在周某、彭某主张的合同无效事由，该合同合法有效，双方均应当诚信履约。

二审法院认为：本案二审的争议焦点为周某等人与黄某签订落款时间为2005年1月8日的《房屋买卖合同》是否归于无效。周某确认该合同是其本人签订且系真实意思表示。根据不动产登记信息查询表，案涉房产所在土地所有权为国有，2名上诉人并未提交证据证明该土地仍属于集体土地。另外，《城市房地产管理法》第38条有关未依法登记领取权属证书的房地产不得转让的规定，并非效力性强制性规定。故2名上诉人主张《房屋买卖合同》因违反法律强制性规定而无效的理由不能成立。此外，2名上诉人主张落款时间为2002年11月12日的《房屋买卖合同》是为了进行案涉房产申报历史遗留违法私房而签订的虚假合同，对此周某并未对该合同中其签字的真实性申请笔迹鉴定，其主张合同并非本人签署，缺乏事实依据，法院不予采信。

〔**判决结果**〕一审法院判决：驳回诉讼请求。

二审法院判决：一审判决认定事实清楚，适用法律正确，应予维持。

4. 罗某甲、罗某乙与廖某、廖某乙房屋买卖合同纠纷案［(2019)粤03民终21593号］

〔**案件事实**〕罗某甲、罗某乙系夫妻关系，两人于1988年9月30日登记结婚。案涉房屋于1998年4月21日登记至罗某甲名下，房地产证号为深房地字第××，房屋结构为4层半建筑，占地面积109.5平方米，建筑面积454.25平方米，房地产证记载该房地产不得买卖。

2002年11月14日，罗某甲、罗某乙作为甲方，廖某、廖某乙作为乙方，双方签订

《房屋转让协议书》,该协议书约定甲方完全拥有布吉镇某房产的所有权,其同意将该房产转让给乙方,转让价格为365,000元;自本协议订立之日起,甲方不得将该房产再行转让给他人,并承诺甲方和甲方的继承人不再拥有该房产的一切权益,所有收益权和使用权均归乙方所有;因本房产暂时不能在国土部门办理转让登记,本协议签订后至在国土部门办理转让登记之前,如因甲方原因造成该房产被收回或者被其他执法机关查封、拍卖等造成乙方损失的,甲方应退还全部购房款并承担同期银行贷款利息给乙方,乙方应支付甲方房产使用租金,双方约定每月租金和购房款利息相抵;本合同签订后至办理转让登记之前,如因政府部门或其他单位对该房屋进行有偿征收或有其他补偿事项,其补偿收益应为乙方所有,甲方承诺放弃补偿利益;本协议签订后,根据深圳当时的政策规定,甲方应无条件配合乙方办理各种产权转让手续,否则甲方应赔偿乙方因甲方不配合而不能办证的损失并支付违约金,所有办证应交纳的一切费用(包括罚款)由乙方承担;订立本合同后,转让款一次性付清;合同签订后至转让登记完成之前,如因甲方违约收回房屋,甲方应赔偿乙方的经济损失,并支付购房总款15%的违约金,如因乙方违约放弃购买,则应支付购房总款15%的违约金。上述协议书签订当日,廖某向罗某乙转账支付362,300元。随后,罗某甲、罗某乙将案涉房屋交付予廖某和廖某乙使用。现罗某甲、罗某乙以其与廖某、廖某乙签订的《房屋转让协议书》违反了法律法规和政策规定为由,提起诉讼。

〔**法院认为**〕一审法院认为:深圳市人民政府于2004年6月26日发布《深圳市宝安龙岗两区城市化土地管理办法》规定,两区农村集体经济组织全部成员转为城镇居民后,原属于其成员集体所有的土地属于国家所有。因此,案涉房产并非建造于农村集体所有土地上的房屋,该房产亦已取得房地产证,故罗某甲、罗某乙和廖某、廖某乙签订的《房屋转让协议书》并未违反法律、行政法规的强制性规定。该协议系双方当事人的真实意思表示,合法有效,罗某甲、罗某乙诉请确认合同无效,并要求廖某承担返还房屋、赔偿损失的法律后果,没有事实和法律依据,一审法院不予支持。

二审法院认为:本案为房屋买卖合同纠纷案件。从1998年的房地产证记载的案涉土地的所有权性质来看,案涉土地为国有土地,因此,案涉房产并非建于农村集体所有土地上的房屋,罗某甲、罗某乙主张案涉房产转让协议无效的理由不成立,法院不予采信。

〔**判决结果**〕一审法院判决:驳回诉讼请求。

二审法院判决:驳回上诉,维持一审判决。

5. 温某与朱某、罗某、杨某房屋买卖合同纠纷案[(2019)粤03民终10833号]

〔**案件事实**〕2014年3月4日,杨某取得了位于深圳市龙岗区××街道××村统建楼××栋××号房的不动产权证,记载土地用途为居住用地,房屋用途为住宅,不动产证号为深房地字第××。2016年3月11日,杨某与案外人尹某共同作为甲方,温某作为乙方,双方签订了《房产转让协议书》,协议约定甲方将深圳市龙岗区××街道××村,楼名为"××家园"统建楼××栋××号房以1,037,000元的价格转让给乙方。温某支付对价后,杨某将案涉房屋交付给温某使用,但双方未办理产权过户手续。

2017年3月30日,温某作为甲方,朱某作为乙方,双方签订《房地产买卖合同》,约定甲方将深圳市龙岗区××街道××村统建楼(××家园)××栋××号房转让给乙方。鉴于该物业产权性质未转成市场商品房(红本)前,不能办理产权过户手续,双方约定产权过户手续等转成红本后办理。转让价格为1,320,000元,乙方须于2017年3月31日前将1,300,000元、定金20,000元转账到甲方指定账户。如有其他权利和经济纠纷或甲方有违约行为或房屋被法院强制执行等导致乙方利益受损的,该合同终止,甲方应两倍返还乙方已付购房款。同日,朱某与温某到广东吉径律师事务所就买卖合同进行公证,双方在律师事务所公证的《房屋转让协议书》中约定朱某以1,320,000元价格购买温某的深圳市龙岗区××街道××村统建楼(××家园)××栋××号房,转让价款为1,320,000元,付款方式为一次性付清。违约责任条款约定如有一方违约,违约方应赔偿守约方的损失。

2017年3月25日,罗某代温某收取定金20,000元,并出具定金收据,确认收到朱某支付的定金20,000元。2017年3月30日,朱某向温某支付购房款1,300,000元。温某向朱某出具收据,确认收到朱某全部房款1,320,000元。朱某接收案涉房屋后居住至今,但未办理产权过户手续。

〔**法院认为**〕一审法院认为:关于合同效力问题,依据《合同法》第52条[1]的规定,损害社会公共利益,违反法律、行政法规的强制性规定的合同无效。首先,本案中,朱某与温某签订的《房地产买卖合同》中所涉及的统建楼用地的土地规划用途为二类居住用地,并非农村宅基地,双方之间的转让行为并不属于违反法律、行政法规强制性规定进而认定合同无效的情形。其次,案涉房产虽属统建楼,带有福利性质,

---

〔1〕 已失效,对应《民法典》第144条,第153条,第154条,第155条。

但仅属于个人福利，不涉及社会公共利益，该类住房的出售并不损害社会公共利益，合同不因此而认定无效。最后，根据物权变动的区分原则，认可原因行为的合同效力并不必然发生物权变动的结果，不能发生物权变动属于合同不能履行的问题。本案中，虽然案涉房产属于统建楼性质，无法办理产权过户手续，但统建楼用地是否可转为商品性质、朱某是否可依据案涉合同取得不动产权益，属合同履行的范畴，不影响合同效力。综上，案涉《房地产买卖合同》系朱某及温某的真实意思表示，为有效合同。温某辩称双方就案涉房屋同时签订了两份转让协议，其中在律师事务所见证的转让协议中并未约定违约金，应当以该份转让协议为准。根据朱某支付购房款的方式以及协议中关于双方权利义务及违约责任约定的明晰化程度，一审法院认定双方实际履行的为 2017 年 3 月 30 日签订的《房地产买卖合同》，并非在律师事务所备案的《房屋转让协议书》，温某的该辩解意见，一审法院不予采信。温某辩称转让被查封的房产应属无效，根据最高人民法院《关于审理买卖合同纠纷案件适用法律问题的解释》第 3 条[1]的规定，依据物权变动原因与结果相区分的原则精神，出卖人在缔约时对标的物没有所有权或处分权的，不影响作为原因行为的买卖合同的效力，该条同样适用于房屋买卖合同中，即使案涉房产被查封导致出卖人的处分权受限制或出卖人未取得所有权而仍然处分房屋的，该因素并非合同无效的法定事由，不致合同无效，故温某的该辩解意见，一审法院不予支持。

二审法院认为：一审法院认定朱某与温某签订的《房地产买卖合同》中所涉及的统建楼用地的土地规划用途为二类居住用地，并非农村宅基地，双方之间的转让行为并不违反法律、行政法规的强制性规定，应为合法有效正确，予以确认。

〔判决结果〕一审法院判决：驳回原诉讼请求。

二审法院判决：驳回上诉，维持一审判决。

6. 彭某、曾某与蔡某农村房屋买卖合同纠纷案[（2019）粤 03 民终 2894 号]

〔案件事实〕2008 年 12 月 18 日，彭某、曾某作为甲方，蔡某作为乙方，双方签订了一份《房地产转让协议书》，约定：甲方自愿将位于深圳市龙岗区坪山街道××社区（原坪山镇××村）的房屋永久性转让给乙方所有，该房屋楼高 4 层，用地面积约 100 平方米，建筑面积约 476 平方米，乙方同意签订协议时一次性付清转让款 960,000 元。同时该协议书约定：乙方付清转让款后，该房屋的使用权即归乙方完全

---

〔1〕 此处为 2012 年规定，2020 年修正后，该条被删除。

享有，乙方有权将该房屋出租、抵押或转让，甲方无权干涉；甲方保证该房屋来源合法，且未作任何抵押；协议书生效后甲方必须把上述房屋相关手续、证件原件交由乙方管理，并协助乙方到居民委员会更名及办理水电、电话过户手续；协议书生效之前因该房屋而引起的债权债务均与乙方无关，如需办理其他与该房屋相关的合法手续时，甲方必须无条件协助；协议书生效后因乙方使用该房屋而引起的任何纠纷与甲方无关；协议书生效后，如国家在政策范围内征收上述房屋，所有赔偿款项归乙方所得，办理前述赔偿手续时，如需甲方出面，甲方应无条件协助，但乙方应给予适当的差旅补贴，补贴以5000元为限；乙方有权对该房屋进行改建或增建，改建或增建增值部分所有权归乙方；甲方及其继承人不得再就该房屋主张权利，如因甲方之原因使乙方不能最终取得该房屋所有权，甲方除应向乙方返还全部转让款、装修款外，还应支付100%的违约金。协议书签订当日，双方就本案房屋买卖前往广东恒港律师事务所办理了律师见证书，同时蔡某向彭某、曾某支付了购房款960,000元，彭某、曾某将案涉房屋交付给蔡某使用。

案涉房屋于1996年11月13日办理了房产登记并取得了房地产证，房地产证号为101××××，权利人为彭某，所有权性质为国有，土地用途为村民住宅用地，同时房地产证上载明不得买卖，抵押、出租须按有关规定办理。

2018年1月15日，深圳市规划和国土资源委员会坪山管理局出具《关于G11XXX-31号宗地土地权属等信息核查情况的函》，表明截至2018年1月11日，G11XXX-31号宗地内的不动产“彭某私宅”已登记，权利人为彭某，登记状态为有效。G11XXX-31号地块范围内全部未见征(转)地补偿记录。G11XXX-31号宗地批准用途为村民住宅用地且该地块位于坪山区坪山街道坪山围片区城市更新单元拆除范围内。该更新单元已于2018年1月被列入深圳城市更新单元计划，更新单元规划当时处于编制阶段。2018年3月28日，深圳市规划和国土资源委员会坪山管理局出具《关于G11XXX-31号宗地核查情况的函》，表示G11XXX-31号宗地房地产证证载所有权性质为国有。

〔**法院认为**〕一审法院认为：龙岗区农村经济组织全部成员转为城镇居民后，原属于其成员集体所有的土地属于国家所有，经一审法院核实，案涉房产所在土地性质为国有，不属于集体所有，且案涉房屋亦取得房屋产权证，故当事人签订的《房地产转让协议书》没有违反法律、行政法规的强制性规定，系双方当事人真实意思表示，该协议书合法有效。

二审法院认为：根据查明的事实，案涉房产已办理了房产登记并取得了房地产证，彭某系案涉房产的登记权利人，但彭某于2008年12月18日将该房产出售给蔡某，各方均已实际履行合同并交付了案涉房产及相关的权利证书。彭某、曾某主张其与蔡某签订的《房地产转让协议书》为无效合同，根据案涉房地产证以及深圳市规划和国土资源委员会坪山管理局出具的《关于G11XXX－31号宗地土地权属等信息核查情况的函》，案涉房产所在土地所有权性质为国有，不属于集体所有土地，故案涉房产交易不违反《土地管理法》(2004修正)第62条、第63条等有关限制农民集体所有土地使用权流转的规定，原告主张不成立。

〔**判决结果**〕一审法院判决：驳回原告诉讼请求。

二审法院判决：驳回上诉，维持原判。

二 法律分析结论

宅基地使用权流转行为以及宅基地房屋买卖行为是否有效的问题，在实务中存在较多困惑和分歧。实务中适法不一、裁判相异的现象并非个例，但诸多地方司法机关倾向于认定农村房屋买卖合同或宅基地使用权流转合同为无效合同，理由在于：结合对《民法典》第362条〔1〕、《土地管理法》第62条〔2〕的教义学解读来看，宅基地使用权具有主体限定、权利内容特定、使用目的固定的特征，即宅基地使用权主

〔1〕《民法典》第362条规定："宅基地使用权人依法对集体所有的土地享有占有和使用的权利，有权依法利用该土地建造住宅及其附属设施。"

〔2〕《土地管理法》第62条规定："农村村民一户只能拥有一处宅基地，其宅基地的面积不得超过省、自治区、直辖市规定的标准。

人均土地少、不能保障一户拥有一处宅基地的地区，县级人民政府在充分尊重农村村民意愿的基础上，可以采取措施，按照省、自治区、直辖市规定的标准保障农村村民实现户有所居。

农村村民建住宅，应当符合乡（镇）土地利用总体规划、村庄规划，不得占用永久基本农田，并尽量使用原有的宅基地和村内空闲地。编制乡（镇）土地利用总体规划、村庄规划应当统筹并合理安排宅基地用地，改善农村村民居住环境和条件。

农村村民住宅用地，由乡（镇）人民政府审核批准；其中，涉及占用农用地的，依照本法第四十四条的规定办理审批手续。

农村村民出卖、出租、赠与住宅后，再申请宅基地的，不予批准。

国家允许进城落户的农村村民依法自愿有偿退出宅基地，鼓励农村集体经济组织及其成员盘活利用闲置宅基地和闲置住宅。

国务院农业农村主管部门负责全国农村宅基地改革和管理有关工作。"

体必须为农村集体经济组织的成员，权利内容仅为占有和使用权能，而不具有处分权能，且使用内容仅限于为建造、保有私人住宅之目的，不得逾越这一目的。“抛开成员身份的本质属性，允许宅基地使用权单独成为市场要素，并处分给非集体经济组织成员，违反制度设计之根本。因此，宅基地使用权为集体经济组织成员所享有，非本集体经济组织成员无权取得或变相取得”[1]。

此外，我国在行政法规层面并没有明确禁止城镇居民购买宅基地房屋。诸多地方司法裁判多引用相关政策文件，如国务院办公厅《关于加强土地转让管理严禁炒卖土地的通知》、国务院《关于深化改革严格土地管理的决定》、国务院办公厅《关于严格执行有关农村集体建设用地法律和政策的通知》等，均有涉及“农民的住宅不得向城市居民出售”、“禁止城镇居民在农村购置宅基地”或者“城镇居民不得到农村购买宅基地”等表述[2]。

再者，《八民纪要》第 19 条明确规定，在非试点地区，农民将其宅基地上的房屋出售给本集体经济组织以外的个人，该房屋买卖合同认定为无效。经查询，广东省仅有珠海市斗门区、佛山市南海区、韶关市南雄市、惠州市龙门县、汕尾市陆河县、肇庆市德庆县等地区在农村宅基地改革试点名单中，而深圳并不在此列。

就前述而言，作为非农村宅基地改革试点名单内城市，深圳本土司法实践将农村房屋买卖合同或宅基地使用权流转合同判定为无效更加合理。但结合前述检索的 2019 年至 2024 年 7 月的司法案例来看，深圳市中级人民法院均认定宅基地使用权转让行为有效，造成此种差异的根源似乎在于——深圳农村城市化进程中的“统征”与“统转”，即“统征”与“统转”之后，居民身份从“农村集体经济组织成员”转化为“城市居民”、土地性质由“集体所有”转变为“国家所有”，与之相伴的是，禁止转让的“宅基地”也变成了可以基于真实意思表示在一定程度上进行流转的“建设用地”。这样看来，“统征”与“统转”似乎具有“涤除”功效，可以“洗白”宅基地使用权转让行为中的“违法因子”，使得原本违法的行为摇身变成合法行为。

但抛开“统征”与“统转”这一特殊因子，司法实践中判定合同有效似乎是直奔结论而缺乏论证，有必要进一步详细论证。实践中，将宅基地使用权转让合同或宅基地之上房屋所有权转让合同判定为无效主要基于对“违反法律法规的强制性规

---

〔1〕 杜万华主编：《民法典实施精要》（上），法律出版社 2022 年版，第 334 页。

〔2〕 参见彭诚信、龚思涵：《宅基地房屋买卖的困境破解：以占有保护为核心》，载《东岳论丛》2022 年第 10 期。

定”“违背公序良俗”“政策文件要求”这三个因素的考量,但这三个因素均存在可驳斥的空间。

(一)是否违反法律、行政法规的强制性规定

认定宅基地上房屋买卖合同无效的主要法律依据之一是《民法典》第153条,即违反法律、行政法规的强制性规定的民事法律行为无效。但从其性质上说,该条款属于引致规范,即本身没有独立的规范内容,不能成为独立的裁判依据,法官必须援引具体的法律规范以判定法律行为效力。一般而言,强制性规定分为效力性强制性规定和管理性强制性规定,只有违反效力性强制性规定(通常表现为禁止性规定与否定性评价)才会导致合同无效。

在法律层面,《土地管理法》第62条通常成为此处被引致的法律规范。从文义解释出发,该条款无论是行为模式还是法律后果,都不是对城镇居民购买宅基地上房屋的否定性评价或禁止性规定。在行政法规层面,目前我国没有行政法规明确禁止城镇居民购买宅基地上的房屋。可见,转让宅基地使用权或其地面上房屋的所有权,并不必然违反法律法规的效力性强制性规定。

(二)是否违背公序良俗

无论是认为宅基地上房屋买卖合同违背公序良俗还是损害社会公共利益,其落脚点都是政策背后所维护的利益,即宅基地承载着稳定社会、稳定农民生产生活的特殊功能。这也使宅基地制度改革成为农村土地制度改革中最为复杂、最为敏感的领域。随着经济飞速发展,宅基地使用权或其地上房屋所有权的转让,可能并不会相悖于宅基地制度的设计初衷与功能基础:一方面,从目前的实践来看,宅基地所发挥的稳定社会、保障农民利益的特殊功能正在逐步弱化;另一方面,除购买宅基地使用权用于房地产开发、土地投机等与政策目的严重违背的情形外,在购买宅基地上房屋用于生活居住且已长期稳定占有的情形中,确定合同有效有利于使经济欠发达、较偏远地区的闲置宅基地上房屋有途径实现其财产价值。

(三)将政策作为裁判依据的法理缺失

在相关判决中被引用较多的是国务院办公厅《关于加强土地转让管理严禁炒卖土地的通知》和国务院《关于深化改革严格土地管理的决定》,但这两个文件并不属于法律、行政法规、部门规章,而是国务院出台的规范性文件。规范性文件因不具有稳定性,会随着社会经济的发展及时调整,一般作为辅助资料发挥裁判说理的参考功能,但不宜直接作为裁判依据。从严格意义上说,在法律、行政法规均没有合适的强制性规定认定宅基地上房屋买卖合同无效的情况下，未结合具体案件事实进行充分的法律论证分析，单纯以政策文件作为裁判依据认定合同无效，在某种程度上无异于在削弱法律的权威性。

基于上述理由，在深圳"统征"与"统转"的特殊历史背景下，加之地方司法裁判结果进行支撑，在实务工作中可结合转让目的，审慎承认宅基地使用权转让合同或其上房屋所有权转让合同的有效性。

第四节 项目实施过程中设置围挡纠纷典型案例

土地整备利益统筹项目推进过程中存在一些特殊情况，有时需要采取设置围挡这一措施。但个别权益主体会针对设置围挡的行为提起行政复议和行政诉讼，且出现了个别复议案件败诉的情形，各方对围挡的法律性质、责任及后果存在一定的分歧和困惑。鉴于此，下文在梳理相关法律规定、查找司法判例的基础上，厘清在土地整备利益统筹项目中设置围挡行为的法律性质，并从风险防范以及指导实操的角度，对设置围挡行为的定性、设置主体、应遵循的原则、操作风险等进行全方面梳理，给出相应分析和建议，以期在土地整备利益统筹项目的推进过程中，降低设置围挡时的法律风险。（法律分析结论详见前文"设置围挡纠纷"）

1. 深圳市某公司与深圳市某区交通运输局交通运输行政管理行政赔偿纠纷案［（2020）粤 0308 行赔初 22 号］

〔**案件事实**〕原告深圳市某公司坐落于深圳市某区。布吉南环路建设属市政工程，被批准用地单位原为被告深圳市某区交通运输局，后因工程调整，被批准用地单位为被告下属的事业单位深圳市交通公用设施建设中心，但 2017 年的"深圳市建筑工程规划许可证"显示建筑单位为被告。原告所处位置为该市政工程第 2 标段，由被告委托深圳 × × 房地产开发有限公司进行建设，该标段工程于 2018 年获得工程施工许可。施工过程中，被告获准占用绿地进行施工，并在该绿地处设置围挡。

2019 年 12 月 31 日，原告与其他商铺利益相关方一起到被告处信访，反映布吉南环路第 2 标段工程围挡问题。深圳市交通公用设施建设中心予以复函，在复函的第二部分"协调情况"处，该中心表示："2019 年 12 月 13 日，某街道办事处牵头组织我中心、布吉南环路2标代建单位、理想新城商铺代表在某街道××社区工作站召开协调会。会上,街道办事处表示没有相关依据,无法办理商铺所提的赔偿要求。”2020年1月21日,原告的法定代表人长某再次向被告信访主张赔偿事宜,2020年2月10日,深圳市交通公用设施建设中心作出《信访事项处理意见书》,关于赔偿的意见与上述复函内容一致。

〔**法院认为**〕首先,根据最高人民法院《关于审理行政赔偿案件若干问题的规定》第13条第2款第4项的规定,加害行为为具体行政行为的,该行为已被确认为违法赔偿请求人才可提起行政赔偿诉讼。本案中,原告认为加害行为系围挡行为,即使围挡行为本身可视为具体行政行为,原告亦应等该行为被确认为违法后才能单独提起行政赔偿之诉。其次,根据最高人民法院《关于适用〈中华人民共和国行政诉讼法〉的解释》第1条第6项的规定,行政机关为作出行政行为而实施的准备、论证、研究、层报、咨询等过程性行为,不属于人民法院行政诉讼的受案范围。上述过程性行为,不具有独立法律地位,其合法性不应独立成诉。本案中,为实施布吉南环路第2标段工程而设立围挡的行为,属于为了保障工程顺利实施的临时性、过程性、程序性行为,不具有独立的法律地位,该过程性行为不属于行政诉讼的受案范围。最后,围挡行为是在公共绿地之上,即使如原告所主张的占用了停车场,也并非设在原告店铺所在的位置或足以影响其出入的通道等位置,无证据显示该行为与原告存在行政法律上的利害关系,更遑论行政赔偿。

〔**判决结果**〕法院裁定:(1)驳回原告深圳市某公司的起诉;(2)本案不收取案件受理费。

2. 崔某某、辽宁省某市某区人民政府行政管理纠纷案[(2019)最高法行申5500号]

〔**案件事实**〕2012年3月1日,某区人民政府作出房屋征收决定,决定对北市四期旧城区改造项目实施房屋征收,崔某某房屋位于征收区域。后某市某区国有土地房屋征收管理办公室(以下简称某区征收办)对该征收区域设置安全围挡。崔某某认为上述设置围挡行为违法,向某区人民政府申请复议。某区人民政府作出行政复议决定,驳回崔某某的行政复议申请,崔某某不服提起诉讼。

〔**法院认为**〕该设置围挡行为系某区征收办在征收过程中实施的事实行为,属于征收过程中的管理行为,不是成熟的行政行为,该阶段性行为所产生的效果应当涵盖在最终的行政行为即征收补偿决定中。崔某某如对其房屋补偿问题不服,应当在征收补偿纠纷中一并主张权利。

〔**判决结果**〕法院裁定:驳回再审申请人崔某某的再审申请。

3. 万某某、某市某区人民政府行政管理纠纷案[(2018)最高法行申7422号]

〔**案件事实**〕被告某区人民政府于2016年9月14日作出征收决定书,对井冈山大道两侧一期旧城改造项目红线范围内的房屋实施征收。本案所涉房屋位于井冈山大道××号,原告万某某在该房屋经营福利、体育彩票,该房屋在上述旧城改造项目的征收范围内。在征收过程中,原告未能与被告某区人民政府就征收补偿协商一致,该房屋尚未被拆除。被告某区人民政府依据某市人民政府办公厅《关于下达2016年度房屋征迁任务和土地收储计划的通知》收储土地"围挡到位"的工作要求,以及某市城乡建设委员会《某市建筑工地专项整治活动任务分工方案》中征收工地实施围挡作业的要求,于2016年9月底对征收工地设置围挡,在原告经营的福利、体育彩票店砌起了围墙,预留了32厘米的通行道路。原告万某某不服该围挡作业,认为某区人民政府的围挡违法,于2017年6月8日向某市人民政府申请行政复议,要求确认围挡行为违法并予以拆除。某市人民政府受理后,向原告送达了受理通知书,向某区人民政府送达了行政复议答复通知书。某区人民政府于2017年6月18日作出了行政复议答复。2017年8月7日,某市人民政府以案情复杂、不能在规定期限内作出行政复议决定为由,决定延期30日作出复议决定,并于8月10日向原告送达该延期审理通知。2017年9月7日,某市人民政府作出行政复议决定书,维持了某区人民政府实施的围挡行为。万某某不服某区人民政府于2016年9月14日作出的征收决定,向法院提起诉讼,该案法院已受理,且在审理之中。

〔**法院认为**〕被告某区人民政府实施的围挡作业,是依据相关部门的工作要求所进行的,同时预留了通行道路。但被告某区人民政府所预留的通行道路过窄,为了进一步方便居民出行,建议被告某区人民政府对预留的通行道路拓宽至1米。对原告提出的确认某区人民政府对原告实施的围挡行为违法并责令其立即停止围挡行为、拆除围挡的诉求,法院不予支持。关于原告提出的对《关于下达2016年度房屋征迁任务和土地收储计划的通知》以及《某市建筑工地专项整治活动任务分工方案》两份规范性文件的合法性进行司法审查的诉请,《建筑法》第39条规定,建筑施工企业应当在施工现场采取维护安全、防范危险、预防火灾等措施;有条件的,应当对施工现场实行封闭管理。施工现场对毗邻的建筑物、构筑物和特殊作业环境可能造成损害的,建筑施工企业应当采取安全防护措施。《建设工程安全生产管理条例》

第30条第3款规定，在城市市区内的建设工程，施工单位应当对施工现场实行封闭围挡。《城市市容和环境卫生管理条例》第16条规定，城市的工程施工现场的材料、机具应当堆放整齐，渣土应当及时清运；临街工地应当设置护栏或者围布遮挡；停工场地应当及时整理并作必要的覆盖；竣工后，应当及时清理和平整场地。从上述规定可以看出，出于安全与卫生的考虑，国家对工程施工现场有封闭管理、设置围挡的规定，《关于下达2016年度房屋征迁任务和土地收储计划的通知》关于收储土地"围挡到位"的工作要求，以及《某市建筑工地专项整治活动任务分工方案》中关于征收工地实施围挡作业的要求并不违反相关规定。本案中，在某区人民政府作出征收决定后，万某某诉称的房屋已被纳入征收范围内，某区人民政府依据上述方案中征收工地实施围挡作业的要求对涉诉的房屋实施围挡，在已预留了通行道路的情况下，其实施的围挡行为并不违反规定。某市人民政府经延期后在法定期限内作出行政复议决定，符合《行政复议法》的相关规定。因此，一、二审法院分别判决驳回万某某的诉讼请求和上诉，符合法律规定。

〔判决结果〕法院裁定：驳回再审申请人万某某的再审申请。

4. 某公司、宋某诉某市某区人民政府强制拆除房屋或者设施纠纷案[（2021）京行终4493号]

〔案件事实〕2001年年初某市某区某镇人民政府（以下简称某镇政府）招商引资，某公司、宋某决定到某区某镇投资建厂。2001年5月9日，某公司、宋某与某市某区某农工商联合总公司（以下简称农工商总公司）签订了两份《土地使用权出让合同》，土地面积合计25亩。由于当时政企分开政策要求，合同没有用某镇政府的名义签署，而是用某镇政府下属的农工商总公司的名义签署，农工商总公司100%控股人是某镇政府，镇长聂某某是该公司法定代表人，合同签字人是聂某某，合同全部收入由某镇政府财政所开具政府财政收入发票。双方合同第11条约定：乙方有权根据企业自身生产经营的需要对合同范围内的土地进行规划建设，如遇须报政府有关部门审批的事项，甲方应给予大力协助。第17条约定：合同期满时，乙方有权优先继续受让土地使用权；如果乙方放弃，甲方有优先权购买乙方地上建筑物。即某镇政府已同意某公司、宋某根据企业自身需要进行规划建设，并享有建筑物所有权。开工前某公司、宋某请示了某镇政府，被告知没有相关规定，不需要报批，可以建设。某公司、宋某投资建造了办公室、生产车间、仓储用房、配电室、养护棚、员工宿舍、水泵房、传达室、水电设施、围墙、大门。全部地上物于2001年年底前建设完成。2004

年7月7日经某镇政府办理了集体土地使用证，完成了土地确权。2018年7月12日，某市发展改革委作出《关于某区某镇某村棚户区改造土地开发项目核准的批复》，同意某基础设施投资有限公司建设某区某镇某村棚户区改造土地开发项目，具体建设地点为某区某镇。2020年8月19日，某市某区某镇某村召开村民代表大会，决议如下：因某村村民委员会与某镇政府合同期满，终止合同，决定立即解除与某镇政府于1994年10月28日签订的《征地协议书》及2014年10月28日签订的《补充协议》，就此村民委员会收回该土地使用权；依据《某区某镇某村集体土地自治腾退工作实施方案》，以村民委员会作为自治腾退工作的实施主体；自治腾退其他工作事宜由村"两委"讨论决定并实施。2020年8月20日，某村村民委员会向某公司、宋某发出《腾退告知书》，告知其于2020年8月25日24时前腾空地上物品，并自行拆除房屋，逾期不腾空不拆除的，某村村民委员会将有权采取强制措施。2021年3月18日，某村村民委员会出具《情况说明》，说明2020年9月27日该村村民委员会启动了某村集体土地自治腾退工作，包含了某公司、宋某的地块。该村村民委员会委托了物品搬运、拆除、保安、摄像等相关服务公司配合村民委员会完成自治腾退工作。某公司、宋某认为，虽然某区人民政府否认设置围挡、强行霸占土地、强制清除地上物是其所为，但并不能因为某区人民政府没有亲自实施而免除责任，依照职权法定原则应认定某区人民政府是本案的责任主体，请求法院判定某区人民政府设置围挡、强行霸占土地、强制清除地上物的行政行为违法。

〔**法院认为**〕公民、法人或其他组织向人民法院提起行政诉讼，应符合法定起诉条件。起诉不符合法定条件，已经立案的，应当裁定驳回起诉。《行政诉讼法》第49条第3项规定，提起诉讼应当有具体的诉讼请求和事实根据。最高人民法院《关于适用〈中华人民共和国行政诉讼法〉的解释》第54条第1款第2项规定，依照《行政诉讼法》第49条的规定，公民、法人或者其他组织提起诉讼时应当提交被诉行政行为或者不作为存在的材料。最高人民法院《关于行政诉讼证据若干问题的规定》第4条第1款规定，公民、法人或者其他组织向人民法院起诉时，应当提供其符合起诉条件的相应的证据材料。本案中，某公司、宋某提交的证据尚不足以证明其所诉行为系由某区人民政府实施或由某区人民政府委托的其他主体实施。同时，根据在案证据，某公司、宋某案涉房屋系某村村民委员会通过村民代表大会表决通过的《某区某镇某村集体土地自治腾退工作实施方案》实施的自治腾退，该自治腾退行为的实施主体为某村村民委员会。因此，某公司、宋某以某区政府为被告，提起本案诉讼缺乏基本的事实根据。

〔**判决结果**〕一审法院裁定:驳回起诉。

二审法院裁定:驳回上诉,维持一审裁定。

5. 林某与某市某区人民政府行政行为纠纷案[(2021)京行终 1184 号]

〔**案件事实**〕2020 年 9 月 20 日,某镇农工商总公司发布《关于某市某机动车检测场(棚改占地范围内)的关停公告》,载明:某市某机动车检测场为某镇农工商总公司出资主办的集体所有制企业,其在石河营建材城南城西侧的旧厂区所用土地为国有用地。该地块位于某区某村棚户区改造和环境整治项目实施范围,属于资金平衡地块。现公告告知某市某机动车检测场及其范围内的房屋持有人及商户尽快停止经营,配合棚改有关服务公司进行清登、测绘、评估工作,并于 2020 年 10 月 5 日前,搬清物品完成腾退。届时,检测场范围内所有房屋将停水停电,同时将不再允许私家车及顾客进入。2020 年 11 月 19 日,某镇农工商总公司出具《情况说明》,载明:2020 年 9 月 20 日,某镇农工商总公司对其出资主办的某市某机动车检测场发布关停公告,林某所指的房屋在此次关停公告范围内。2020 年 10 月 6 日,某镇农工商总公司对某市某机动车检测场区域进行封停,为保障周边居民出行安全,在关停范围内设立围挡。林某起诉,请求确定设立围挡行为违法。

〔**法院认为**〕公民、法人或其他组织向人民法院提起行政诉讼,应当符合法定起诉条件。起诉不符合法定条件,已经立案的,应当裁定驳回起诉。根据《行政诉讼法》第 49 条第 3 项之规定,提起诉讼应当有具体的诉讼请求和事实根据。某镇农工商总公司发布的公告、出具的《情况说明》描述了设立围挡的经过及情况。本案现无证据证明某区人民政府实施或委托其他主体实施了案涉搭建围挡行为。林某提交的证据亦不足以证明某区人民政府实施或委托其他主体实施了案涉搭建围挡行为。故林某对某区人民政府的起诉缺乏事实根据,不符合法定起诉条件。

〔**判决结果**〕一审法院裁定:驳回原告起诉。

二审法院裁定:驳回上诉,维持一审裁定。

6. 某饺子馆与某市某区教育委员会行政行为纠纷案[(2021)京 0108 行初 149 号]

〔**案件事实**〕2020 年 12 月 18 日上午 9 时,某市某区教育委员会(以下简称某区教委)行政工作人员在某医学院附属中学(以下简称某医附中)工作人员和众多保安的陪同下,进入某饺子馆经营场所,要求某饺子馆 5 日内搬离,否则强制进行清退,并在经营场所内外张贴了加盖某区教委公章的具有征收清退内容的公告。2021年1月11日,某区教委委托的工作人员对某饺子馆的经营场所实施了强制隔离行为,对某饺子馆的权益造成实质的影响。某区教委认为,某区教委明显超越法定职权,滥用行政机关职权强制压制某饺子馆,为清退实施的强制隔离行为显然违背依法行政要求。

〔**法院认为**〕公民、法人或者其他组织认为行政机关和行政机关工作人员的行政行为侵犯其合法权益,有权依法向人民法院提起行政诉讼,其起诉应当属于人民法院受案范围,符合法定起诉条件。某饺子馆提交的起诉材料中包含公告一份,内容为:"某医附中各商户:经某区人民政府批准,某医附中改扩建项目拟于近期再次启动。该项目位于某市某区花园北路40号,其土地使用权及地上建筑物归属某区教委所有。近日某区教委委托某公司接管北医附中该处校址,并开展施工前清退、拆除等准备工作。现告知各商户5日内自行清理物品搬离。若仍非法占有上述房产逾期不搬离,某公司与区教委将联合有关部门进行清退工作……"落款处盖有某区教委、某公司及某医附中的公章,落款日期为2020年12月18日。另查明,法院(2013)海民初字第5789号民事判决书认定:位于某市某区花园北路40号(某医附中)内的全部房产归某市某区教委所有。根据以上内容,本案中,某区教委要求某饺子馆搬离并设置围挡的行为,系其作为平等民事主体与起诉人之间发生的民事纠纷,不属于某区教委履行教育行政管理职责的行为,故不属于行政诉讼受案范围。

〔**判决结果**〕法院裁定:驳回原告的起诉,法院不予立案。

7. 某市某区住房和建设局与马某、某市某区人民政府等行政强制案[(2017)苏行终637号]

〔**案件事实**〕2015年6月23日,某市某区人民政府(以下简称某区政府)作出《房屋征收决定》明确:根据《某市国民经济和社会发展第十二个五年规划纲要》《某市土地利用总体规划(2006—2020)》《某市城乡总体规划(2007—2020)》《某市2014年度国民经济和社会发展年度规划》的要求,依据《国有土地上房屋征收与补偿条例》的规定,某区政府决定对下淀路煤机厂周边旧城区改造项目范围内的房屋实施征收,由有关部门依法收回国有土地使用权。某市某区住房和建设局(以下简称某区住建局)负责组织实施下淀路煤机厂周边旧城区改造项目房屋征收与补偿工作。因拆除房屋的需要,某街道办事处委托有关单位于2015年7月中旬至8月初,在征收范围内设置围挡,并在围挡的两端留有出入口。案涉围挡设置时,签约率不足

50%。围挡的范围不仅包括已签订补偿安置协议的被征收人交付拆除的房屋，还包括案涉补偿安置问题尚未解决、尚不具备拆除条件的房屋。马某等 26 人的房屋位于某市下淀路北侧，系临街营业用房。被拆除的房屋在案涉房屋的北侧和西侧，与马某等 26 人的房屋不在同一幢楼。法院于 2018 年 1 月 3 日在双方当事人在场的情况下对现场进行勘测，某街道办事处已于法院二审庭审结束后，组织人员拆除了围挡。

〔**法院认为**〕(1) 某区住建局是本案适格被告，原审法院驳回马某等 26 人对某区政府和某街道办事处的起诉正确。

《行政诉讼法》第 26 条第 1 款规定，公民、法人或者其他组织直接向人民法院提起诉讼的，作出行政行为的行政机关是被告。本案中，某区政府于 2015 年 6 月 23 日作出《房屋征收决定》，对包括马某等 26 人在内的房屋进行征收，《房屋征收决定》于 2016 年 5 月 13 日被某区政府撤销。案涉围挡设置于《房屋征收决定》公告之后被撤销之前。由于围挡设置系事实行为，马某等 26 人难以提供证据证明围挡设置的主体，故应当结合当事人的陈述并依照《国有土地上房屋征收与补偿条例》的规定，综合认定围挡设置的主体以及责任主体。

法院庭审中，某街道办事处自认案涉围挡系其设置。由于某街道办事处系案涉房屋征收项目的征收委托实施单位，房屋拆除以及在拆除现场设置围挡系房屋征收工作的一部分，某街道办事处自认设置围挡与其工作职责相一致，原审法院认定案涉围挡系某街道办事处设置正确。《国有土地上房屋征收与补偿条例》第 5 条第 2 款规定，房屋征收部门对房屋征收实施单位在委托范围内实施的房屋征收与补偿行为负责监督，并对其行为后果承担法律责任。某区住建局系案涉项目房屋征收部门，其对房屋征收实施单位某街道办事处设置围挡的行为应当承担法律责任，故某区住建局系本案适格被告，某街道办事处并非本案适格被告。

某区政府否认其设置围挡，马某等 26 人亦未提供证据证明某区政府设置案涉围挡，故马某等 26 人将某区政府列为被告明显无事实根据。原审法院依照最高人民法院《关于适用〈中华人民共和国行政诉讼法〉若干问题的解释》第 3 条第 1 款第 1 项的规定〔1〕，驳回马某等 26 人对某区政府和某街道办事处的起诉正确。

---

〔1〕 已失效。现为最高人民法院《关于适用〈中华人民共和国行政诉讼法〉的解释》第 69 条第 1 款第 1 项。

(2)某区住建局扩大围挡范围,构成行政自由裁量权的滥用,同时不符合"比例原则"。

根据《某省城市市容和环境卫生管理条例》第22条的规定,施工现场应当按照规定设置围挡。案涉《房屋征收决定》被撤销前,部分被征收人已签订补偿安置协议并将房屋交付拆除。某区住建局拆除房屋时虽然应当设置围挡,围挡的设置范围应恰当。首先,应当结合围挡设置的目的,正当行使该行政自由裁量权。设置围挡的目的是防止扬尘和污水污染施工现场周围的环境。某区住建局应当建立在正当考虑的基础之上,根据房屋拆除的范围合理确定围挡的范围。其次,在房屋拆除现场设置围挡应当符合"比例原则"。所谓"比例原则",是指在符合法律规定的前提下,首先考虑行政措施的有效性,同时应当选择对他人权益侵害最小的行政措施以实现行政目的。由于马某等26人的房屋系临街营业用房,设置围挡必然影响顾客流量,从而影响经营效益,故某区住建局在设置围挡时,应充分考虑围挡对马某等26人合法权益的影响,尽量缩小围挡的范围,减少对马某等26人合法权益的影响,将侵害降到最小。

《国有土地上房屋征收与补偿条例》第27条第1款规定,实施房屋征收应当先补偿、后搬迁。某区住建局设置围挡时,包括马某等26人在内的大多数被征收人的补偿安置问题尚未解决,马某等26人的房屋所在的大楼尚不具备拆除的条件,且事实上被拆除的房屋位于案涉房屋的北侧和西侧。某区住建局扩大围挡范围,将不具备拆除条件的房屋也纳入其中,影响马某等26人的正常经营,对马某等26人的合法权益造成了不必要的侵害,违反"比例原则",构成行政自由裁量权的滥用。

(3)某区住建局设置围挡,客观上构成采取中断道路通行的非法方式迫使被征收人搬迁的违规行为。

《国有土地上房屋征收与补偿条例》第27条第3款规定,严格禁止任何单位和个人采取中断供水、供热、供气、供电和道路通行等非法方式迫使被征收人搬迁。某区住建局在案涉房屋不具备拆除条件的情况下,扩大围挡范围,虽然在两端留有出入口,但客观上影响了顾客流量,影响案涉房屋的正常经营。故该行政措施虽然控制了扬尘污染,提高了环境质量,但客观上构成《国有土地上房屋征收与补偿条例》所禁止的采取中断道路通行的非法方式迫使被征收人搬迁的违规行为。

综上,某区住建局扩大围挡范围,构成行政自由裁量权的滥用;围挡不具备拆除条件的房屋违反"比例原则";采取中断道路通行的方式迫使被征收人搬迁,违反

《国有土地上房屋征收与补偿条例》第27条第3款的规定。某区住建局设置围挡系行政事实行为,不具有可撤销的内容。原审法院作出判决时,案涉围挡未被拆除,故原审法院依照《行政诉讼法》第74条第2款、第76条的规定,判决确认某区住建局设置围挡行为违法,同时判决某区住建局拆除案涉围挡正确。

〔**判决结果**〕某区住建局的上诉理由和请求依法不能成立,法院不予支持。原审判决结果正确,依法应予维持,判决:驳回上诉,维持原判。

8. TR集团、HM公司等相邻关系纠纷案[(2020)粤03民终29366号]

〔**案件事实**〕HM公司系坐落于某市某区××工业区的203栋1层(建筑面积2226.8平方米)、2层(建筑面积2358平方米)房屋的所有权人,房屋建造竣工时间为1991年12月,房产证记载的用途为厂房,目前系作商铺使用。该203栋房屋共有7层。TR集团系某市某区TR工业区第一更新单元城市更新项目的实施主体。2018年10月24日,TR集团因建设施工需要,未经HM公司同意,在案涉203栋房屋门前沿人行道和机动车道的分界线修建了围挡,围挡高约2米,上半部分使用了透明材料。围挡与203栋1层门面的距离为3米至5米不等。至本案一审辩论终结时止,案涉围挡尚未拆除。一审开庭后,HM公司于2020年9月4日书面向一审法院陈述称:案涉围挡在2020年1月8日拆除并换成铁马。TR集团于2020年9月7日书面向一审法院陈述称:2019年9月30日,某路两侧围挡拆除完成。另查明,案涉房屋所在地段2017年的政府指导租金标准为1层每月每平方米150元,2层每月每平方米60元。

〔**法院认为**〕本案为相邻权纠纷案件。据TR集团的上诉意见,本案的争议焦点是其因工程建设而在工地周围设置的围挡有无侵害HM公司合法权益以及应否赔偿的问题。

我国《民事诉讼法》第64条〔1〕以及"谁主张,谁举证"的诉讼原则规定,当事人应就己方的诉讼主张和请求提供证据予以证实,否则,须承担举证不力的法律后果。本案中,HM公司诉TR集团和TR新时代公司赔偿其损失的权利基础为相邻关系,相应的法律依据为《物权法》第91条和第92条〔2〕的规定。由此可见,HM公司诉请TR集团和TR新时代公司赔偿其损失不仅须提交证据证明案涉工程建设围挡与

---

〔1〕 此处为2017年修正的《民事诉讼法》,现为《民事诉讼法》(2023修订)第67条。

〔2〕 已失效,对应《民法典》第295条,第296条,下同。

其损失的关联性、损失的确定性，更需证明其诉求基础的合法性。就此，法院作如下综合评判。

第一，据法院查明的事实和双方在诉讼中的陈述，因工程建设之需，案涉围挡置于市政道路，且经过深圳市交通运输委员会批准。根据《建设工程安全生产管理条例》的规定，建筑工地设置围挡主要是为了公共安全，防止人员和车辆遭受伤害和损害。因此，TR集团在建筑工地利用市政道路设置围挡具有事实依据和法律依据。

第二，HM公司认为案涉围挡的设置影响其周围人流和车流，围挡的选材和高度影响到其租户商铺的昭示性，导致租户经营困难，甚至退租，最终影响了HM公司的租金收益。诚然，HM公司所述并非全无根据，具有一定可信度。工程建设会产生噪声，重型工程车的出入以及不可避免的尘土均会对周围市民和商户的生活和经营造成不同程度的影响，但这种影响是暂时的，且任何工程建设都在所难免。随着城市建设由新建逐步进入更新阶段，在建工程对已有建筑产生的如同本案所涉的影响是必然的。对此，无论作为社会成员，还是市场经营主体，均应保持必要的容忍。虽然HM公司基于相邻权请求法律保护具有可诉性，但该相邻权的保护不同于通风、采光等长久影响，其应让渡基于相邻权而产生的一定的权益。况且，TR集团的建设虽不属于市政公共设施建设，但亦属经政府有关部门审批同意的城市更新建设的一部分。因此，相邻关系中的HM公司应给予一定的容忍和支持，而不是起诉TR集团主张侵权赔偿。

第三，如上所述，城市更新建设过程中，在建工程对已有建筑的影响是必然的。如若HM公司在本案的诉请获得支持，那接下来HM公司在对本案203栋楼更新建设时，亦会对周围已有建筑造成其在本案所主张的影响，而TR集团极可能以本案一审法院的处理结果为范例，诉请HM公司赔偿其经营损失。而若此成例，往后所有更新建设均可能需要向已有建筑之所有权人支付一定的赔偿，这势必增加更新成本，不利于城市更新建设，妨碍城市建设。

就本案双方当事人诉争的建设工程工地围挡对周围建筑的影响问题，社会成员或市场主体所主张的权益，无论基于相邻权还是物权，即使在建工程不是市政性的地铁、城市道路或立交桥等，但在建工程工地的围挡具有公共性，其主要功能不仅是为了保护工地内施工的工作人员的安全，更是为了保护工地周围人员和车辆免于坠入工程基坑或招致其他意外。

第四，HM公司诉称其主张的权利保护基础源于《物权法》第91条和第92条的规定。经查,《物权法》第 91 条规定,不动产权利人挖掘土地、建造建筑物、铺设管线以及安装设备等,不得危及相邻不动产的安全。而第 92 条规定,不动产权利人因用水、排水、通行、铺设管线等利用相邻不动产的,应当尽量避免对相邻的不动产权利人造成损害;造成损害的,应当给予赔偿。据法院查明的案件事实,案涉围挡置于市政道路,并非 HM 公司的不动产之上。因此,HM 公司诉请 TR 集团赔偿其租金损失欠缺必要的法律依据,依法应不予支持。

第五,一审法院在审理 HM 公司的诉请时,将其主张的三商铺的租金损失扩至两层楼所有建筑面积,并依据政府指导租金标准核计赔偿金,不仅超出了 HM 公司的起诉范围,也欠缺事实基础,且没有法律依据,致判决错误,应予纠正。

〔**判决结果**〕TR 集团的上诉理由和请求成立,应予采纳;HM 公司的诉讼主张和请求没有法律依据,法院不予支持,应予驳回。一审法院判决认定事实有误,致适用法律错误,所判应予纠正。二审法院判决:(1)撤销某省某市某区人民法院(2019)粤 0304 民初 38221 号民事判决;(2)驳回 HM 公司的全部诉讼请求。

第五章 经验总结与展望

第一节 经验总结

深圳用短短40年就完成了城市化、工业化进程，这在世界城市发展史上都是极为罕见的，从一个边陲小镇迅速发展蜕变为一座欣欣向荣、标新立异、充满魅力的国际化创新型城市，向世界展示了人口规模增长500倍、GDP增加12,000倍的“深圳速度”和“深圳奇迹”。当然，随着城市高速发展和建设，有限的土地资源被不断消耗，土地供需矛盾越发凸显，空间“瓶颈”问题难以忽略，深圳也成为国内第一个受到空间资源紧缺约束的超大型城市。在依靠土地红利的城市发展模式难以为继的情况下，为满足城市迅猛发展过程中对土地资源的巨大需求，深圳持续深化改革，改变传统征地模式，运用各种方式和手段挖掘存量土地的潜力，探索建立超大型城市发展模式。同时深圳的存量土地开发不仅要拓展城市发展空间、加强规划实施，更要在复杂的土地经济关系中寻求解决土地历史遗留问题的最优解。

在这个过程中，深圳不断试点、勇于实践，积极发挥政府和市场的合力，探索出一系列优秀的实践模式，积累了无数宝贵的实施经验。对这些丰富实践和宝贵经验的科学总结，孕育出城市更新、土地整备、利益统筹、棚户区改造这几种成熟的存量土地二次开发模式，有利于进一步挖掘存量土地潜力，提高土地利用效益，加快盘活存量土地资源。

一 城市更新

深圳城市更新起源于城中村改造试点，并在广东省“三旧”改造政策的促进下初步建立,后伴随实践发展不断完善,逐步形成一整套成熟的制度体系。作为深圳土地改革的重要一环,城市更新不仅解决了传统旧改模式存量改造所需资金规模庞大且完全依靠政府投入、难以持续的问题,还实现了盘活存量土地、提高土地利用效率的目标,起到了完善公共服务设施、推动产业转型升级、改善城市投资环境和人居环境等作用。在《深圳市城中村(旧村)改造暂行规定》(已失效)、《深圳市人民政府关于工业区升级改造的若干意见》(已失效)等政策文件的支持下,深圳开始推进以城中村(旧村)改造、旧工业区升级等为试点的城市更新工作。2009年,凭借《广东省人民政府关于推进"三旧"改造促进节约集约用地的若干意见》的政策东风,深圳市出台《深圳市城市更新办法》(已被修改),标志着深圳市城市更新制度初步建立。在此基础上,深圳市陆续颁布了《深圳市城市更新办法实施细则》《关于拆除重建类城市更新项目实施主体确认工作的通知》《关于加强和改进城市更新实施工作的暂行措施》等一系列政策文件和技术规范,不断细化实施城市更新项目的计划申报、规划研究编制和审批、项目实施主体确认、用地审查等各个环节、各个方面的操作规范,并在地价政策、历史遗留问题处理等方面进行了政策创新。

相较于早期传统的存量土地二次开发模式,城市更新创造性地提出了对存量土地进行市场化运作的概念,充分激发市场活力,以促进城市更新的实施。深圳城市更新遵循"政府引导、市场运作"的基本原则,一方面,政府不主动介入市场机制运行过程,土地权利人和实施主体自由协商合作开发事宜;另一方面,政策制定、计划编制和规划审批等定核心、控方向的工作由政府负责,而方案编制、补偿标准和方式制定等具体的项目实施工作,则由市场主体完成。市场主体凭借此种操作模式几乎参与了城市更新项目的全过程,并且一旦项目完成,市场主体还可通过协议出让的途径获得土地的开发权利。这一举措创新了土地再开发利益的分配途径,让市场主体和土地权利人拥有更多自主权利和更大利益空间,大大激发了市场主体和土地权利人参与城市更新的积极性,有效降低了城市更新项目的准入门槛。

针对存量用地开发多方利益平衡的不确定性,深圳市探索建立了城市更新单元规划制度。其本质在于协商式规划,为政府、土地权利人和市场主体各方表达利益诉求、协调利益分配提供平台,也为项目规划调整、实现空间增量提供了路径,保证最终得出的结果是经过各方博弈的,同时具有更强的实施性,能够有力提高改造实施效率。当然,城市更新项目必定要捆绑一定的公共利益,以实现政府改造目标。从实施情况来看,城市更新项目的平均用地贡献率达到30%。这些无偿移交给政府的土地，主要用于社区公共设施和基础设施建设，保障民生福祉，平衡个体利益和公共利益。

2020年，《深圳经济特区城市更新条例》经深圳市第六届人民代表大会常务委员会第四十六次会议通过，进一步明确了政府的职能，解决了城市更新在数十年实践中所面临的周期长、搬迁难、公配不落地等疑难问题，彰显了打通深圳城市更新十年痛点、开启第二个十年的决心。

针对城市更新项目中普遍存在的搬迁难问题，深圳创设了个别征收与行政诉讼相结合的制度。根据该制度，在旧住宅区城市更新项目中，行政调解后仍未能与个别业主达成搬迁补偿协议的，区人民政府可以对未能签约部分的房屋进行征收。这一制度不仅考虑到提升城市基础设施建设和管理水平、完善公共服务配套设施、改善居民生活质量、良性辐射周围片区的城市可持续发展需要，也符合基于公共利益进行征收的原则，创造性地解决了城市更新搬迁难的问题。

此外，还将实践证明已经比较成熟的改革经验和行之有效的创新举措上升为法规，为继续推进城市更新保驾护航。第一，深入贯彻市场化运作的重要机制创新。在运作机制上，政府通过定规划、定政策、定标准，抓统筹、抓服务、抓监管发挥引领作用，市场主体则具体负责搬迁谈判和项目建设实施，实现政府和市场双轮驱动。在布局谋划上，由政府组织实施重点城市更新单元开发和成片连片改造，以及市场难以有效发挥作用的城市更新项目，突出政府的统筹谋划和系统布局，确保社会公共利益和城市发展长远利益的实现，即在坚持政府统筹的前提下，以市场化运作模式为主，充分发挥市场在资源配置方面的决定性作用。第二，强调严格规范城市更新规划和计划管理。为了保障深圳城市更新专项规划目标的实现和任务的有序实施，合理引导城市更新单元的更新方向、优化规划功能结构以及土地供应结构，在城市更新项目实施过程中，必须发挥好城市更新专项规划的引领作用，促进城市更新单元计划的有效管理，加强城市更新单元规划的控制作用。第三，规范城市更新市场主体行为，保障物业权利人合法权益。通过明确市场主体准入门槛和市场主体选定方式、规定市场主体变更程序、建立市场退出机制、规范市场主体的开发行为等方式进一步规范市场秩序，促进城市更新市场健康发展。从信息公开范围、搬迁补偿方式、搬迁安置最低补偿标准、不动产权属注销节点等多个方面进行制度设计，保护物业权利人的合法权益。

深圳10多年城市更新工作在理论和实践中的探索、积累和取得的成效，在广东省乃至全国都产生了良好的示范效应。当然随着城市更新工作进入精耕细作阶段，问题和困难也不断凸显。推进速度缓慢、补偿定量标准缺乏、少数物业权利人拒绝与市场主体签订搬迁安置协议等问题已成为城市更新工作有序推进的主要阻碍，仅依靠现有的政策规定和操作手段难以全盘破解，亟须新的立法规范、新的操作指引，进一步优化城市更新体制机制，完善更新改造的实施方式和程序，推动城市更新工作从高速发展向高质量发展转变。

二 土地整备

土地整备主要是为满足公共基础设施建设、重大产业项目落地的用地需求，而探索出的一种综合运用土地归并、收购、置换等方式进行产权重构，解决土地历史遗留问题，盘活城市存量土地，保障城市建设发展规划的蓝图落到实处的土地二次开发模式。城市更新的市场手段功能有限，无法完全满足公共利益发展的需要，在此情况下，深圳探索出一条由政府主导的存量土地二次开发新路径，使政府能够发挥"看得见的手"的作用。2011 年《深圳市人民政府关于推进土地整备工作的若干意见》出台，"土地整备"概念被首次提出，也标志着深圳土地整备制度的正式提出和初步建立。

土地整备制度自 2011 年实施以来，经过两个阶段的试点，包括整村统筹试点阶段和利益统筹试点阶段，才迎来全面推行。2010 年 10 月，土地整备"整村统筹"的概念在坪山区被首次提出，其核心在于将原农村社区范围内的土地整体进行统筹核算，将历史遗留问题"一揽子"解决，这也是其与以往多个零散地块房屋征收和单一地块城市更新的区别所在。2011 年，坪山区金沙社区率先启动"整村统筹"土地整备工作试点，随后南布社区、沙湖社区也积极响应号召启动试点工作。但由于早期政策规则缺乏、受多种条件限制，只能"摸着石头过河"，金沙社区项目最终搁浅，南布社区和沙湖社区历时 5 年才达成各方认可的土地整备方案并经审批通过开始实施。2015 年，深圳市出台《土地整备利益统筹试点项目管理办法（试行）》，形成土地整备利益统筹模式并在全市范围试点推广。

土地整备整村统筹试点采取了"整体算账、分步实施"的策略，将原农村社区范围内所有未完善征（转）地补偿手续用地全部纳入实施范围，探索出了政府与社区

"算大账"、社区与相关权益人"算细账"的实施路径,改变了以往单一货币补偿方式,创造性地运用货币补偿、规划调整、留用土地、地价优惠等多种手段完成土地资源整合,探索出一种土地整备新模式。土地整备整村统筹试点最具创造性的壮举在于首次引入了留用土地的概念,其意义在于为原农村社区获取土地增值收益、享受城市化和规划实施的土地红利创造了载体,并将规划调整和土地确权运用到留用土地中,以此实现对各方利益格局的调节。此项政策对后续土地整备利益统筹的政策设计影响深远,在实施机制、规划调整、用地安排等多方面均借鉴参考了这一试点经验,但遗憾的是,试点过程中未能探索形成关于留用土地核算规则的统一有效规定。

土地整备利益统筹试点延续了整村统筹试点中政府与社区"算大账"、社区与相关权益人"算细账"的推进方式,学习了规划、资金、土地、地价政策联动的优秀经验,当然也在实施范围、留用土地核算、规划调整和项目审批等方面进行了改进。在实施范围方面,综合考虑整备实施成本、项目不确定性、原农村社区意愿等因素,利益统筹试点并不要求必须将原农村社区范围内未完善征(转)地补偿手续用地全部纳入实施范围,而且仅作出地块面积要求;在留用土地核算方面,统筹考虑原农村社区各种权属类型用地,"一揽子"解决土地历史遗留问题,明确了留用土地核算规则;在规划调整和项目审批方面,首次提出土地整备规划研究这一新型规划类别,对项目审批流程作出了明确规定。但是,《土地整备利益统筹试点项目管理办法(试行)》仍然缺乏项目实施具体操作细则的配套政策文件,在后续实践过程中需不断细化项目管理、技术规范等规定。

土地整备实施架构经过四次演变才实现存量土地开发工作的协调统一,形成了市政府主要负责土地整备的重大决策和协调统筹,市城市更新局负责政策、规划、计划制定,区政府负责整备项目拟定和实施方案制定,街道办事处负责协商谈判、实施推进,原农村社区负责土地清理和开发建设的五级管理架构。根据《深圳市人民政府关于推进土地整备工作的若干意见》的规定,深圳市人民政府既负责土地整备的重大事项、重大政策的决策和协调,也负责审批土地整备专项规划、年度计划。后深圳市成立了市、区两级实施架构,市土地整备局侧重规划计划、政策规则的制定,项目立项、审核以及统筹协调;区政府主要承担土地整备具体实施工作。后来,随着深圳开展"强区放权"改革,部分审批权下放至区,逐步强化了区一级的领导权力和决策执行能力,市土地整备局的职能向统筹监管转移,街道办事处承担了与社区协商谈判、组织协调等具体实施工作。2019 年中央开展机构改革,深圳按要求组建市规划和自然资源局,下设市城市更新和土地整备局,对原来的城市更新局和土地整备局的职能进行了整合,至此,土地整备工作的五级职责分工管理架构建立。

土地整备实施机制主要分为规划计划、项目管理、项目实施三个环节,经过在项目实践过程中的不断创新和完善,目前"规划统筹计划、计划引导方案、方案指导实施"的土地整备工作管理机制已经基本形成。所谓"规划统筹计划",是指由土地整备专项规划对土地整备年度计划的编制作出指导,编制土地整备年度计划时应根据土地整备专项规划中确定的规划期内土地整备总体任务、实施时序、重点空间等要求进行。土地整备专项规划以 5 年为一个规划期,与国民经济和社会发展规划、建设规划相衔接,从空间上引导土地整备工作的开展。所谓"计划引导方案",是指土地整备年度计划是年度土地整备工作实施的重要依据,对每个年度的土地整备用地总量、重点开发地区、重大建设项目等作出了具体安排,根据土地整备年度计划的指引,明确各个项目的实施规模、资金需求等重点工作事项,编制具体项目实施方案。所谓"方案指导实施",是指将土地整备实施方案作为总抓手,其对项目概况、整备方式、社会稳定风险评估、资金预算方案、土地分配方案、留用土地规划、土地移交方案、实施监管等各方面进行了细化规定,具体推进项目实施范围内的搬迁补偿安置工作、房屋拆除工作、土地清理工作等的实施,以实现解决历史遗留问题、缓解土地供需矛盾、保障城市发展空间的目标。

土地整备从"摸着石头过河"到大胆创新、反复锤炼,不断将实践过程中行之有效的宝贵经验提炼转化为政策规则,逐步形成了一套法治化、规范化、条理化的存量土地二次开发模式。无论是实施架构还是管理体制,都建立了稳固的框架模式,然而随着土地整备实践工作的不断深入,实践中不断涌现的新问题和长期未能妥善解决的顽固问题,仍需要更加细化、更富有操作性的政策规则加以指导落实。

三 利益统筹

自 2015 年颁布《土地整备利益统筹试点项目管理办法(试行)》以来,深圳市土地整备利益统筹的试点工作取得了一些成效,但面临保障性住房问题考虑欠缺、留用土地核算规则对建成区考虑不足、容积率核算规则不明确、地价测算规则复杂难执行等一系列问题。因此,在对 2 年多来试点项目的实践经验和操作问题进行总结归纳的基础上,深圳市于 2018 年对《土地整备利益统筹试点项目管理办法(试行)》进行了修订,出台了《深圳市土地整备利益统筹项目管理办法》,也就是目前土地整备利益统筹项目的纲领性文件。此文件总体上仍然保留了试点政策确定的基本框架,适用对象、利益统筹的方式、留用土地的构成都没有发生实质改变,仅在细节上进行了合理优化,重点改变体现在对试点实践中遇到的突出问题的解决和调整。

一是降低准入门槛,取消试点,全面推广土地整备利益统筹政策;二是细化利益共享用地的核算规则,采取以现状容积率为依据实行分段核算的方式,以此加大建成区推行土地整备利益统筹的力度;三是拓展了留用土地的落实方式,允许在项目范围外经济关系未理顺的建成区域安排留用土地指标,大大提升了项目操作的灵活性;四是优化了留用土地建筑规划面积的核算规则;五是增加了在留用土地中安排一定比例的保障性住房、人才公寓或创新型产业用房的规定,并且规定由政府进行回购;六是根据试点实践的反馈情况和实操情况,简化了地价计收规则;七是结合"强区放权"的规定,进一步完善了项目的审批和管理流程。

目前,土地整备利益统筹政策形成了"1 + N + N"的政策体系:"1"是一个纲领性文件,即《深圳市土地整备利益统筹项目管理办法》;中间一个"N"是相关技术指引、项目管理等配套规定,包括《土地整备留用地规划研究审查技术指引(试行)》《土地整备利益统筹试点项目实施方案编制技术指引试行的通知》《关于进一步优化土地整备项目管理工作机制的若干措施》;最后一个"N"则表示各区落实土地整备利益统筹政策过程中,自行制定的项目资金使用管理、权属核查工作指引、搬迁补偿安置协议备案与项目监管工作指引等相关规范性文件。

相较于其他土地整备模式以及城市更新模式,土地整备利益统筹的手段丰富,能照顾到政府的公共利益和社区的集体利益,实现社会利益共享。土地整备利益统筹的手段重点体现在留用土地、规划安排、补偿资金和地价四个方面。在留用土地方面,将存在历史遗留问题的、权能不完整的农村集体土地转化成产权明确、权能完整的国有土地;在规划安排方面,结合规划实施的要求以及农村集体利益的诉求编制土地整备计划,突出留用土地规划设计的条件,并通过提高留用土地开发强度提升留用土地价值;在补偿资金方面,由政府给予农村集体一定的资金补偿,作为整个项目开发和建设的基础,保证项目的顺利运转;在地价方面,农村集体获得的留用土地在一定程度上还需要支付政策性的地价,作为农村集体土地转变为国有土地、获得完整权能的重要依据。上述四种手段结合在一起,形成"规划 + 土地 + 产权 + 资金”的多种政策手段链条，“一揽子”解决了土地整备范围内涉及的征转地、违法建筑等各类土地历史遗留问题，激活了集体土地及国有土地，将所有土地纳入政府统一规范的管理轨道。

土地整备利益统筹最大的特点在于，充分发挥了社区主体作用。按照“政府主导、社区主体、市场参与”的原则，通过建立政府与社区“算大账”、社区与相关权益人“算细账”的工作机制，搭建政府、社区及相关权益人的多方协商平台，充分调动其参与土地整备的积极性和主动性。对于盘活存量土地、促进土地节约集约利用、提高土地利用率、推动城市和社区的高质量发展和建设，具有重要意义。

四 棚户区改造

从 2009 年率先开展城市更新工作以来，深圳的城市更新工作在完善城市公共配套设施、增加保障性住房供应、优化城市空间结构等方面均取得了令人瞩目的成就。但是，单纯以市场主导的城市更新在面对“钉子户”或难度较大的项目时工作推进的阻碍很难跨越，例如，首批列入城市更新单元计划的旧住宅小区中，除鹤塘小区进展有序、顺利进行外，其余均深陷旷日持久的博弈。而旧住宅小区年代久远、质量堪忧，群众呼声极高、亟须改造，为尽快解决现实问题、满足群众需求、消除城市安全隐患，同时又要摆脱城市更新进展缓慢的限制，2016 年，深圳市住房和建设局、深圳市财政委员会印发了《深圳市政府购买棚户区改造服务管理办法》，深圳市住房和建设局印发了《深圳市棚户区改造项目界定标准》（已失效），深圳拉开了棚户区改造工作的序幕。城市棚户区一般是指城市内存在的结构简陋、存在消防安全隐患、设计不够规范、配套不够完善的老旧房屋小区。棚户区改造就是对这些老旧住宅区重新进行规划与建设，从而消除安全隐患、完善配套功能、提升居住环境。罗湖“二线插花地”作为深圳首个棚户区改造项目，也被称为“中国棚户区改造第一难”，一经启动就引起了业内广泛关注和热烈讨论，其采用“政府主导、国企实施”的方式，实现了城市发展新空间、新风貌的开拓，棚户区改造也成为深圳旧改的热点。

在此背景下，各区纷纷开始旧住宅小区棚户区改造的探索和实践，并取得初步成效。例如，宝安区坚持公共利益优先的原则，创新地采用了“政府主导 + 国企实施 + 人才房建设”的棚户区改造模式。区政府在区城市更新委员会下设专门的棚户区改造项目工作领导小组，联合各相关部门统筹实施项目具体工作。项目建成后，住宅部分除回迁安置房外，其余均作为人才住房。在深圳棚户区改造暂无成熟经验可循的情况下，宝安区敢为人先，将棚户区改造纳入城市更新体系，采取城市更新路径推进实施，戴着“棚户区改造的帽子”，走“更新的路子”，并将行政征收作为救济措施。改造实施流程从前期意愿征集到计划立项、实施主体确认、信息核查，再到规划编制、谈判签约、建筑物拆除、产权注销、用地和建设工程审批和项目监管，基本沿袭了城市更新的流程。在拆配标准上，也本着为民谋福祉的初衷，结合《深圳市房屋征收与补偿实施办法（试行）》制定了合理的搬迁补偿安置方案，充分保障业主权利。

随着各地棚户区改造工作如火如荼地进行，项目操作过程也暴露出各单位责任边界模糊、社会资源引入管理机制缺失、项目风险管控不健全、补偿标准制定难度大、资金难以平衡等各种问题，但受限于政策规定不完善、配套文件不足、棚户区改造工作缺乏系统的规划和指导等因素而无法有效解决。2018 年，深圳市人民政府《关于加强棚户区改造工作的实施意见》出台，明确棚户区改造和城市更新是相互独立的政策体系，棚户区改造政策主要适用于老旧住宅区，而城市更新政策改造的范围更广，包括旧住宅区、旧工业区、旧商业区、城中村和旧屋村等；统一补偿标准按照《深圳市房屋征收与补偿实施办法（试行）》确定，采取货币补偿、产权调换以及货币补偿和产权调换相结合等方式，由权利主体自愿选择。更值得一提的是，《深圳市人民政府关于加强棚户区改造工作的实施意见》提出了棚户区改造项目以公共利益为目的，采取区政府主导、以人才住房专营机构为主、其他企业可以参与的模式，改造方式以拆旧建新为主，搬迁安置住房以外的住宅部分全部用作人才住房和保障性住房，并且为将行政征收作为救济措施提供政策依据，为棚户区改造扫清最大的障碍。此外，《深圳市人民政府关于加强棚户区改造工作的实施意见》还明确棚户区改造作为以公共利益为目的的项目，符合《国有土地上房屋征收与补偿条例》以及《深圳市房屋征收与补偿实施办法（试行）》关于房屋征收的适用情形。针对个别业主提出不合理要求而达不成补偿协议或者部分住房产权人不明确，导致项目难以顺利改造，进而损害大多数业主合法权益的情况，区政府可以根据公共利益的需要依法实施房屋征收，可以根据实际需要指定具体部门负责组织实施征收工作。

随后，深圳相继编制和出台了针对棚户区改造工作职权认定、增购面积价格认定、概念规划编制、专项规划编制及审批、容积率核算等方面的管理技术文件，初步形成了“1 + 10”棚户区改造政策体系。经过多年的实践和发展，深圳棚户区改造项目成效卓著，完成了一大批老旧棚户小区住宅改造，大大改善了城市居住环境、消除了房屋安全隐患、提高了居民生活质量。当然，棚户区改造项目资金难以平衡、实施主体缺乏多样性、回迁房产权问题亟待解决、棚户区改造对城市发展推动效应有待提升、配套设施及规划难以落实等问题仍然存在，仍需不断探索解决办法和实施路径，以实现高质量、可持续的改造和发展。

第二节　未来展望

一　加强重点环节立法，完善配套政策

根据前述总结的城市更新、土地整备、利益统筹、棚户区改造等存量土地二次开发模式的探索实践过程可以发现，立法对实践试点和实施落地会产生极其重大的影响。规范、全面的配套政策能对项目实施起到推动和引领作用，残缺、滞后的立法却容易阻碍项目实施，导致项目停滞不前。因此，在未来的存量土地二次开发实践探索过程中，我们要对立法予以足够重视，加强重点环节立法，完善配套政策规则，为存量土地二次开发的实践落地保驾护航。经过实践验证、已经比较成熟的试点经验和行之有效的实施举措，要尽快上升为法律，通过立法扫清实践障碍，为以后项目的实施提供坚实的法律保障。立法条件不够成熟、仍然需要先行试点验证实际效果的，也要按照法定程序作出授权，但是实践既不允许突破法律红线，也不能简单以现行法律没有依据而延误，应让实践试点可以大刀阔斧地进行。尤其是当前，存量土地二次开发已经进入精细化发展时期，在现有政策文件已经将框架流程搭建相对完善的情况下，需要进一步完善各个环节的操作细则和配套规则，为实践提供更加专业化、具体化的指引。

比如，2018 年出台的《深圳市土地整备利益统筹项目管理办法》，初步构建了利益统筹项目的实施操作流程和管理框架，但是在项目实践工作过程中仍然存在概念界定不清晰、核算规则不明确等问题。这就需要针对留用土地核算、容积率测算、地价测算等相关规则，在留用土地管理、项目管理、地价测算、技术规范等层面进行更

加细化的配套政策规定。

值得一提的是,2023 年本是《深圳市土地整备利益统筹项目管理办法》有效期届满之年,而考虑到深圳市还有一批重大产业项目、重大基础设施项目、“工业上楼”项目需通过该土地整备利益统筹政策落实用地空间,为保障土地整备利益统筹工作的延续和已立项整备项目的顺利推进,2023 年 8 月深圳市规划和自然资源局《关于发布〈深圳市土地整备利益统筹项目管理办法〉续期的通知》决定将该办法续期 3 年。这一续期通知说明该办法初步达到了落实民生设施和公共利益、加强城市规划实施,保障重大产业项目、拓展城市发展空间,解决土地历史遗留问题、促进原农村集体经济组织继受单位转型的预期,未来将继续发挥建立利益共享机制、创新土地确权路径、实施政策统筹联动、强化社区主体作用的亮点。当然,从另一角度来看,利益统筹实践中存在的问题也说明对于存量土地开发,土地整备利益统筹配套政策规则的制定和完善,仍然道阻且长。

二　继续发挥多方利益共赢机制的优势，创新留用土地的利益共享方式

多方利益共赢是盘活存量用地的关键,利益共享机制是深圳存量土地二次开发能够取得成功的内在逻辑和关键所在。要实现政府、原农村社区、村民、开发商等利益相关者之间利益的公平合理分配,从而充分调动各方参与存量土地二次开发的积极性,核心在于建立一个能够兼顾各利益相关者土地增值收益的利益分配机制。

从政府的角度来说,政府以公共利益为主,其主要收益来自公共基础设施用地和重大产业项目用地的收储以及原农村社区缴纳的地价收入,其中公共基础设施和重大产业项目的落地是政府积极推动存量土地二次开发的动因所在。因为改革开放在为深圳带来高速发展的同时,也让深圳面临土地资源紧缺的“瓶颈”,为了优化深圳作为超大城市的居住环境和营商环境,推动高质量发展,必须保障公共基础设施和重大产业项目的落地。从产权人的角度来说,产权人当然以自身利益为主,其主要收益来自留用土地和发展权。由于征转地手续不完善,深圳存在大量产权模糊、权能有限的土地,这些土地虽名义上已经收归国有,但事实上仍处于原农村社区的控制之中,造成了“政府拿不走、社区用不好、市场难作为”的困局。因此,原农村社区产权人本质上也具有盘活土地的强烈愿望,如果能够让原农村社区享受存量土

地开发的土地增值红利,其当然会积极参与。从开发商角度来说,开发商以商业利益为主,其主要收益通过以较低的成本获得土地资源和开发利润来实现。在原有土地资源开发殆尽、几乎已经没有新增用地的深圳,开发商只能通过参与存量土地二次开发来获得土地资源,从而获取商业利益。城市更新、土地整备、利益统筹等存量土地二次开发模式取得成功的核心因素之一就在于从以上各方的根本利益出发,建立了多方共赢的利益共享机制。

当然,作为存量土地二次开发过程中最关键的一步——如何从原农村社区手中拿走土地,对于产权人的利益保障尤为关键,留用土地的补偿方式就成为撬动存量土地二次开发最重要的因素,也是最具创新性、最吸引产权人参与存量土地二次开发的亮眼之处。土地整备摒弃了单纯依靠货币补偿的征地方式,改为赋予原农村社区新的土地发展权,使其能够获得土地增值的收益和城市化的红利。根据土地面积、权属、规划等为原农村社区在规划区内核算一定面积的留用土地,通过协议方式出让给原农村社区,由其自行改造或与有关单位合作改造。虽然面积有所减少,但是由于周边配套设施的完善和土地开发条件的改善,其价值将得到大幅提升,从而进一步推动社区经济发展从原来的单纯依靠租赁经济向实业投资、开发经营等更具发展性、营利性的模式转型。实践证明,留用土地的协议出让、改造开发,不仅提高了原农村社区贡献土地和市场主体参与投资的积极性,同时由于存量土地得以二次开发,也使政府规划的长远收益得以实现,形成了多方共赢的格局。

但是,实践过程中,在具体落实"拿走土地"这一环节时,由于每一套房屋都可能牵扯多个具体的权利人的利益,再加上违法建筑、分割销售等众多历史遗留的现实问题,权属确认和经济关系的厘清往往需要耗费大量人力、物力,这也是项目推进最容易受阻、项目进度最容易迟滞的地方所在。实现这部分突出问题的攻坚克难,还需更多成功经验和高效策略的积累,需要更多强有力的政策指引和支撑。

三 充分发挥多元共治、多方参与的共同推进机制的作用

深圳存量土地二次开发的成功模式中的一大亮点在于调动了多方力量,充分发挥了多元共治的作用,形成了"政府主导、社区主体、社会参与"的共同推进机制,建立了政府与社区"算大账",社区与相关权益人"算细账"的分级工作环节。同时出

台相关政策，对各级审批程序和审批规则进行确定，充分发挥了各个主体的独特优势和不同作用，以最经济便利的方式扫清各个环节的阻碍。

在以上各种模式的存量土地二次开发过程中，政府起到主导作用，主动推动存量土地二次开发项目的开展，制订规划计划、出台政策规定、指导实践工作的落实。当然各级人民政府也有不同的职能划分，具体来说，市级人民政府负责全市政策的制定，规划计划、方案审批以及资金管理等；区级人民政府则进行实施方案编制、规划研究编制、土地清理等具体的工作。社区一级起到主体作用，实际掌控了项目的实施情况，与政府“算大账”和与相关权益人“算细账”的两个重要环节都由社区负责，承上启下、中间衔接。社区充分发挥决策能力，通过股东大会等内部决策机制平衡各方利益，提升资源掌控能力，厘清复杂的权利关系，解决土地遗留问题。作为上下协商沟通的主体，可避免政府与单个权利人的直接博弈，并利用自身对社区基层情况的掌握提高土地确权效率，有效降低了规划实施的博弈成本。市场主体主要指开发商，也包括法律服务机构、评估测绘机构、全流程咨询服务机构等，这些市场主体在项目实施推动过程中也发挥了必不可少的作用。在项目实施过程中，以自身专业优势和丰富经验为项目中遇到的各种问题提供专业咨询服务和处置意见，推动项目依法依规有序开展。除了技术支撑，开发商主体的引入还能为社区提供经济支持，减轻政府的投入负担，规避社区自身风险。

在以后的存量土地二次开发实践中，也应当进一步强化多元共治、多方参与的共同推进机制的作用，让各方共同合理推进项目的实施。在具体落实措施上，一方面，可以建立解决分歧的多方沟通协调平台，加强区级职能部门、辖区街道办事处、社区、股份合作公司以及开发商等各个主体之间的信息沟通，灵活运用线上、线下多种方式进行信息发布、政策宣传，及时通报各方工作进展，促进各方分歧和项目推进过程中共同面临的问题的协调解决。另一方面，提升股份合作公司和居民的项目参与度，积极邀请股份公司和居民参加政策宣讲、意见征集、项目讨论会议等。这不仅有助于其了解项目各项情况，减少误解和质疑，增进理解和支持，更有利于项目的推进和实施。

深圳在存量土地二次开发过程中探索出的成功路径、积累的丰富经验，为全国各城市高质量发展和存量土地开发提供了新思路、新方案。新中国经过 70 多年的建设发展，特别是改革开放以来 40 多年的巨大变迁，国家经济实力和居民生活水平均得到大幅提高，全国大部分地区进入了工业化和城镇化发展的后半程，即工业化由资本拉动转向创新驱动，城镇化由增量扩张转向存量优化时代，存量更新将成为新时代城市高质量发展的战略选择。深圳作为我国改革开放的排头兵，以其独特的制度优势和资源条件，率先通过实践探索出了土地整治、拆除重建、功能改变等多元化的城市存量土地二次开发模式，对全国各城市开展存量土地开发工作都具有重要借鉴意义。当然深圳在实践中仍不断对各种开发制度体系进行完善和升级，面对实践过程中不断显现的各种问题，仍在不断细化处置规则和应对措施，以求建立一套能够适应不同基础条件、涵盖各类实践问题解决方案的制度体系。期望深圳在未来的探索和实践中，取得更多亮眼成绩。